内部审计
数字化转型
方法论与实践

[澳] 林祖辉
萧达人 张一帆 李日辉 　著

DIGITAL
TRANSFORMATION
OF INTERNAL AUDIT
Methodology and Practice

U0336983

机械工业出版社
CHINA MACHINE PRESS

图书在版编目（CIP）数据

内部审计数字化转型：方法论与实践 /（澳）林祖辉等著 . —北京：机械工业出版社，2023.11

ISBN 978-7-111-74084-1

I.①内… Ⅱ.①林… Ⅲ.①内部审计 – 数字化 Ⅳ.①F239.45-39

中国国家版本馆 CIP 数据核字（2023）第 201595 号

机械工业出版社（北京市百万庄大街22号　邮政编码100037）
策划编辑：杨福川　　　　　　　　责任编辑：杨福川　　赵晓峰
责任校对：郑　雪　　许婉萍　责任印制：张　博
北京联兴盛业印刷股份有限公司印刷
2024 年 1 月第 1 版第 1 次印刷
170mm×230mm · 18.75印张 · 352千字
标准书号：ISBN 978-7-111-74084-1
定价：99.00元

电话服务　　　　　　　　　　网络服务
客服电话：010-88361066　　机 工 官 网：www.cmpbook.com
　　　　　010-88379833　　机 工 官 博：weibo.com/cmp1952
　　　　　010-68326294　　金 书 网：www.golden-book.com
封底无防伪标均为盗版　机工教育服务网：www.cmpedu.com

为何写作本书

　　本书作者曾在甲方和乙方企业从事多年的内部审计或内部审计咨询工作,对于内部审计行业的发展现状和未来变化有着深刻的理解。作者希望通过本书为我国的内部审计工作注入一股变革的力量,帮助在数字时代竞争激烈的企业管理者推动内部审计行业转型升级。

　　内部审计是一种独立的、客观的确认和咨询活动,包括鉴证(一般俗称审计)、识别和分析问题以及提供管理建议和解决方案。狭义的数字化转型是指将企业经营管理与业务操作的各种行为、状态和结果用数字的形式记录与存储,据此再对数据进行挖掘、分析和应用。广义的数字化转型以狭义数字化转型为基础,是从战略、组织、人才、控制、流程、文化到信息系统等领域的企业管理全过程变革。

　　数字化转型是当今社会、经济和科技发展下的必然,因为企业经营管理已经从过去30年来的电子化、信息化阶段进入了数字化阶段,并且将基于数字化开启智能化阶段。以往电子化和信息化的事项均可以被数字化和智能化再造,这是一项非常庞大的工作,整个过程预计将持续超过30年。

　　无论国家层面还是企业内部,数字化转型已经成为一种共识,特别是国家层面的推动使得其更加具有紧迫性和必要性。

　　数字化转型在2018年之后进入爆发阶段,但是近年来转型集中在营销、风险、财务和人力等领域,内部审计的数字化转型相对落后。不过当前内部审计行业已经意识到了数字化转型的必要性,从监管机构、内部审计协会再到企业决策层,都在大力推动内部审计的数字化转型。

　　如果无法有效地实现内部审计数字化转型,企业将很难应对新时期的内外部竞争，满足董事会、高级管理层和员工的期望，树立审计权威，以及培育审计专业能力。

当前市场上无论是甲方企业还是乙方咨询公司，都未形成一套科学完整的内部审计数字化转型方法论，许多企业的内部审计管理层虽有转型的动力但无转型的方法和路径。本书将帮助具有远见卓识的内部审计机构探索、启动和落地内部审计的数字化转型规划，推动内部审计赋能，引领公司治理、企业管理与业务拓展。

本书主要内容及写作分工

本书包含内部审计概要和流程、内部审计现状和发展趋势、内部审计数字化转型方法论、内部审计数字化变革分析、内部审计数字化转型新生态建设、内部审计数字化核心能力建设、大数据审计、人工智能审计，以及零售信贷业务审计、公司信贷业务审计、信息安全和隐私保护审计、企业数字化转型审计和内部审计咨询业务等五个内部审计实务专题。这些内容是审计专家们多年思考、探索和总结出的一系列方法和观点，十分具有学习、参考和应用价值。具体来说，本书主要包括以下四个部分：

1）内部审计的理论基础。这一部分能够让读者了解和认识内部审计的基本情况、内部审计的现状、热点和发展趋势，以及内部审计生态的新内容，为后续的数字化转型打好基础。此部分内容融入了作者多年来对内部审计的研究、思考和总结，提出了许多新观点。

2）内部审计数字化转型方法。这一部分介绍了一个非常领先的内部审计数字化转型方法论，并且按照内部审计工作流程介绍了每一个流程的转型变革问题及其改进方法，是对作者多年工作经验的总结和升华，极具指导意义。此部分还基于全体系的数字化转型方案，提出数字化十大核心能力建设，可以说是本书的精华所在。

3）内部审计数字化转型之大数据审计与人工智能审计。这一部分介绍数字化转型中大数据审计和人工智能审计的概况、发展、方法与工具建设等。这些内容既契合了当今时代的主题，也满足了读者学习内部审计转型这一热点领域知识技能的需求。

4）内部审计实务。这一部分介绍了商业银行内部审计的重点，即零售信贷业务审计、公司信贷业务审计，还介绍了同时适用于金融与非金融企业的信息安全和隐私保护审计、企业数字化转型审计、内部审计咨询业务。

在写作本书的过程中，林祖辉负责撰写第 5 章、第 6 章部分内容；萧达人负责统筹管理、框架设计、技术指导，并撰写第 1、3、4、7、8、9、12 和 13 章；张一帆负责撰写第 2、10 章，以及范围控制、技术审核等工作；李日辉负责撰写第 6 章部分内容和第 11 章，以及进度管理、质量监督等工作。

读者对象

本书面向从事审计、风险管理、内部控制和合规管理等相关工作的人员。此外，由于内部审计本质上是一种全面风险管理活动和业务管理活动，因此本书也面向从事具体战略风险管理、信用风险管理、操作风险管理、科技风险管理、业务管理以及数字化转型等各种相关工作的人员。具体来说，本书的读者对象如下：

1）金融和非金融企业的内部审计人员。

2）审计与咨询行业的内部审计咨询人员、风险管理咨询人员。

3）各企业的风险管理人员、内部控制和合规管理人员、信贷管理人员、科技管理人员。

4）高等院校的审计、风险管理、合规内控等专业方向的师生。

5）其他对内部审计及其数字化转型有兴趣的人员。

本书内容特色

本书从内部审计理论、行业现状和发展趋势入手，引入内部审计数字化转型的主题，提出了具体的转型方法和实施路径，并选择核心审计领域进行了变革分析。基于内部审计数字化转型的方法，提出了六大审计新生态和十大核心审计能力，并专门探讨了大数据审计和人工智能审计。最后，以五个内部审计实务专题结束。

本书的特色在于弱化传统内部审计理论和内部审计方法，提出和强化新内部审计思想、模式、方法与工具。本书的观点具有行业领先性，代表了内部审计的发展趋势。这些新思想、模式、方法和工具，不仅围绕数字化转型这一热门主题展开，还拓展到了更广泛的领域。

本书还提供了五个内部审计实务专题，从实践角度提出具体的内部审计活动发展和执行情况，能够为读者开展类似内部审计项目提供最直接的方法指导。

尽管咨询业务越来越受到内部审计部门的重视，但关于内部审计部门从事咨询业务的研究和实践的案例并不多，重要原因之一是内部审计部门不知道如何开展咨询业务。本书的相关内容详细分析了内部审计咨询业务，提出了咨询方向和咨询活动示例。

致谢

感谢我的同事和朋友们对写作本书的支持。在过去的学习和工作中，我们一起计划、构思和实施了许多审计项目和数字化转型项目。通过这些项目，我们认识和掌握了内部审计及其数字化转型相关的原理、方法和工具。

萧达人

Contents 目 录

第一部分 *Part 1*

内部审计的理论基础

内部审计是审计活动中的重要分支领域，它为公司治理、企业管理和价值实现提供了重要保障。与国家审计和公众审计一样，内部审计遵循独立、客观的原则，采用科学、有效的方法对被审计对象和事项进行鉴证、监督、评价或咨询。同时，内部审计拓宽与丰富了审计活动的内涵和类型。内部审计的审计对象远比国家审计和公众审计丰富与多元，理论上企业经营管理和日常操作的各个方面都可以成为内部审计的对象，此外还可以开展独立咨询活动。

由于内部审计是一项对专业性要求极高的工作，因此内部审计师只有掌握了比被审计对象更专业、更深层次的知识技能，才能树立内部审计的专业性和权威性，进而更加有效地履行审计职能，发挥审计价值。内部审计的知识技能包括内部审计基础原理、理论和实务规范，以及各项与企业管理、业务操作、数据分析和信息技术相关的知识技能。因此，在正式介绍内部审计数字化转型的内容之前，我们先阐述内部审计的理论基础、现状和发展趋势，以便读者了解相关的概念，认识内部审计的基本原理，跟踪内部审计的发展态势，为进入内部审计行业和理解内部审计数字化转型奠定基础。

Chapter 1 第 1 章

内部审计概要和流程

　　一般来说，审计包括三种类型：公众审计、政府审计和内部审计。其中，公众审计俗称外部审计，通常是指会计师事务所对企业财务报表的审计；政府审计是指国家审计机构对政务活动的审计，例如审计署对地方政府财政预算的审计；内部审计是指企业内部审计部门对企业管理和业务活动的审计。这三种审计在审计方法论和审计程序上非常相似，但在审计执行机构、审计对象和审计内容上存在较大的差异。

　　审计在国家治理和管理、公司治理和管理、上市公司财务报表核数上发挥着极其重要的作用。可以说，审计是社会发展和经济发展的基石之一，代表着极强的专业性、权威性和信用度。内部审计部门是企业各种机构或部门中一个非常特殊的存在，它具有独立性、客观性和先进性，能为企业的健康发展保驾护航。

　　本章主要介绍内部审计的基本信息和操作流程，并结合当前各企业内部审计工作中存在的问题，强调其逻辑分析和逻辑判断技能。

1.1　内部审计概述

　　国际内部审计师协会（IIA）明确内部审计是一种独立、客观的确认和咨询活动，其目的在于增加组织价值，提高运行效率。内部审计通过使用系统、规范的方法对组织治理、风险管理和内部控制进行评价，帮助组织实现目标。

　　中国内部审计协会发布的《第 1101 号——内部审计基本准则》（以下简称《内部

审计基本准则》）明确内部审计是一种独立、客观的确认和咨询活动。它运用系统、规范的方法，审查和评价组织的业务活动、内部控制与风险管理的适当性和有效性，以促进组织完善治理、增加价值和实现目标。

中国银监会发布的《商业银行内部审计指引》（银监发〔2016〕12 号）明确内部审计是商业银行内部独立、客观的监督、评价和咨询活动，通过运用系统化和规范化的方法，审查评价并督促改善商业银行业务经营、风险管理、内控合规和公司治理效果，促进商业银行稳健运行和价值提升。

国家审计署发布的《审计署关于内部审计工作的规定》（2018）明确内部审计是指对本单位及所属单位财政财务收支、经济活动、内部控制、风险管理实施独立、客观的监督、评价和建议，以促进单位完善治理、实现目标的活动。

综上，我们认为内部审计是一种基于独立、客观的原则，遵循特定职业道德规范，运用科学、系统和可信的方法及工具对企业经营管理开展的鉴证、评价、监督或咨询活动。本定义中的鉴证是指确认和证明，评价是指基于一个特定标准进行评估和判断，监督是指监控和督办，咨询是指分析问题和提供解决方案。此外，内部审计还可以基于独立、客观的视角，开展针对商业管理、企业管理和信息技术等方面的研究活动。内部审计的具体子项活动分类如图 1-1 所示。

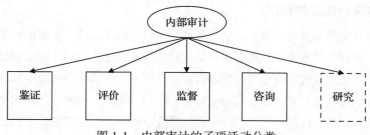

图 1-1　内部审计的子项活动分类

1.2　内部审计的关键要素

内部审计是一种"特殊""高尚"的企业管理活动。它具有独立、客观的灵魂和精神，具有个性化的战略和定位，以及直达董事会的架构和充分的权力。这些要素是

○ 中国银行业监督管理委员会。2003 年 3 月成立，2018 年 3 月撤销。2018 年 4 月 8 日与中国保险监督管理委员会联合成立中国银行保险监督管理委员会，简称银保监会。2023 年，在银保监会的基础上设立国家金融监督管理总局，不再保留原机构。

内部审计的关键要素。在新时期，内部审计的关键要素应包括以下十个方面，具体如图 1-2 所示。

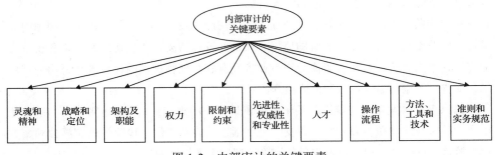

图 1-2 内部审计的关键要素

1. 内部审计的灵魂和精神

独立性与客观性是内部审计的核心价值，是其灵魂和精神。独立性要求内部审计人员与被审计对象之间不存在利益冲突，其他人员不能干预内部审计人员的工作，内部审计人员应该能够公正地发表审计结论。客观性要求内部审计人员基于充分的论证和论据发表结论、提出建议，且为保持客观性，必须使用科学严谨的方法分析问题。

2. 内部审计的战略和定位

内部审计的战略是指内部审计工作的愿景、目标以及支持其实现的内部审计关键能力、核心举措和实施路径。内部审计的定位是指从理念、组织、职能和权力等维度对内部审计在企业管理体系中的位置进行定义与明确。内部审计的战略和定位是相对高阶的名词，可以通过将理念、定位、目标、授权、职责、独立性、客观性以及对公司组织架构的影响与内部审计的工作性质、战略计划和工作范围相结合来进行解读。

3. 内部审计的架构及职能

内部审计架构是指由组织、岗位人员、权限、汇报和信息系统组成的一套管理体系，包括内部审计的机构和部门设置及其职责、岗位人员的配备及其职责、审计的权限、汇报路径、关键被审计事项和支持内部审计工作的信息系统。

4. 内部审计的权力

在基于人的社会活动和企业管理中，若想让内部审计部门充分发挥价值，必须赋予其充分的监督、检查和咨询权力。在不考虑特殊因素的前提下，内部审计部门的权力越大，其发挥的价值就越大。实践中，企业一般会赋予内部审计部门直接向董事会或审计委员会汇报的权力，并在合规和必要原则下赋予内部审计部门检查各种资料和数据、开展风险评估、界定责任和问责处罚等权力。这些权力构成了内部审计保持独立性和客观性的有力支撑，使内部审计活动能够顺利开展。

5. 内部审计的限制和约束

内部审计的权力并非不受控制。实践中，利用法律法规、审计准则、实务规范、公司章程、审计制度、董事会的管控、监事会的监督、被审计对象的适当评价以及内部审计质量控制，可以对内部审计的行为进行限制和约束。

6. 内部审计的先进性、权威性和专业性

内部审计秉承独立、客观的精神，遵循职业道德规范，并运用科学、系统和可信的方法开展审计活动。在审计活动中，需要研究宏观政策、引进领先实践和发表颇具洞察力的观点，树立内部审计的先进性、权威性和专业性。由于内部审计是一种对专业知识和技能要求极高的职业，因此未能掌握相关领域专业知识和技能的内部审计人员无法树立内部审计的权威性和专业性。优秀的内部审计人员应具备扎实的专业技能，从企业战略到业务操作、从宏观经济到微观运行、从风险管理到绩效提升、从运用先进的审计方法到开发实用的审计工具，系统而全面。

7. 内部审计人才

内部审计人才包括首席审计官、内部审计师、内部审计顾问、业务分析师、数据分析师和技术分析师等内部审计人员。内部审计人才管理包括但不限于内部审计人员的人才规划、引进、职业发展、角色分工、知识积累、专业技能、人才测评和培训教育。内部审计的独立性、客观性、先进性、权威性和专业性要求决定了内部审计人员是一种在多个方面能力极强的人才，具备优秀的职业道德、工作经验和工作能力。因此，发掘、培养和留住内部审计人才是一项十分重要的工作。

8. 内部审计的操作流程

内部审计的一般操作流程包括进行业务、数据和技术分析，确定目标，进行风险评估，制订审计计划，确定审计标准，编制项目方案，执行现场与非现场审计，出具审计报告，进行问题沟通与整改，跟踪审计，进行内部及外部质量评估。

9. 内部审计的方法、工具和技术

内部审计的方法是指多元化的数据采集方法、定性和定量的审计分析方法，或者内部审计职能积累及分享知识、经验和实践的方式。内部审计的工具指的是可以采用的各种标准、非标准或创新的审计工具，如测量工具、计算工具、扫描工具、分析工

具等。

在我们的语境下，技术一般指信息技术（Information Technology，IT），主要是应用计算机科学和通信技术来设计、开发、安装与实施信息系统及应用软件。信息技术主要包括数据科学技术、传感技术、计算机技术、智能科学技术、网络通信技术和控制科学与工程技术等。

有一个与数字化转型密切相关的概念是数字技术，它借助计算机等电子设备将数字、文字、图片、声音或视频等信息转化为计算机能识别的二进制码，然后进行分析和处理。

内部审计的技术主要是指审计科技（AuditTech），它是指内部审计部门以信息化、互联网、大数据、人工智能、云计算、区块链和安全技术等为核心的，利用其改进内部审计方法和工具、执行具体审计活动和建设内部审计系统平台的技术集合，能够提升内部审计效率及效果。

10. 内部审计的准则和实务规范

指导内部审计工作的综合性文件是中国内部审计协会发布的《内部审计基本准则》、国际内部审计师协会（IIA）发布的《全球内部审计准则》及专项要求与职业指南，还有 IIA 发布的《职业道德规范》《质量评估手册》，中国内部审计协会发布的《内部审计质量评估办法》《内部审计质量评估手册》，中华人民共和国审计署发布的《审计署关于内部审计工作的规定》（审计署令第 11 号）。对于金融企业，指导文件还包括银保监会或证监会发布的《商业银行内部审计指引》（银监发〔2016〕12 号）、《证券期货业信息系统审计指南 第 5 部分：证券公司》（JR/T 0146.5–2016）、《证券期货业信息系统审计规范》（JR/T 0112–2014）、《保险机构内部审计工作规范》（保监⊖发〔2015〕113 号）、《保险公司董事及高级管理人员审计管理办法》（保监发〔2010〕78 号）等相关文件。

1.3 内部审计架构

内部审计是一个综合架构体系，包括关键要素、审计的组织和职责、审计程序、关键审计领域、审计方式、审计科技、审计基础支撑、审计关联方和审计活动。内部审计的架构如图 1-3 所示。

⊖ 此处是指中国保险监督管理委员会，它于 1998 年 11 月成立，2018 年 3 月撤销。

图 1-3　内部审计的架构

内部审计的关键要素包括审计的灵魂和精神、审计的战略和定位、审计的架构和职能、审计的权力等十项。这些要素体现了内部审计活动与其他企业活动的差异，是对支持内部审计活动有效落地的各种理论和实践要素的总结。

审计的组织和职责是内部审计在企业中涉及的重要关联方，包括董事会和审计委员会、监事会、高级管理层、内部审计部门与被审计对象五个主体的结构、人员及相关的权限和责任。

审计程序本质上包括审计计划、审计执行、审计报告、审计整改和审计跟踪等五个环节（可称为审计"五环"）。虽然在不同的合规指引或企业制度中描述的审计程序有一定的差异，但是总体上均是基于审计"五环"进行分解后产生的。

关键审计领域是审计部门关注的重点，具体包括公司治理、风险管理、内控合规、信息科技等多个领域，涵盖了企业经营管理的各个关键领域。这些关键领域也是内部审计人员需要重点掌握的核心能力领域。

　　内部审计的主要方式是现场审计和非现场审计，其他方式有风险识别和评估、审计监测预警、案件防范、审计研究和审计咨询等。若进一步丰富内部审计的工作内涵，还可以包括由内部审计人员执行的战略管理、风险管理、技术管理和创新管理等方式。

　　审计科技是顺应数字时代的科学技术对社会和企业的各项变革与推动的趋势在审计领域专业化分工下所形成的一种新型科技。审计科技与金融科技、监管科技、合规科技、风控科技等概念一样，是利用传统和新兴科技来管理与执行审计活动的一种表现。

　　审计基础支撑方面涵盖数字化内部审计所需的审计数据集市，各项审计活动落地所需的审计信息系统、业务和管理活动，以及审计活动的枢纽——审计人员。

　　内部审计的各种思想、方法论和具体项目还需考虑监管机构、客户和员工之间的相互关系及其与内部审计的关系。狭义上来说，内部审计人员原则上只对股东和董事会负责，但从广义上来说，内部审计人员也需要对监管机构、客户和员工负责。

　　内部审计的活动主要包括两大类型，分别是确认、评价和监督业务以及研究和咨询业务。这些活动是内部审计发挥价值、管控风险、赋能业务和引领企业变革的载体，共同构成内部审计的核心价值要素。

1.4　内部审计的类型

　　目前没有对内部审计进行分类的唯一标准，各家企业针对不同的情景，划分的方式存在差别。一般情况下，这种差别并不会影响内部审计工作的开展，反而是适应实际情况、追求最高效益的表现。当前主流的划分方法有以下四种。

1. 按审计导向划分

按照不同的审计导向，内部审计可具体划分为六个小类，如图 1-4 所示。

图 1-4　按审计导向划分的内部审计类型

1）合规导向审计。常见于基于财务报告准确性的审计、基于外部法律法规和内部政策制度的审计，它的特点是有既定的审计标准，并且以该审计标准为评价依据开展对标检查。

2）舞弊导向审计。舞弊主要包括资产侵占和挪用、腐败、财务报表造假等行为。很多时候舞弊导向审计和合规导向审计会整合成一类，但是也有许多企业将舞弊导向审计单独列为一种类型。

3）内控导向审计。基于内部控制经营合规性、运营有效性、财务报告准确性的审计，以内部控制框架为基石，以业务和管理流程为出发点，以各流程操作环节的风险及控制为对象。实际上，企业的内控导向审计集中在合规性领域，财务报告审计一般由外部审计承担，运营有效性因为缺乏明确的标准、评价工具而无法保障。

4）风险导向审计。以全面风险管理、单项风险管理为指导，关注高风险领域，集中精力解决主要问题，与其他审计类型相比更加重视准确的风险评估、风险应对和风险价值。

5）战略导向审计。基于科学、合理、明确的实践或标准，对战略规划的设计、运营执行、绩效达成情况进行调查、分析、评价和服务，它的特点是目前缺乏一套既定的方法论和工具。战略导向审计不仅要审计公司的战略风险，而且要评价绩效实现的情况。

6）数字和技术导向审计。随着信息科技和数字技术的发展，企业管理中的数字和技术被广泛地应用于各个领域，导致出现数字和技术风险的概率与频次都大大增加。内部审计正是基于新时期的这种特点，开始对数字和技术开展专项审计，使之逐步衍生为内部审计中非常重要的审计方向。

2. 按审计内容划分

按照不同的审计内容，内部审计可具体划分为四个小类，如图 1-5 所示。

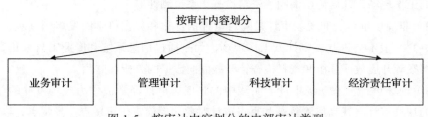

图 1-5　按审计内容划分的内部审计类型

1）业务审计。以前台部门各项业务为基础，不同行业或不同企业的业务千差万别，一般来说，涉及具体的产品、客户、供应链、渠道等，且业务全流程中有许多中后台职能的参与。因此，全面的业务审计一般涉及前、中、后台共三道防线，例如商业银行业务审计内容涉及资产业务、负债业务、中间业务等。

2）管理审计。以中后台职能部门工作（如战略管理、采购管理、财务管理、费用管理、资金管理、投资管理、内控合规、风险管理、关联交易和绩效管理）为审计对象。

3）科技审计。传统的科技审计注重信息科技治理、信息安全、系统建设及其项目管理、系统运维和外包管理。数字时代的信息科技审计应该在此基础上更加强调数字技术、数字风险、金融科技、前沿技术的研发和应用、科技创新的审计。

4）经济责任审计。经济责任是指领导干部任职期间因其所任职务，依法对所在部门、单位、团体或企业的财政、财务收支以及有关经济活动应当履行的职责、义务。经济责任审计是对本组织所管理的领导干部经济责任履行情况进行监督、评价和鉴证的活动。实践中的经济责任审计内容一般至少涵盖战略和经营计划达成、内控合规与风险管理、廉洁从业。

3. 按是否进行现场审计划分

按照是否进行现场审计，内部审计可具体划分为三个小类，如图1-6所示。

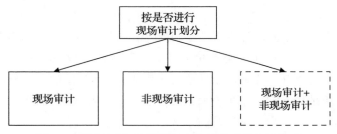

图 1-6　按是否进行现场审计划分的内部审计类型

1）现场审计。现场审计是最为常见的审计，一般是指成立审计小组，进驻被审计方的工作现场，开展访谈询问、资料检查、系统测评等。

2）非现场审计。非现场审计是随着审计信息化和数据科学的发展而逐步衍生出来的，它一般不会进驻被审计方工作现场，而是通过信息系统和专业工具采集数据、电子档案等开展数据分析和资料检查，开展面向数据的分析和监测。

3）现场审计＋非现场审计。实践中，非现场审计经常被作为现场审计的前奏，可以为现场审计寻找高风险领域和重点审计对象，提前提供可疑点、异常点，以供现场审计进一步核查。

4. 按重点审计领域划分

按照重点审计的领域，内部审计可具体划分为六个小类，如图1-7所示。

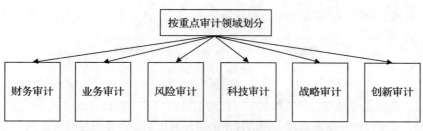

图 1-7　按重点审计领域划分的内部审计类型

1）财务审计。一是与财务报表和会计核算相关的审计（一般此类审计由外部会计师事务所承担，内部审计极少开展财务报表审计）；二是与内部财务预算、财务收支、费用报销和特定科目核算相关的审计。

2）业务审计。针对各项业务的设计、研发、销售、管理和退出的审计。

3）风险审计。针对信用风险、市场风险、操作风险、流动性风险、消费者权益保护、反洗钱、关联交易、国别风险、技术风险等单独开展专项审计。

4）科技审计。针对信息系统的建设管理、系统开发、科技运维、IT 风险管理、业务连续性管理、金融科技的运用、IT 数字化转型和 IT 数字化建设等开展专项审计。

5）战略审计。针对企业的宏观或微观战略，集团或分、子公司战略，短期或中长期战略，业务、职能或技术战略，战略设计或战略执行等开展专项审计。

6）创新审计。针对企业内部的各种创新活动，如业务创新、管理创新或技术创新活动开展专项审计或咨询。

1.5　内部审计的流程

由定义、关键要素和架构等因素可知，内部审计是一种科学、客观和严谨的企业内部活动。在其他要素没有差异的情况下，标准化的流程一般有助于提高审计活动的科学性、客观性和严谨性。因此，我们建议按照《内部审计基本准则》的规定，企业内部审计部门针对确认和咨询活动分别设定标准化流程。

实践中常见的内部审计流程一般按照四个阶段或五个环节进行一级流程划分，在此基础上再区分二级流程甚至三级流程。具体实践可以参考《内部审计基本准则》和《商业银行内部审计指引》等文件，这些文件均给出了可遵循的通用标准流程。

1.5.1　内部审计的四个阶段

内部审计的基本流程可以分解为四个阶段（见图 1-8），分别是审计计划阶段、审计执行阶段、审计整改阶段和审计跟踪阶段。

图 1-8　内部审计的四个阶段

1）审计计划阶段，包括年度审计计划和单个项目的审计方案。其中部分大型和复杂项目也会制订项目计划。一般在进行年度风险评估后制订年度审计计划，在进行单项风险评估后制订单个项目审计方案。单个项目审计方案的核心是确定审计范围、审计期限、审计标准、审计方法和工具、人员分工和资源投入情况等。

2）审计执行阶段，涵盖成立审计团队、发出审计通知、执行现场及非现场审计、进行问题沟通和确认、撰写审计报告并汇报、管理审计档案等过程。

3）审计整改阶段。内部审计人员与被审计方达成一致的整改落实计划和方案，被审计方按期落实整改。

4）审计跟踪阶段。内部审计人员按照整改计划和方案，执行问题整改跟踪或者后续跟踪专项审计。

此外，审计成果应用、审计质量监督也可以纳入内部审计流程，与上述四个阶段共同构成内部审计工作的全生命周期流程。

1.5.2　内部审计的五个环节

实践中还有一种划分方法，即将内部审计分为五个环节，包括审前准备、审计实施、审计报告、后续审计和成果运用，如图 1-9 所示。

图 1-9　内部审计的五个环节

根据中国内部审计协会发布的《内部审计具体准则》，内部审计的工作程序包括审计计划（2103 号）、审计通知书（2102 号）、审计抽样（2108 号）、分析程序（2109 号）、审计工作底稿（2104 号）、结果沟通（2105 号）、审计报告（2106 号）、后续审计（2107 号）、审计档案工作（2308 号）等。

内部审计的工作程序在不同企业或不同性质的项目中会有所不同，可以对上述划分方式进行组合或分解。例如，一些企业将内部控制审计的主要程序划分为编制项目审计方案、组成审计组、实施现场审查、认定控制缺陷、汇总审计结果、编制审计报告。

根据《商业银行内部审计指引》的规定，内部审计的工作流程包括编制中长期审计规划、编制年度审计计划、组建审计组、编制项目审计方案、现场审计与非现场审计、编制审计工作底稿、征求审计对象意见、完成审计报告、审计报告的确认和上报、问题整改、档案管理、审计质量评估等，如图 1-10 所示。

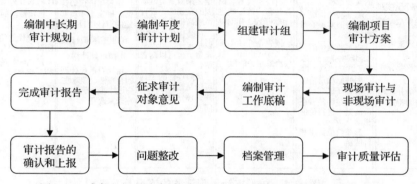

图 1-10　《商业银行内部审计指引》中规定的内部审计工作流程

内部审计的方法一般有分析、核对、审核、观察、访谈、调查、检查、函证、鉴定、调节等。内部审计人员也可以综合运用访谈、问卷调查、专题讨论、穿行测试、实地查验、抽样和比较分析等方法来开展内部审计工作。

对于内部审计工具，相关规定和指引并未给出明确的类型。因此，内部审计工具可以各不相同，各企业和团队可以研发、借鉴和使用不同的有形或无形工具，如调查问卷、视频录音、数据分析工具、计算机辅助审计工具。

1.5.3　内部审计的流程解析

根据内部审计四个阶段和五个环节的划分方式，结合企业实践经验，可以进一步将内部审计的流程划分为以下几个环节：业务和风险评估、制订年度审计计划、编制审计方案、执行非现场审计、执行现场审计、编制审计底稿、审计问题的识别和沟通、撰写审计报告、问题整改和追踪。下面对这些流程进行进一步的阐述。

1. 业务和风险评估

在内部审计工作流程中，业务和风险评估是一项重要的工作，贯穿整个内部审计生命周期。业务和风险评估是制订审计计划、确定审计范围、识别问题缺陷、整改跟踪审计、问题处罚等工作的重要基础。风险就是可能影响企业业务目标实现的事件，内部审计需要建立一套系统的业务和风险评估流程。内部审计风险评估的流程及方法如图 1-11 所示。

企业分析	价值动因分析	企业风险清单	风险价值链接	审计计划	项目计划或方案
了解与企业经营相关的法律法规 了解行业领先实践 了解企业战略和定位 了解组织架构和人才体系 理解企业业务和价值 了解业务开展和职能活动的特点	价值动因分析是为了了解战略目标的实现过程 哪些活动构成了股东价值实现的重要因素 除了股东价值，如何理解企业价值、员工价值、社会价值 哪些驱动价值的活动存在挑战 对利益相关者在价值链中进行价值驱动分析 形成价值清单和价值链	风险评估是基于风险的可能性以及对利益相关者、财务与客户的影响进行的风险识别和评估 领先企业还必须关注与员工价值、社会价值相关的风险	通过将业务目标和已识别的风险相链接来衡量价值动因的重要性，进行风险高低的评估 风险评估方法可以是定性，可以是定量，也可以两者结合 风险评估的工具可以是数据分析软件、评分表、调查问卷等	重新结合企业战略来规划审计计划 进行年度风险评估，确定本年度实施的审计项目 编制整体审计计划 审核审计计划 定期对审计计划的合理性、准确性、先进性进行评估，并在未来改正	设计、确定和描述每个审计项目的计划或者实施方案 选定恰当的审计标准 组建优秀的审计团队并确定分工 团结一致的合作和互相支持

图 1-11　内部审计风险评估的流程及方法

2. 制订年度审计计划

根据《内部审计基本准则》，审计计划一般包括年度审计计划和项目审计方案。年度审计计划是对年度预计要完成的审计任务的工作安排，是组织年度工作计划的重要组成部分。

内部审计人员应确保审计计划与相关业务目标及风险相匹配。具体来说，可以关注以下几点：

1）分析组织的中长期战略、年度目标及业务活动重点。

2）了解重要的法律、法规、政策、计划和合同。

3）了解近期的风险管理状况，分析未来的风险管理趋势。

4）了解重要人员的变动。

5）理解企业业务、资源、文化和价值。

6）对利益相关者在价值链中进行价值驱动分析。

年度审计计划至少应该包括年度审计工作目标、具体审计项目及实施时间、各审计项目需要的审计资源、后续审计安排等内容。此外，年度审计计划还需要经过高级管理层及审计委员会或董事会的审批和授权。内部审计机构负责人负责年度审计计划的编制工作。

审计计划的制订主要包括如下步骤：

1）复核战略计划。

2）进行年度风险评估，确定本年度实施的审计项目。

3）核实已有的审计资源和专业胜任能力。

4）制定人员和资源预算。

5）拟订审计计划并与管理层沟通。

6）计划审批通过。

7）根据风险变化及业务需求进行调整。

根据行业最佳实践，优秀的审计计划应具备以下特点：

1）正式、规范的风险评估过程。

2）定义了全部的审计范围。

3）利益相关者大量参与。

4）使用了风险调查。

5）内部审计的审计计划与风险评估紧密相连。

6）审计计划覆盖了高中风险领域。

7）审计计划包含控制情况回顾和对未来的预测。

8）审计资源配置要求的初步估计，如技能、经验和人力。

9）得到审计委员会的审批。

年度审计计划关注点、主要内容、流程和领先实践如图 1-12 所示。

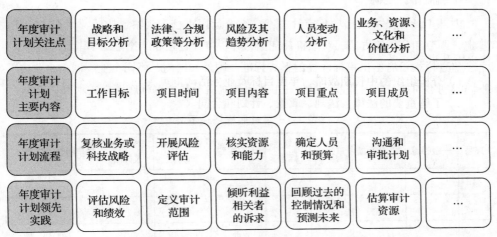

图 1-12　年度审计计划关注点、主要内容、流程和领先实践

3. 编制审计方案

项目审计方案是针对具体审计项目所需的审计内容、审计程序、人员分工、审计时间、资源配置等进行安排的计划。除了遵循《内部审计基本准则》的要求外，审计方案的结构和内容还可以根据企业和具体项目的特点进行个性化、创造性的改造。

4. 执行非现场审计

非现场审计是一种在现代信息和数据处理、传递方式下快速发展起来的审计方式。它通过定期采集被审计单位的各种真实数据和信息，利用审计软件、监控系统等有重点地进行信息分析和数据核查，评估出风险线索，确定审计重点。一方面，它可以为现场审计提供有价值的信息，具有很强的时效性和针对性；另一方面，它也可以独立开展核查分析，发现问题。它对被审计单位定期进行非现场分析，使审计分析具有连续性和科学性。非现场审计通过网络实现数据在线审计或离线审计，能够实时、有效地对被审计单位各项业务进行监控。

5. 执行现场审计

现场审计是指审计人员进驻被审计单位的工作现场开展审计工作，是审计项目实施中最重要、最关键的环节之一。现场审计通常包括几个标准化的审计工作流程，以独立开展项目的形式进行。此外，现场审计也可以在进驻现场之前通过调查问卷、获取数据和信息等方式进行审前分析。在目前的审计实践中，很多审计项目是通过现场审计和非现场审计相结合的方式开展的。

6. 编制审计底稿

内部审计人员应根据项目审计方案，综合运用审核、观察、访谈、调查、函证、鉴定、调节和分析等方法，获取审计证据，并将审计过程和结论记录于审计底稿中。

监管机构没有给出审计底稿的形式标准。国外和国内、不同企业、同一企业内部不同时期不同项目的内部审计报告在形式上均具有差异。审计底稿格式示例见表1-1。

表 1-1　审计底稿格式示例

序号	一级领域	二级领域	审计点	合规性标准	行业实践	审计程序和方法	审计资料及证据	初步问题	审计人
1									
2									
3									

7.审计问题的识别和沟通

企业可以建立审计异议解决机制，以针对有异议的审计结论进行沟通和确认，再将沟通结果和审计结论报送至相关上级机构并归档保存。

审计项目中发现的问题可以记录在《审计问题事实确认书》中。在描述审计问题时，应注意审计标准的匹配性、审计证据的充分性、审计措辞的严谨性及语言的简洁性。对于合规类问题，应清晰地描述所违反的法规具体条款。对于风险类问题（无明确违反内外部政策制度的问题），应描述风险的现状、大小和影响。对于管理提升类问题，应描述领先实践和其他公司的管理规范。

8.撰写审计报告

内部审计人员在实施必要的审计程序后，应征求审计对象意见并及时完成内部审计报告。内部审计报告应包括审计目标和范围、审计依据、审计发现、审计结论和审计建议等内容。

内部审计人员应将内部审计报告发送给审计对象，并上报审计委员会及董事会。同时，根据内部审计章程的规定，应及时与高级管理层沟通在审计中发现的问题。

与审计底稿一样，监管机构也没有给出内部审计报告的形式标准。实际上，国外和国内、不同企业、同一企业内部不同时期不同项目的内部审计报告在形式上均具有差异。存在差异是可取的，一成不变、僵化固定格式的内部审计报告反而是缺乏创新精神和变革精神的体现。

9.问题整改和追踪

金融机构的董事会及高级管理层应采取有效措施，确保内部审计结果得到充分利用，整改措施得到及时落实。对未按要求整改的，应追究相关人员的责任。内部审计部门应跟进在审计中所发现问题的整改情况，必要时可开展后续审计，评价问题的整改进度及有效性。内部审计问题整改和追踪台账见表 1-2，各企业内部审计部门可在实务操作中参考使用。

表 1-2　内部审计问题整改和追踪台账

问题部分						整改部分				追踪部分				
序号	一级领域	二级领域	审计点	问题名称	问题描述	整改计划和方案	整改期限	责任部门和责任领导	整改落实人	整改情况描述	整改证明材料	整改状态	未完成整改的原因	整改追踪人
1														
2														
3														

1.6 内部审计的方法和工具

内部审计的方法和工具没有固定的标准。在满足独立性、客观性和合规性的前提下，内部审计人员可以采用任何方法或工具来开展内部审计工作。根据行业实践，内部审计方法和工具至少可以分为三大类。

1）常规方法和工具。审计的常规方法包括现场访谈、实地调查、询问、对标、抽样检查、数据分析、数据核算、财务分析、文档检查、系统测试等。审计的常规工具包括办公软件、音视频设备、统计分析软件、项目管理工具和内部审计系统等。

2）特定方法和工具。审计人员主要基于不同性质、不同环境、不同条件的项目来采取有针对性的方法。例如，开展战略审计可以使用财务预测、成本分析、SWOT分析、平衡计分卡分析，开展人力资源管理审计可以使用人才规划、人才测评、目标管理法，开展内部评级法审计可以使用概率论和数理统计、样本检验法、压力测试法，开展信息科技审计可以使用PMO项目管理、开发测试、网络攻击渗透测试，开展固定资产审计可以使用扫描、测量、盘点、遥感，等等。

3）综合性的方法。综合性的方法即结合使用常规和特定的方法、工具，是当前实践中采用的主流方法。一般一个常规审计或专项审计均会同时使用多种方法和工具。例如，在信贷业务专项审计中，需要通过调研了解合规政策和行业实践情况，通过访谈和实地勘察了解信贷项目概况，通过抽取样本检查业务流程的合规性和操作风险，通过数据分析查找客户之间的关联关系和核实资金流向，通过财务分析评价客户的信用风险，等等。

1.7 内部审计的专业技能

内部审计的工作范围十分广泛，涵盖公司治理、企业管理、业务操作、战略规划、风险管理、操作规程、系统开发、项目管理、金融科技、检查监督、鉴证确认、研究咨询等多个领域。这样庞大和专业的审计内容对内部审计人员的专业技能有着无限高的要求。总体来看，内部审计人员需要掌握的专业技能如图1-13所示。

（1）职业道德和专业能力 内部审计的专业知识和职业技能主要可以根据《内部审计具体准则》和《全球内部审计准则》及其实务规范中的条款来明确。例如，《内部审计具体准则》第1201号明确了内部审计人员的职业道德规范，其他具体准则分别对审计计划、审计通知、审计证据、审计工作底稿、审计抽样、分析程序、舞弊检查和报告、审计报告、审计沟通和关系协调、质量控制、档案管理等做出了专业要求和技能要求。

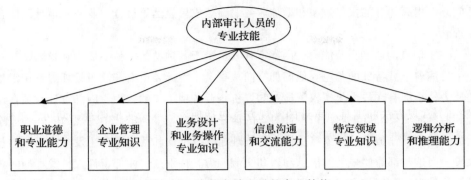

图 1-13　内部审计人员的专业技能

总而言之，内部审计人员专业能力包括：熟悉和遵循内部审计准则和实务规范，熟悉和遵循内部审计职业道德规范，了解相关的法律法规和国家政策要求，熟悉被审计领域的专业知识，具有一定的审计项目管理和执行能力，具有较好的审计分析、数据挖掘、风险判断、报告编写和汇报能力，掌握审计信息系统建设能力，等等。

（2）企业管理专业知识　首席审计官应该是一个掌握了多项企业管理知识和技能的综合型专家，这些知识技能理应涵盖审计管理、战略管理、合规管理、风险管理、财务管理、科技管理等领域。我们认为基于此，首席审计官才能从宏观和微观的角度提出自己的独特见解和专业审计建议。

企业一般内部审计人员往往会根据自身的职业定位和职责分工，在一个或者多个领域深耕自己的专业胜任能力。总体来看，内部审计人员一是必须掌握审计管理的专业知识和技能，二是可以从战略管理、法律合规、风险管理、内部控制、财务管理、项目管理、数据分析、业务设计、业务执行、反舞弊、客户权益保护、系统开发、信息安全、金融科技、理论研究和工程实践等领域中选择两个及以上领域作为自己的企业管理核心专业技能领域重点发展。

（3）业务设计和业务操作专业知识　业务设计对于一般内部审计人员来说是一项极具专业性的高难度工作。如果掌握了业务或产品设计的相关知识技能，内部审计人员极有可能在开展产品管理专项审计、产品开发咨询等工作中崭露头角，发挥出更让管理层和被审计对象认可的价值。

若无法掌握业务设计知识技能，则内部审计人员必须在业务操作上打造自己的专业能力。企业各项业务的操作流程和操作规范是风险管理的直接着力点，风险管理的一个重要目标是改进业务流程，规范业务操作，直到提升业务价值。无论从风险管理的角度还是从价值创造的角度来看，内部审计直接作用于业务并改进业务管理中存在的问题、提高业务的操作效率和增加业务的绩效成果显然更符合"业务 + 审计"融合的理念。

（4）信息沟通和交流能力 内部审计人员由于其独特的定位、职责和权限，在企业中扮演着十分特殊的角色。他们拥有向董事会、审计委员会和高级管理层直接汇报的权力，也拥有在最大化授权下检查和评价企业各项工作的权力。内部审计人员在检查和监督时需要更好地取得被审计对象的信任与配合，推动审计中发现的问题和风险被恰当确认，让被审计对象接受提出的管理建议，推动和落实审计中发现的问题的整改等，而这些都需要强大的信息沟通和交流能力。特别是，内部审计人员发现的问题可能给被审计对象带来问责处罚的后果，也会激发部分被审计对象的抵触情绪，安抚情绪、促进内部审计工作顺利开展尤其考验审计人员的信息沟通和交流能力。

风险管理工作需要进行大量的自下而上、自上而下、同部门、跨部门、内部、外部、监管和非监管的信息沟通和交流。信息不对称是风险的主要来源之一，信息沟通工作不到位将直接降低风险管理工作的效率并增加风险。由于良好的信息沟通能够降低信息不对称风险，减少人际交往的障碍，降低风险管理成本，因此信息、沟通和交流能力是风险管理人员必备的基础技能之一。

（5）特定领域专业知识 视不同的审计分工，内部审计人员需要掌握一些特定的专业知识，如数学、财务会计、信息安全。下面以两个示例进行说明：

1）数学和统计学。要进行大数据内部审计模型构建和执行 AI 风险模型专项审计，需要掌握一定的数学知识。大数据和 AI 涉及的入门级数学知识有微积分基础、概率论和数理统计基础、线性代数基础、数值计算基础和多元统计分析等。

2）会计核算和财务分析。从事战略规划、产品开发、商业模式、企业经营分析审计或咨询的内部审计人员，必须掌握一定的会计核算和财务分析知识。上述领域工作需要专业的会计和财务知识做支撑，例如，战略规划中需要通过财务分析将各种战略举措的影响映射到财务报表项目之中，产品开发中需要运用会计和财务知识测算产品的收入、成本、现金流等，企业经营分析（如公司信贷业务风险专项审计）中需要利用财务知识对借款企业的报表和财务指标进行分析，等等。

（6）逻辑分析和推理能力 内部审计工作是一项穿透底层、强调事实、追求真理，洞察本质、发现真相和预测未来的综合性工作，目的是更加完整、准确、严谨、规范、动态地分析和改进问题，对内部审计人员的逻辑思维、逻辑分析和推理能力要求极高。

缺乏全面、客观和严谨的逻辑分析，内部审计极有可能无法发现真正的问题和风险，对问题的性质和风险程度判定可能是不精确的，对事物未来发展变化的推理可能是不准确的，进而导致无法实现审计目标，最终损害自身的权威性、专业性、独立性和客观性等。内部审计人员应该重视自身逻辑分析和推理思维的训练，并且在实务中采用交叉检查、交叉复核的方式确认内部审计报告的逻辑性。

1.8　内部审计的逻辑训练

在实践中，包括内部审计人员在内的许多人员在风险分析、抽样检查、证据收集、问题判断、报告撰写等审计工作中，时常会犯逻辑错误。缺乏严谨的科学思维可能导致审计风险增加、与被审计对象发生冲突、发布存在漏洞和缺陷的内部审计报告，最终降低内部审计部门的权威性和专业性，也无法实现审计目标，无法为企业创造价值。实际上，很多人往往会陷入思维固化的怪圈，因缺乏逻辑而无法认清事实真相。逻辑如此重要，因此对于内部审计人员来说，采用适当的方法塑造严谨的逻辑思维，强化科学的专业判断是十分必要的。

内部审计人员必须塑造自身严谨的逻辑思维和批判性思维。严谨的逻辑思维和批判性思维要求在倾听他人观点时，要判断是否有充分的理由和证据做支撑，对他人的观点进行客观的评价分析，识别出他人论点论证的缺陷并判断他们的分析能力和水平，判定论据的全面性和有效性，提出自己的带有有效论证和论据的观点。

内部审计人员想要培育和塑造严谨的逻辑思维和批判性思维，必须先了解和识别常见的逻辑错误，进而避免和改进这些错误。常见的逻辑错误包括但不限于：混淆概念或偷换概念、自相矛盾或前后矛盾、不当类比、机械类比、以偏概全、转移话题、模棱两可、强拉因果、你我皆错、另有他因、不当假设、推理不当、证据不全或理由不足、先入为主、强加充分、以量取胜、顾此失彼、主客颠倒、南辕北辙、双重标准、过于绝对、武断表达或主观臆断、不知所云、数字陷阱、诉诸怜悯、滑坡谬误、平均数陷阱、忽略基数或忽略基准、非此即彼或非黑即白、数据错误或数字谬误、条件错误或条件缺失、理由不当或理由有误、忽略变化或忽略发展、迷信权威或迷信专家。以混淆概念或偷换概念为例，在分析和论证问题时，我们经常需要引用不同的概念或定义，如果不能清晰界定这些概念而将其混为一谈，则分析过程就容易出错。内部审计人员必须澄清概念，界定范围，基于共同且准确的概念逐步开展具体的内部审计分析工作。

Chapter 2 | 第 2 章

内部审计现状和发展趋势

随着经济增长放缓，企业经营环境变得更加复杂。为了应对这种复杂的外部环境，满足外部监管机构日益严格的合规要求，内部审计作为风险防线之一越来越受到重视，同时审计理念也在多年实践中与时俱进。近年来，互联网与新兴技术的发展，特别是大数据、人工智能、区块链等技术的赋能，为内部审计提供了更多技术手段。在数字经济和新兴技术的推动下，审计与科技的结合日益紧密，审计科技与审计理念的发展成为内部审计的两条发展主线。

2.1 数字经济和新兴技术发展

数字经济和新兴技术无疑是当下最热门的话题之一。数字经济是指将数据资源作为生产要素推动生产力提升的一切经济形式。运用数据资源进行资源配置的经济行为都是数字经济，无论是电子货币、互联网经济还是各行业的数字化都是数字经济的一部分。云计算、大数据与人工智能等新兴技术的进步在数字经济发展中起到了关键作用，这些新兴技术为新经济的数字化提供了底层的技术支持。如果没有这些技术在实践领域中的应用，那么数字经济就无从谈起。

1. 数字经济成为发展和影响

随着信息通信技术的进步以及云计算、大数据、物联网等技术的发展，互联网与大数据浪潮涌现，数字经济成为发展的方向之一。物联网将各种物理设备连接至网络，通过信息的收集、计算与分享，实现万物的互联与互通。它可运用在手表、家用电器、汽车等各种设备上。工业互联网是将传统工业的生产、运营、销售等各环节进行数字化与智能化升级，通过分析各环节数据进行精益管理。

德国是工业互联网的引领国家之一，它提出的工业 4.0 包含工业互联网的思想，推动大数据与智能化技术对传统制造业进行升级改造，利用人工智能实现各制造环节的精准控制与效率提升。我国数字经济的发展相当迅速，在内在需求的驱动下，数字化俨然成为产业的发展趋势和重要方向。5G 技术飞速发展，数字基础设施（如网络设施、数据中心等）愈发完善，区域网络覆盖率达到极高水平，为数字经济的发展提供了良好支撑。在良好的网络基础设施、庞大的使用互联网人口与海量数据信息的基础上，互联网行业发展迅速，诞生了众多知名互联网企业，如京东、阿里巴巴、腾讯、美团、字节跳动等。从改造传统零售、外卖行业，开展网络电商销售、网络外卖订餐、网上支付开始，互联网企业逐渐向云计算、在线办公、在线娱乐、在线教育等领域拓展，发展如火如荼，引领了数字经济发展的潮流。

除了上述跟随互联网技术的发展而诞生、与数字化有天然联系的互联网行业以外，国内传统行业也运用互联网、云计算、大数据、人工智能等技术，逐渐实现了运营升级，在物联网、工业互联网、金融科技、智慧城市等多个方面都发展迅猛，诞生了一批领先企业。在流通领域，中国人民银行在积极探索数字货币，研究新形态货币。在城市管理领域，各地政府在探索智慧城市，通过数字化、智能化的方式实现城市交通、环保、安防等领域的管理升级。数字化已经深入国内经济与生活的方方面面，带来了许多创新与改变。

总体而言，数字经济不仅对各行业进行了重塑，还在深刻影响着每个人的生活。它的发展不仅为企业带来了新的机遇，为行业带来了升级改造与生产力提升，也为消费者带来了更多的便利、更优质的服务。数字经济已经成为经济生活的主题之一，我们都在数字经济中扮演着自己的角色。

2. 新兴技术的发展和迭代

与数字经济相关的云计算、大数据、人工智能、区块链、物联网、边缘计算、信息安全等新兴技术在近年来发展迅速，在各行业领域的探索越来越深入。例如在金融行业，金融科技（FinTech）是指运用现代科技成果改造或创新金融产品、经营模式、业务流程等，推动金融创新、提质增效和改善用户体验，是信息技术与金融业务深度融合背景下的 ABCD（AI、Blockchain、Cloud Computing 、Big Data）新兴技术的统称。随着信息技术的进一步迭代和创新，金融科技从 ABCD 时代进入 5IABCDE 时代（5G、IoT、AI、Blockchain、Cloud Computing、Big Data、Edge Computing）。金融科技在推动金融企业客户经营、产品开发、风险管理、内控合规和内部审计等领域的数字化转型方面发挥了极其重要的作用，大大推动了金融企业的业务经营管理数字化转型。

在行业巨头的推动下，采用新兴技术的新应用持续涌现。比如 VR 技术，通过数字化全息影像虚拟现实，制造极具真实感体验的三维虚拟世界。VR 技术在众多领域的应用都有可探索空间，比如在零售业和游戏领域：零售商为客户提供虚拟现实穿衣体验，客户就不必光顾线下商店，通过网络就可完成试穿和购物；游戏制造商基于 VR 技术制作的游戏在体验上更具真实感。相信在这一趋势下，未来会有更多的新兴技术出现在大众的工作与生活中，在先驱者的推动引领下不断迭代更新，带来更为多彩的世界。

2.2　审计服务的升级

作为内部风险管理的一种手段，审计服务经历了不同的发展阶段。随着时间的推移，不仅审计工作的外部环境发生了变化，审计服务的理念和内涵也在不断升级与延伸。

1. 审计环境的变化与发展

在我国引入审计制度后的一段时间里，审计工作并未得到足够重视，内部审计部门在企业中扮演着不太重要的角色。随着国家层面审计机构与审计制度法规的建立以及现代企业治理制度的发展，审计工作逐渐受到重视，审计制度作为政府治理、公司治理的常规手段之一被广泛应用于政府与企业管理当中。内部审计部门在企业架构中走向独立，从与业务部门平行设置转为由董事会或监事会下辖、独立管理，从而更好地保障了审计服务的独立性和公平性。

2. 审计服务的进步与升级

除了架构的演进，审计服务的理念也在不断进步。在审计理念和具体的审计实施层面，有以下五个发展趋势：

（1）审计范围的变化，覆盖越来越广泛　审计范围从审计发展初始主要对财务数据的审计，逐渐延展至对业务层面的操作性风险、信用风险与市场风险的审计，从对单笔业务或项目的审计上升为对业务条线整体性风险的审计，再上升为对企业整体运营进行评价的审计。审计类型也从财务审计发展为财务审计、业务审计、离任审计和内部控制审计等组合形式。从广度上看，审计服务已经延伸到组织运营的方方面面，小到数据，大到公司治理，无所不包。

（2）原本后置的审计监督逐渐前置，将风险防线从后端延伸到前端　在一些领先的审计实践中，审计在重要业务的开展过程中即可介入，这样不但利于审计人员了解项目的细节、减少信息不对称现象，也更利于审计人员对项目的风险程度做出正确判断，还避免了后置型监督在发现风险后难以对风险施加影响的情况。

在传统的后置型监督中，审计人员发现项目存在重大风险时往往项目已经完结。特别是金融机构，在融资款项发放以后，往往更难以对融资进行有效管理，只能联合业务部门采取一些尽量挽回损失的措施，而难以完全发挥风险管理最后一道防线的防护作用。而审计服务前置之后，审计人员可在业务进展过程中介入，与其他部门实现信息互通，在对项目做出存在重大风险的判断后实时提出中止建议。这样就可以有效切断风险链条，完善审计服务的风险控制作用。甚至随着审计服务的发展，内部审计部门在重大业务开展前就可与业务部门同步进行调查、收集数据，从项目立项阶段就可介入。机构设置相对独立的内部审计部门受业务部门与分支机构的影响更小，也更具公平性，可以发挥与风险管理部门相对的差异化优势，做出公正评估，避免舞弊等情形的出现。

（3）审计服务向更加轻量化方向发展　现场审计项目的工作形式通常需要派驻工作组，往往占用较多的人力资源，也拥有较高的时间成本，且常常给业务的正常开展带来不便，对于组织资源消耗较大。相对而言，非现场审计具有远程操作、定向跟踪、线上执行等特点，运用调阅电子档案、查阅数据、电话访谈等手段即可完成审计任务。它以前作为现场审计的补充手段而存在，现在被审计机构与企业的内部审计部门越来越频繁地运用在审计工作中。非现场审计的形式可以极大减少对于组织资源的占用，轻量化的特点可以有效降低审计服务对于正常业务运行的影响。小规模且高频开展的特点使审计机构可以根据风险疑点动态跟踪，有的放矢。

在可以预见的未来，随着云计算的普及，数据的收集和存储会更容易，将更利于远程的非现场审计的执行。在大数据和人工智能技术的赋能下，非现场审计获得了更加多元化的数据获取与分析手段，将智能化手段应用在审计中不仅可以摆脱对于单一数据来源的依赖，还可以实现更加精准、更加动态的分析。拥有了新兴技术的赋能，非现场审计在审计服务中的比重还将进一步提升，可能跃升为最主要的审计方式之一。

（4）内部审计导向从内控、合规向风险、战略转变 早期的内部审计通过检视管理制度的疏漏不足之处来完善流程与制度，实现制度层面的查漏补缺。在审计前置与内部管控的探索中，更有先进理念提出战略审计的概念，即审计服务应跳出业务的框架，从风险导向的审计向战略导向的审计转变，在整体组织管理的层面进行纠偏。新理念提出内部审计可在战略制定的层面就介入，对组织机构的战略措施进行审计，避免与组织既定发展方向产生偏离。为实现战略审计意图，审计机构应全程参与战略制定与实施过程。此种战略审计理念的提出，将内部审计监察嵌入了企业运营的方方面面，但对内部审计人员的各项能力也提出了更高的要求。

总体而言，内部审计在从初期的内控合规导向下的审计纠错、审计预防向风险管理、战略管理及其项下的咨询活动转变，审计服务逐渐被赋予了更多的咨询职能。内部审计人员未来要承担起内部咨询师的职责，相应地，需要对组织机构的业务与管理有全面了解，从而可以对业务与机构的发展进行全面评估，以提出更完善的发展建议。

（5）与信息化、数据化技术的结合越来越紧密 审计与数据存在天然联系，审计服务往往需要对大量数据进行批量处理，而且一直走在与信息化、数据化结合的道路上。企业的内部审计部门往往会设置IT支持团队。IT支持团队能够处理数据，对既往内部审计发现的问题进行归纳总结、寻找规律，制作内部审计识别模型，使用数据筛查的方式对业务信息进行有效的预处理，从而节省时间，提高工作效率。在大数据技术发展以后，审计工作借助技术进步也获得了更为丰富的筛查手段，未来审计服务将更多地与大数据技术结合，探索大数据在审计领域的应用。

总之，审计服务随着架构的演变和理念的进步而逐步提升。审计理念的进步，带来了审计范围的变化、审计监督职能的延伸，也让轻型审计模式、将战略等更广范围作为审计目标以及应用信息技术开展审计成为可能。

2.3 信息化与内部审计

信息化一直是内部审计工作的内在诉求。在组织机构发展伊始，经营与组织机构相对简单，对于业务的监督审查可以采用传统内部审计的方式。随着时间的推移和组织机构的发展，生产经营信息不断积累，企业仅通过传统人工的方式已不能满足内部审计的需求，尤其是大型金融机构，在经营中往往会生成巨量数据信息，依赖人工无法完成内部审计工作，而其中又以银行为最。银行组织机构庞大，客户众多，运营数据量惊人，以百万、千万的量级存在。在浩如烟海的数据信息中，只依赖人力是无法完成内部审计工作的，这就需要有信息化系统的支持。

1. 内部审计信息化的基本概况

大型企业集团和大型金融机构通常都会借助信息化手段，配置信息化内部审计团队，招募富有经验的 IT 人员加入该团队，为内部审计工作提供系统接入、数据处理和数据支持服务。信息化内部审计团队通常有以下两大职责：

（1）开发内部审计信息管理系统，实现内部审计操作线上化　内部审计信息管理系统为内部审计流程性工作提供了操作软件和工作系统，实现了内部审计流程性工作线上化无纸化，也便于审计档案的存档，达到审计信息留存可追溯的目标。

（2）获取数据，为内部审计工作提供数据获取、筛选与数据初步分析服务　在信息化手段的支持下，内部审计人员可以接入业务数据库，从中获取所需数据集合，为内部审计工作做前期准备。面对庞大的数据集合，需要进行数据预处理，从中筛出疑点数据。预处理过程通常采用数据处理手段来提高效率，缩短处理时间，对于疑点的筛查方法则依赖于根据以往发现的问题总结出的问题规律。例如，在以往内部审计中发现，经营机构企图隐藏的不良资产往往在财务报表中藏匿于应收账款项，瞒报不良资产的问题常常对应应收账款长期挂账，则可根据该规律开发出应收账款长期挂账的数据筛查方法。通过对数据的筛查，找出存在应收账款长期挂账等疑点的会计数据，将数据导出并提供给内部审计人员。内部审计人员在对疑点进行分析后进行深入检查，这样可以极大提高审计效率，使针对大体量业务信息的审计监察得以实现。

在具体的审计执行和项目实施中，信息化手段除了可在内部审计工作开展前的预处理环节发挥作用以外，在内部审计工作开展过程中也可根据内部审计人员的需求来进行定点的数据抓取和分析，为内部审计提供事中的数据支持。而在内部审计执行环节结束后，信息化团队可以对审计中发现的问题进行分析，继而开发出更多内部审计模型或者对原有内部审计模型进行更新，以更好地为内部审计工作提供服务。在内部审计工作中，传统内部审计手段与信息化是相辅相成的，信息化支持手段为审计工作提供了越来越多的帮助，发挥着越来越重要的作用。

2. 内部审计信息化的不足

信息化为内部审计工作的开展提供了便利，极大地提高了内部审计效率。然而，传统信息化手段存在一些不足，主要包括以下三个方面：

（1）通过前端系统提取数据的操作不便利　在实践中，内部审计信息系统往往独立于核心业务系统，需要获取权限接入业务系统或从业务系统中下载数据并打包发送给信息化团队才能实现数据获取，后者往往更为普通。不仅数据获取不便，而且内部审计系统与主系统不连通，导致内部审计部门难以实现实时监控。新的审计理念提出，审计服务需要嵌入经营环节，实时获取经营信息，从而实现实时监控。为了实现更优的控制，内部审计的监督功能需要嵌入业务系统中，内部审计部门可随时调阅数据、查看业务情况，从事后查阅延伸到事中监控。

（2）传统内部审计信息化很难满足大数据分析要求　在效率方面，传统信息化手段的数据处理能力要弱于新兴的大数据与人工智能技术，在分析大体量数据时存在效率低下的问题，因此传统信息化手段需要与时俱进，借助人工智能等技术升级数据获取与分析手段。

（3）企业数据治理和管理水平限制内部审计信息化　内部审计信息化对于组织机构的数据信息水平有较高要求，它可以发挥的作用很大程度上取决于信息是否实现了线上化、数据化。现阶段，可以完全实现数据化管理的组织机构并不多见，大部分机构仅实现部分数据的信息化，因此内部审计信息化在实施过程中会受到制约，无法完全发挥功效。

在数据化飞速发展的当下，信息与数据不足的情况预期会逐渐改善。政府审计部门、外部审计机构和企业内部审计部门都在越来越多地运用信息化的手段推进自身的信息化建设。审计服务的发展是与信息化手段的发展相伴而行的，内部审计信息化预计将在未来的内部审计工作中发挥更大的作用。

2.4　大数据与内部审计

大数据技术的发展为组织机构带来了更高的效率和更多的运营手段。近年来，云计算、区块链、数据挖掘与人工智能等数据技术迅速发展，在企业的经营中得到了越来越广泛的应用。数据挖掘与人工智能主要运用在数据存储、数据处理、数据分析与实践应用等方面，而云计算则为大数据分析提供了强力的算力支持、足量的存储空间及软件支持等，在基础架构服务、平台服务和软件服务三个层次支撑大数据技术在企业端的应用。

根据麦肯锡公司的定义，大数据是指规模大到在存储、处理等方面远超出传统数据库能力范围的数据集合。在现今的互联网时代，基于个人与企业产生的庞大数据是资源宝库。要对大数据进行挖掘与分析，首先需要解决数据收集与存储的问题。在物理设备和存储空间有限的情况下，云计算提供了完美的解决方案。

根据微软公司的定义，云计算是通过互联网云的方式来提供服务器、存储、数据库、分析等计算服务的。云计算技术的发展使众多企业脱离了硬件和软件的限制，通过购买云端存储空间与软件的方式，摆脱物理机与数据存储的桎梏，构建业务系统，存储与分析数据信息。在解决了数据的产生与存储问题后，要打开数据宝库，就需要借助统计学、人工智能等技术进行数据挖掘与分析。数学与统计学为人工智能算法的开发提供了方法论基础，概率、回归分析等计算方法被运用在算法开发中。

1. 大数据在企业管理中的应用

以金融机构为例，大数据技术的几个主要应用方向是大数据风险管理、大数据营销和运营管理优化。

（1）大数据风险管理　　大数据风险管理是指在拥有庞大数据资源的基础上运用大数据技术对标的对象的风险程度进行合理判断，进而开展风险评价和违约预测的管理方法。它既可以针对已开展业务进行风险分析与监控，又可以针对潜在业务进行风险判断，是传统风险管理手段的升级和补充。由于业务相关的数据量往往比较庞大，传统风险管理手段难以穷尽已有数据，也更依赖于风险管理人员的经验与能力，所以存在不足。而大数据风险管理则可以弥补传统风险管理手段数据覆盖和看重经验的短板。不仅如此，大数据分析的效率极高，它相比传统数据分析方法在数据处理量级上有大幅提升。分析效率的提升使风险管理工作可以在一定程度上减少人力资源，效率的提升节省了时间，也使得风险管理工作拥有更广的覆盖范围。

在大数据技术进入行业应用阶段伊始，大数据风险管理就首先被广泛试验和运用。以金融机构为例，许多银行已开始运用大数据技术进行风险管理，运用算法结合自己庞大的历史数据训练多因子风险管理模型，再运用模型对信贷主体的既有信息进行分析，得出风险评估结果，辅助风险判断。银行拥有丰富的数据资源，可以不断输入新的数据来训练和调试风险模型，以提高模型表现。也有许多银行的信用卡部门采用数据挖掘的方法，运用自己开发的信用风险算法对标的客户进行信用评价，并根据风险评价发放信用卡额度或消费融资，达到客户风险筛查的目的。采用大数据分析的方法极大提升了风险相关信息处理的内部效率，也有效提升了信息覆盖程度，已成为风险管理主要发展方向之一。

（2）大数据营销　　大数据营销也是大数据技术的重要应用途径之一，它通过数据挖掘的办法得到用户群体的相关信息，继而通过聚类分析等手段绘制用户的典型特征画像，估计其消费能力与消费偏好，根据其潜在可能性需求进行精准推荐。该手段已被广泛应用于互联网和金融等行业。比如，电商平台基于用户的消费习惯分析而进行的精准推荐，互联网金融平台基于历史购买和风险偏好而进行的产品推荐。再比如，电商类企业通过对用户的各项消费数据进行分析，绘制用户画像继而精准推荐旗下的消费类金融产品。

（3）运营管理优化　第三个维度是运营管理优化，即利用大数据技术的批量处理特性，对企业运营中的数据进行集合处理与分析，改进传统数据处理方式。

以上这些大数据手段的底层逻辑都是相同的，通过回归分析、聚类分析等统计手段和算法进行归类，并进行因子相关性研究，得出有效模型。

2. 大数据与内部审计的结合

大数据与内部审计的结合已经在领先企业中取得了较好的成绩，但在大部分中小型企业中仍然处于探索阶段。

（1）大数据如何与内部审计结合　与大数据风险管理类似，内部审计可以借助大数据分析的方法来处理审计中的海量数据。通过总结既往发现的问题，开展风险筛查，从而大大提高工作效率。大数据技术是对传统信息技术的升级，它可以提高信息承载和处理能力。

传统内部审计和信息化手段的结合往往只能支持局部审计，即抽样审计。这是因为整体内部审计，即全面内部审计，需要耗费大量的人力和时间等资源。在实现数据技术升级以后，借助大数据技术极高的数据处理速度和数据分析手段的支持，内部审计工作可以大大提升覆盖广度，从抽样审计延伸至整体审计。在算法手段的支持下，经过筛查多数数据可以免于人工处理，筛出存在潜在风险隐患的业务供人工筛查。除此之外，内部审计系统可通过接入核心系统的方式，运用大数据技术实时扫描数据，实现对业务的动态监控，并可根据分析结果进行分类，与风险管理部门共同执行风险的实时预警，支持审计服务由后置性向事中实时控制和事前管理方向转变。

区块链技术由于其特性也适合应用于内部审计工作中。大部分风险判断偏离实际的情况是由于信息不对称的存在，所以内部审计工作要去发现和解决信息不对称问题。区块链技术可用于解决各方信息不对称问题，比如，业务部门和客户之间的信息不对称、业务部门和内部审计部门之间的信息不对称都可通过区块链技术来打破信息壁垒。将区块链技术、大数据技术与人工审计相结合，三者相辅相成，可以把内部审计工作提升到新的层次。

（2）探索中的瓶颈　大数据技术与内部审计的结合在当前的探索阶段也存在一些瓶颈，具体包括如下三个方面：

1）经营机构往往对内部审计的大数据化发展重视程度不足。为促进内部审计工作向更好更深入的方向发展，需提高对大数据审计方向的重视程度，引入更多的数据人才来实施大数据升级。

2）要提升传统内部审计人员对大数据技术的认识。在大数据发展已经十分成熟的今天，传统内部审计人员也需要掌握基本的大数据技术，知道如何运用大数据方法实现基础的数据处理，将基础大数据分析纳入常规的手段来提升运营效率。

3）组织机构的数据化程度不足，大部分组织机构只实现了部分数据化和线上化。而大数据技术依赖于数据的数量和数据化的完善程度。数据化的完善程度低将成为制约大数据技术发挥功效的主要因素之一。因此，组织机构需要提升数据化治理水平，尽可能将业务数据留存在业务系统中。

2.5　人工智能与内部审计

人工智能与大数据技术密切相关，是大数据分析的重要技术支撑。人工智能技术研究内容包括认知建模、知识学习、机器感知、机器学习、智能系统等。根据主流定义，人工智能由数据、算法和算力三部分构成。充足的数据集合是人工智能分析的基础，算法是人工智能运行的核心，算力为人工智能提供计算力保障。

人工智能技术的发展经历了五个阶段。第一个阶段是 20 世纪 50 年代的启蒙期，神经网络算法等的出现，人工智能技术进入启蒙阶段。第二个阶段是 20 世纪 70 年代的低潮期，受计算能力所限，机器无法完成大规模数据训练和复杂任务。第三个阶段为 20 世纪 80 年代的复兴期，随着集成电路技术的提高，算法研究不断突破。随之而来的是第四阶段，即 20 世纪 90 年代的遇冷期，市场期待过高后失望情绪蔓延，投入资源减少。第五个阶段是 2005 年至今的快速发展期，这期间在应用层面不断突破，产生了在多种场景（如医疗、教育、金融、安防、城市管理等）下的各种智能化应用。

人工智能技术由决策树、随机森林、神经网络等基础算法向复杂的机器学习不断演进。机器学习即实现数据规律的分析与自主学习并不断自我改善，它是模拟人类学习行为的高阶人工智能技术，包括对抗学习、强化学习、迁移学习、深度学习等类型。深度学习是机器学习中最受关注的方向，是更为复杂的算法，可分为卷积神经网络、循环神经网络和全连接神经网络。它通过算法框架实现学习过程，模拟人类活动，被给予了像人类一样学习、分析与识别的期待。不断更新迭代的人工智能技术现今被广泛用于数据挖掘分析、智能硬件等领域，作为核心技术支持着各行业智能化的发展。

在内部审计中存在大量的人工智能应用需求。

1. 解构人工智能

在互联网时代，庞大的数据为人工智能发挥作用提供了大量可分析资源，数据抓取和挖掘技术的发展使获取数据资源变得不再困难，云计算技术的发展为人工智能提供了强大的计算能力保障。在这些因素的共同作用下，人工智能得以迅速发展。而由于在图像与声音识别、认知与推理、指令执行等方面的强大能力和出色表现，人工智能技术在数据分析、智能设备、无人驾驶等多个领域得到了广泛应用。

人工智能的重要演进方向是机器学习，包含数据搜集、算法设计、算法实现、算法训练和算法验证五个步骤，通过这些步骤即可将算法运用到实践领域。机器学习又可分为有监督学习和无监督学习，其中有监督学习是为计算机提供运算规律，将部分数据和对应的运算结果输入计算机中，命令计算机根据所提供的规律学习数据与结果之间的对应关系，从而掌握这一对应关系并将其运用到剩下的数据计算中。无监督学习是向计算机下达指令，让其通过各种算法自主学习数据的潜在规律，并对数据进行分类和计算。深度学习是机器学习的重要方向，是更为复杂和前沿的机器学习，它会综合使用有监督学习、无监督学习、半监督学习等方式来模拟人类进行学习和认知。

2. 人工智能在内部审计中的应用探索

人工智能在机构的风险管理中发挥重要作用。如前文所述，人工智能可开展客户风险筛查的大数据风险管理。虽然人工智能技术在内部审计工作中的运用现处于理论和探索阶段，但已显现出良好的发展前景，它可与多项内部审计工作相结合，极大提升内部审计工作的效率，是审计服务的重要发展方向。在内部审计实施的全流程中，人工智能都可发挥重要作用。

（1）获取信息 在算力、存储空间等互联网基础设施的支持下，人工智能技术可通过网络数据抓取等手段获取与业务相关的信息。以金融机构为例，在以往的数据收集阶段，需要通过信息化团队导入业务数据的方式来对业务主体进行分析和判断，但业务系统中有关业务主体的信息并不通畅。运用数据抓取技术可以通过网络获取监管机构的相关信息，如工商管理信息、央行征信系统信息、信用系统信息等，也可以获取与业务主体有关的网络信息，如个人主体的消费行为、消费偏好、履约记录等，以及企业主体的销售信息、供应商信息、涉诉信息等。通过穷尽网络信息的方式来全面掌握业务主体的信息。

（2）数据分析 在软件分析层面，人工智能在各种基础算法的支持下可提供语音与图片识别、客户画像、数据分析等功能，将获取的非标准化数据转化为标准化数据，进而对数据进行归类分析。人工智能还可以结合历史风险信息，训练内部审计风险模型算法，并在后续内部审计工作过程中不断输入新的风险数据信息，训练并调校算法，以获得风险模型的最优表现。在风险算法的支持下，对数据开展分析，得出审计结论。

（3）可视化输出　对结论进行可视化输出，将结论提供给内部审计人员进行复核判断。随着人工智能运用经验的积累，可以逐步在算法训练环节运用内部审计风险模型的深度学习与自主学习，使算法可以自我学习、自我更新，深层次挖掘风险信息之间的关联性，提升审计筛查能力。在实践中，已有机构进行了人工智能和内部审计结合的探索。例如，德勤率先开发了智慧审计流程自动化机器人。它既可以从银行 IT 系统中采集数据，也可以对手工单据等非结构化审计数据和财务信息等结构化审计数据进行抓取、分析。通过对比分析得出初步审计结论，生成审计底稿，替代人工的日常高重复性审计工作。

在审计监控环节，人工智能也可以发挥巨大作用。在实时监控业务数据的同时，可以根据风险发生的规律训练风险监控算法，在核心系统中实时抓取业务数据，运用算法实现对业务数据的实时分析，对存在风险隐患的业务进行动态预警，完善审计监督网络。在审计服务结合人工智能技术后，可以减少对于审计人员和审计时间的需求，提高工作效率，提高风险监控覆盖广度。未来审计工作会是审计人员与人工智能的有机结合，二者相辅相成，形成优势互补。

人工智能与大数据分析都对数据、算法和算力有较高要求。内部审计整体的人工智能升级需要借助云计算的底层算力支持，搭建好云计算、云存储等网络基础设施。基于人工智能对于数据的依赖，也需要机构尽可能地实现业务信息的线上化与数据化，载入更多可分析的数据源，以提升人工智能的表现，获得良好的运行效果。因此，组织机构应推动业务信息的数据化与云端化，为人工智能审计的实施提供良好环境。

3. 人工智能审计的时代

未来是大数据审计的时代，也是人工智能审计的时代。审计的工作特性和内在需求注定未来它将与人工智能紧密结合。不过，模仿人脑运转的逻辑在当今科技水平下尚存在困难，人工智能算法在现阶段还无法完全模拟人类思考。因此，人工智能在相当长的时间内都无法替代人类思维，人类思维对于人工智能来说是有益的补充。

在审计领域，由于线上信息的不完备性、实践中项目的复杂性以及人工智能算法当前的局限性，人工智能在一定阶段内可能无法做到与富有经验的审计人员等同的精准判断。因此，要综合运用人工智能和人类智慧，采用人类智慧和人工智能相结合的方式开展审计工作。在实践中,依靠人工智能实现深挖掘、高覆盖、广筛查,依靠资深审计人员实现深度分析、多角度调查和精准判断。两者结合会发挥一加一大于二的效用,这将极大提升审计人员的风险筛查能力,构筑最坚固的风险防线。

2.6 区块链与内部审计

区块链是近年金融科技领域最热门的方向之一。由于具有去中心化、数据共享、不可篡改等特性,区块链技术被逐渐应用于商业领域来解决互信问题。内部审计是未来区块链技术的应用场景之一。

区块链源于比特币,是比特币的一项底层技术。它本质上是一个去中心化的分布式账本和数据库。在数据库中任何信息点的修改都会同步给信息链条上的参与方,不可篡改,具有透明公开等特性。除可用于加密电子货币的制作与生产,区块链也可用于解决信息管理中的信息共享问题,具有公开透明、不可篡改的特性。

当下区块链技术有两大最新应用,一是应用于数字货币的研发,二是应用于金融科技中的供应链金融、国际贸易等子领域,解决链条上不同交易方的信任与信息传递问题。

1. 区块链在实践中的应用

区块链在风险管理中的应用尚处于探索发展阶段,目前集中在供应链金融和国际贸易等领域。以供应链金融为例,通过区块链技术将上下游企业方和金融机构连接起来,实现信息流共享,可有效解决信息不对称问题。

除了上述领域以外,区块链所具备的加密技术、共识机制、时间戳、激励机制、智能合约等,实际上与内部审计工作的特点和要求存在很好的契合度。利用区块链技术可以更好地实现动态审计、实时审计和自动审计。运用区块链技术来变革审计流程、审计方法、风险预警、审计取证也是内部审计工作未来重点发展的方向。区块链技术与内部审计的恰当结合可以发展出更加符合时代特征并具有领先商业模型和可靠技术支持的新兴内部审计技术。

2. 区块链与审计结合的探索

当前国际四大审计公司已经投入资源开始和一些 IT 公司合作研发区块链技术应用平台。例如,2014 年,德勤公司就开发了基于区块链的 Rubix 平台,致力于将区块链技术的应用场景拓宽至审计和鉴证服务领域。

国内学术界也开始着手对区块链与内部审计的结合进行探讨研究。例如:郑国洪、贺子卿和黄冠华在《基于区块链的集团企业内部审计平台构架研究》（2020 年 4 月）一文中，提出了区块链内部审计平台的逻辑、应用框架和绩效评价指标，并分析了内部审计应用区块链的核心机理，探讨了构建集团企业区块链内部审计的抽象逻辑和具体应用两个架构，提出了采用指标分析法对质量、效率与可持续性进行绩效评估。

韩超在《基于区块链技术搭建"4S+"审计结果运用共享平台》一文中，设计了以区块链为技术支撑的"4S+"审计结果共享平台，将去中心化、去信任化和维护集体化的区块链核心技术与审计结果运用巧妙结合，创新形成"4S+"（Serve、Support、Share、Solve）审计结果共享中心。

2019 年 8 月，国际内部审计师协会（IIA）发布了一份《区块链和内部审计》的研究报告，介绍了区块链的相关概念和潜在应用场景，分析了区块链在内部审计中的潜在应用及内部审计可能面临的挑战。

在区块链与金融审计的结合中，可以认识到监管和审计是金融体系的重要组成部分，监管机构使用各种方法、技术和标准来衡量系统性金融风险。目前各种区块链技术和应用都试图通过加密工具来增强隐私性，但在实践中，隐私保护和审计监督之间存在一种天然的对抗性，完全的隐私交易会导致监管机构和审计机构无法获得充分的信息来进行检查和评价。因此，同时满足隐私保护和审计监督的区块链系统将有着巨大的现实意义。zkLedger 和 PGC 是两种支持可审计的去中心化机密交易系统的代表。

（1）zkLedger　zkLedger 是世界上第一个既能保护隐私又能实施有效审计监管的区块链系统，是 MIT 媒体实验室的 Neha Narula、Madars Virza 和得克萨斯大学奥斯汀分校的 Willy Vasquez 在论文"zkLedger: Privacy-Preserving Auditing for Distributed Ledgers"中提出来的。

我们知道，基于分布式账本的区块链能使金融机构有效地协调跨组织交易。例如，商业银行可以使用分布式账本作为数字资产的结算日志。但这些账本要么完全向所有参与者公开并暴露敏感的策略和交易信息，要么完全私有、匿名，在不向审计人员透露交易内容的情况下无法支持第三方审计或监管。因此如何在保护参与者隐私的情况下，既能向监管机构提供审计和监督能力又能高效地运行，成为分布式账本在金融领域遇到的主要挑战。而 zkLedger 通过创建新的分布式分类账模型并使用零知识证明应用新方案，实现了快速、可证明正确的审计，在一定程度上解决了这个问题。

zkLedger 提供强大的交易隐私，攻击者无法分辨谁参与交易或交易多少，而且至关重要的是，zkLedger 不会泄露交易视图或交易之间的联系。交易时间和转让的资产类型是公开的，zkLedger 的所有参与者仍然可以验证交易是否保持重要的金融不变量，例如资产保护，审计人员可以向参与者发出一组审计查询，并接收与分类账一致的答案。

zkLedger 的设计实现了以下三个创新：

1）同时支持隐私保护和审计。具体是保护隐私的同时支持审计人员按照审计要求完成包含隐私数据的内容验证。

2）确保审计的完整性。由于审计人员无法确定谁参与了哪些交易，因此 zkLedger 必须确保在审计期间，参与者不能向审计人员遗漏交易以隐藏某些资产。

3）支持高效和有效。zkLedger 的分布式版本通过缓存"承诺"（Commitment）和审计令牌（Token）来解决效率问题。该版本可以为账本上的审计查询产生可靠的答案，且完成十万次交易审计耗时短于 10ms。

zkLedger 的设计要点如下：

1）zkLedger 隐藏交易之间的金额、参与者和链接，同时维护可验证的交易分类账，并使审计人员能够接收其查询的可靠答案。

2）使用多栏式总账账本结构，提供完整性支持，监管者可以验证每一条记录。

3）应用零知识证明，以使在不提供交易内容的情况下，审计人员能够验证银行所提供数据的正确性。

（2）PGC 在传统的去中心化交易系统中，交易隐私包括交易双方身份的匿名性和交易金额的机密性，如果违法违规人员使用这种系统进行不当操作和交易，则完全的隐私保护会使审计人员无法完成必要的检查验证。而 PGC（Pretty Good Confidentiality）是一种可审计的去中心化机密交易系统，它能够有效解决基于区块链技术的交易系统在隐私保护和可审计监管之间的平衡问题。对 PGC 感兴趣的读者可以阅读 Chen Yu、Ma Xuecheng 和 Tang Cong 等人的论文"PGC：Decentralized Confidential Payment System with Auditability"。

内部审计数字化
转型方法

内部审计具有独特的工作目的、方式和过程，这决定了它需要采集各种数据进行分析，以便出具独立、客观的审计判断。只有获取了充分且有效的数据，才有可能又快又好地得出正确的审计结论。为了达成又快又好的结果，数字化转型在内部审计中变得十分必要和紧迫。

事实上，一直以来内部审计都是与数据紧密结合的领域，这体现在利用数字化的方式采集数据、分析数据和生成内部审计/咨询报告。从手工式审计、信息化审计到数字化审计，内部审计在不断探索、实践和应用中发展出更先进的审计理念、方法和技术，直到现在大数据审计和智能化审计占据了内部审计市场的主体地位。

本部分的核心内容包括内部审计数字化转型方法论、内部审计数字化变革分析、内部审计数字化转型新生态建设及内部审计数字化核心能力建设。这些内容旨在改变人们对内部审计的认知，拓展其内部审计的视野，可以说代表了当前最先进的内部审计方法论体系。

Chapter 3 第 3 章

内部审计数字化转型方法论

本章阐述了内部审计数字化转型的背景和意义、方法和实施路径，旨在引领读者开启内部审计数字化旅程。这是本书的关键章节。

3.1 数字化和数字化转型

数字化是指将各种信息转变为可以度量的数字、数据后，再以这些数字、数据为基础建立适当的数字化模型，把它们转变为一系列计算机可识别的二进制代码，然后通过计算机进行统一处理。

数字化由信息化演变而来。在大数据时代，数据作为一种资产是可以交易、可以创造价值的对象。数字化就是利用数字技术以数字的形式记录与表达企业经营管理过程中的各种行为和结果，再进一步进行数据处理，以提高企业的经营能力和竞争能力。

数字化包括但不限于数字化治理、数字化运营、数字化营销、数字化风控、数字化财务、数字化审计、数字化合规、数字化产品以及与此相关的企业信息化进程和信息技术的应用。数字化已经成为一种新的社会、经济和技术力量，正在重塑传统的企业战略、商业模式、业务结构、运营流程和管理文化。

数字化转型就是利用数据和数字技术来推动企业经营的自上而下和自下而上的变革，它专注于通过开发新的数字技术或构思其新用途来设计、创建和运营新的企业或改造现有的企业。

内部审计数字化转型是指基于数字化审计的战略目标，通过对内部审计的组织、人才、流程、方法、工具、信息系统等进行数字化变革，打造一种新型的融合数字理念、数字方法和数字技术的内部审计体系。

内部审计数字化转型十分依赖于内部审计的战略和业务转型，以及建立在信息科技和金融科技基础上的审计科技，它们是内部审计实现数字化转型的基本前提。

3.2　进行内部审计数字化转型的原因

内部审计数字化转型是内部审计内生和外生变量共同作用的必然结果。在各种内生和外生变量的推动下，企业内部审计的数字化转型已经驶入快车道。本节将从六个角度来分析为何要进行内部审计数字化转型。

1. 从社会经济发展来看

我国在经过 13 个五年计划后取得了举世瞩目的成就，经济实力、科技实力和文化实力稳步提升并位居全球前列，国民素质和社会文明程度达到全新高度，现代化产业体系及其各项产业迅速发展。在高端化、数字化、智能化、绿色化的目标指导下，数字经济成为诸多产业中最重要的一环。数字经济与云计算、大数据、物联网、移动互联网、人工智能、5G 通信等新兴技术的快速发展和应用密切相关，后者为数字经济源源不断地输送能量和动力。

国家统计局于 2021 年 5 月发布的《数字经济及其核心产业统计分类（2021）》中提到，数字经济是指以数据资源作为关键生产要素、以现代信息网络作为重要载体、以信息通信技术的有效使用作为效率提升和经济结构优化的重要推动力的一系列经济活动。新零售、新金融、新制造、新科技等都是数字经济的典型代表。

国家层面已陆续出台各种政策和措施推动社会进行数字化转型，政府鼓励通过数字化转型打造数字经济。例如国家"十四五"规划和 2035 年远景目标纲要明确提出要"加快数字化发展 建设数字中国"，并强调"迎接数字时代，激活数据要素潜能，推进网络强国建设，加快建设数字经济、数字社会、数字政府，以数字化转型整体驱动生产方式、生活方式和治理方式变革。"2021 全球数字经济大会发布的数据显示：2020 年中国数字经济规模近 5.4 万亿美元（折算人民币约 39.2 万亿元，约占我国GDP 总量的 38.6%），居全球第二位；同比增长 9.6%，增速为全球第一。《中国数字经济发展白皮书（2021）》显示，中国 13 个省份数字经济规模超 1 万亿元。

从全球来看，《全球数字经济白皮书（2021）》披露，2020 年全球 47 个国家数字经济增加值规模达到 32.6 万亿美元，同比名义增长 3.0%。

无论全球还是中国，数字技术仍在不断发展和迭代，数字经济仍在高速向前发展，继续推动生产力、生产关系和生产工具的数字化转型。政务数字化、企业数字化、产业数字化已经成为社会发展的时代热点和必然趋势。在这样的背景下，内部审计作为企业经营管理的核心活动之一，无法脱离数字化这一时代主题。内部审计的数字化转型是管理层和内部审计部门迫在眉睫的重要任务。

2. 从万物数字互联来看

当前我国已经步入第四次产业革命和新服务型社会，与之相伴的是网络化、信息化和数字化的高度融合，促成以智能化为发展主题的新时代特征。以大数据、云计算、AI、物联网、区块链和 5G 通信技术为基础，推动形成万物互联的数字化社会，打破传统硬件之间的界限，实现人与人、人与机器设备、机器设备与机器设备间的智能沟通，构建消费互联网、工业互联网、智能金融、智能家居、智慧社区和智慧城市。

IDC 研究数据显示，2020 年全球物联网支出达到 6904.7 亿美元，其中中国市场占比 23.6%。IDC 预测，到 2025 年，全球物联网市场将达到 1.1 万亿美元，年均复合增长 11.4%，其中中国市场占比将提升到 25.9%，物联网市场规模全球第一。

万物互联的数字化也伴随着一个新的客户时代的出现，社会、经济、科技和文化因素让客户与企业进行深度交互，也对企业提出了客户经营的新需求。这种新需求呈现出更加多元化和个性化的特点，体现了新时代人们对变革、创新和高效的追逐与肯定。对于整个社会来说，万物互联的核心目标是利用数据构建有效关系网络，进一步改变社会、企业与人的生产和生活方式。对于金融企业来说，数字化正在加速颠覆旧模式，以"客户经营再造"和"客户体验改进"为中心的数字化是转型的关键。在全球数字经济浪潮中深度洞察并服务于客户，进行数字化转型已经是普遍共识。内部审计数字化也不能脱离这一共识，错失数字化转型的良机。

信息技术是过去 50 年来最具社会影响力的科技之一。信息技术的不断发展、迭代和进步助力企业管理实现电子化、信息化，并推动数字化、智能化企业管理时代的到来。回顾信息技术发展的历程，我们发现：

1）自 20 世纪 70 年代起，计算机被引入金融领域，金融业从传统的人工手记变为使用计算机进行本地电子记录，开启了金融电子化的时代。

2）20 世纪 90 年代中后期，局域网与互联网的出现使得电子信息由单机本地化转换为互联与全球共享化，并在 21 世纪初期完成了数据集中的初步成果。在那之后，网络技术不断发展，数据集中处理结果不断成熟，网上金融服务与创新的金融产品随之到来，从此金融行业步入信息化的阶段。

3）在 21 世纪第一个 10 年后期，随着智能移动设备的逐步兴起，由移动数据与客户互动所带来的新型信息载体让金融业认识到了数字化的重要性，致使金融数字化的标准和要求变得更加严谨与专业。在此阶段，机器辅助分析客户数据，为满足客户需求提供了更多的解决方案，减少了诸多人力成本与压力，互联网数字金融时代就此展开。

信息技术"新基建"让人们拥有了对庞大数据量的信息进行快速计算、处理、分析与应用的能力。以 5G 通信、物联网、人工智能、区块链、云计算、大数据、边缘计算为核心的新一代信息技术的持续发展和成熟，使包括内部审计数字化在内的企业数字化工作能够有效落地实施。

3. 从企业管理升级来看

从电子化、信息化到数字化，企业管理也从手工纸质、电子系统逐步进入数据智能时代，许多企业管理领域经历了多轮升级之后，已经在数字化和智能化建设上取得了可喜的成绩。在各类型企业管理领域中，营销管理、客户管理、风险管理、财务管理、人力资源管理、采购管理等可以说是数字化建设的典型。

例如：在营销管理中，利用大数据、云计算和人工智能技术构建的精准销售推荐、销售预测、商品匹配、营销流失和销售分析等很好地实现了营销活动的数字化；在客户管理中，利用大数据和人工智能技术可以进行客户资源管理、精准客户分类、客户关联分析和智能客户服务，能够提高客户服务效率，改善客户体验；在风险管理中，利用大数据、区块链或人工智能技术打造的自动风险审批决策、智能风险预警、自动风险催收、智能风险核保、自动保险理赔、自动风险分类和智能风险投资等已经成为风险管理的重要手段。

企业的前台业务、中台管理和后台支持部门均在快速推进数字化进程，作为讲究"专业性"和"先进性"的内部审计来说，自然无法忽视前、中、后台企业各领域管理升级的影响，而且更应该抢先其他企业管理活动一步，更快更好地开展数字化转型，提升内部审计人员和专家顾问的数字化能力。

4. 从内部审计用户需求来看

内部审计的用户包括但不限于股东、董事会及其审计委员会、高级管理层、各中后台管理部门、各业务操作和经营机构。传统的检查式审计、手工式审计和合规性审计已经无法满足数字时代的内部审计用户的需求，用户们对内部审计理念、领域、方法、工具、服务、合作、技术和效率效果等都要求内部审计能够体现新时代内部审计的权威性与专业性。

内部审计用户的需求从广义来看主要表现在三个方面：一是董事会和高级管理层的需求，期待内部审计提高数字化水平，打造一支强数字化内部审计队伍；二是被审计对象的需求，因为各类业务和职能机构本身的数字化管理水平已经处于相对较高水平，若内部审计人员仍使用传统手工抽样、人工核查等方式，极有可能因落后的内部审计方法和工具而无法跟上被审计对象的节奏，进而不利于树立内部审计的权威性和专业性；三是具体内部审计内容的需求，例如对大量客户、海量业务、各类机构，以及数据治理、数据建模管理、数据科学作业管理、数据安全和隐私保护等开展内部审计，必须使用数据分析和大数据审计技术，否则很难从全面和局部对审计内容进行综合与客观评价。

5. 从数字鸿沟内外部竞争来看

当整个社会都在追逐数字化转型时，当企业内部的营销管理、客户管理、风险管理、IT 管理、消费者权益保护、法律管理等都在推进数字化转型时，内部审计部门不能让自己落后于企业外部的审计同行和企业内部的其他部门。

信息化和数字化的发展过程中出现了数字鸿沟，使得主流市场上出现强者恒强、弱者面临被淘汰的状况，并且令人担忧的是这种数字鸿沟还在持续扩大。

出现数字鸿沟的原因，从领先主体来看是其在日益激烈和快速变化的市场竞争中掌握了先进信息技术等，进而拥有了市场上多数的优质数据；从中小主体来看是其自身信息技术实力较弱，没有迎合数字化转型的时代趋势，信息技术基础设施薄弱从而无法接入数字技术，没有及时掌握数字技术，进而导致其数字技术的使用缺乏广度或深度。

数字鸿沟导致的结果主要包括三个方面。首先，在资金充足并准确使用数据的前提下，企业数据的价值会随着数据量的增大而呈现指数级增长，导致基于数字经济的利益分配趋向不均等，产生强者愈强、弱者愈弱的现象，放大了企业间市场竞争的不平等因素；其次，掌握和使用数字技术的领先主体能够巩固其原有的数字网络且拓展新的数字网络，并利用其再造新的经济社会资源，形成一种不对称优势；最后，未能掌握数字技术的主体则会因为只能依赖原有的技术和资源而被远远甩在后面。

对于中小型企业的内部审计部门来说，数字鸿沟是其提升数字化能力的一个关键阻碍，导致其错失大数据和数字经济带来的机会，在数字竞争中逐渐落后。内部审计部门错过数字化战略转型的代价是巨大的，正因为如此，企业，特别是中小型企业的内部审计部门需要基于恰当的目标奋起直追，突破网络外部效应，走出一条具有自身特色和竞争力的数字化转型道路。

3.3 内部审计数字化转型具体方法

内部审计的数字化转型是基于公司整体的数字化转型架构、方法论和实施路径而得到的一个局部领域的架构、方法论和实施路径。本节首先介绍数字化转型通用架构，再介绍内部审计数字化转型方法。

内部审计数字化转型的方法包括但不限于审计战略方法、企业架构方法、场景审计方法、数据驱动方法、系统转型方法，其中企业架构方法是我们推荐使用的方法，它通过构建内部审计的立体化多维度架构，融合审计战略、审计场景、审计数据和审计系统要素，形成一种结构化的方法论，能够更好地推动企业级内部审计数字化转型。

3.3.1 数字化转型的通用架构

从企业架构管理视角看，数字化转型是在企业的整体使命和愿景的指导下，由企业战略出发得到的一个包含业务架构转型、应用架构转型、数据架构转型和技术架构转型的综合型工程。基于上述原理，数字化转型应该首先基于企业战略制定一个数字化的专项转型战略，然后逐步扩展到业务架构转型、应用架构转型、数据架构转型和技术架构转型。

这种数字化转型架构的逻辑认为战略是企业经营管理的核心和最高目标，由企业管理层确定，它直接决定了业务架构的模式，根据业务架构进而确定应用架构、数据架构和技术架构。数字化转型的架构如图 3-1 所示。

为什么谈数字化转型首先要看架构？这是由数字化转型的定义和企业架构管理的性质共同决定的。无论是广义还是狭义的数字化转型，底层都是目标管理导向下企业战略、业务、信息系统、数据和金融科技统一作用于企业的一种形式。从企业架构管理的性质来看，TOGAF 架构管理理论中对"企业"的定义是有着共同目标集合的组织的聚集。企业架构是一套与特定经营战略、组织管控、业务管理、信息系统等紧密关联的解决方案，其中包括各类政策、原则、标准、流程和模型等。企业架构管理是对"特定组织经营发展解决方案"的管理，它结合企业未来发展方向，为企业各项解决方案的设计、选择和执行提供指导。

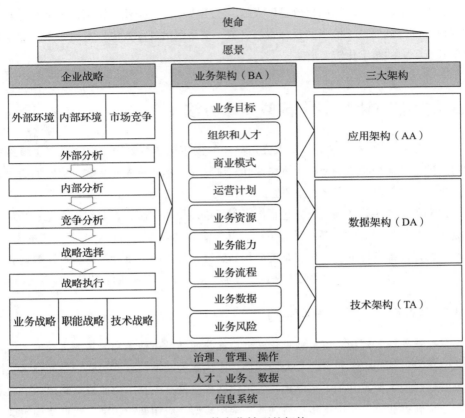

图 3-1　数字化转型的架构

　　对于数字化转型来说，先行确定数字化转型的架构，可以降低数字化转型偏离企业目标的风险，有助于确保数字化转型体系完整和准确，提高战略、业务、系统、数据和技术之间的协同效果。在这样的架构指导下，从顶层的使命愿景到中层的战略和架构，再到底层的三个"支撑"，数字化转型有了一个可持续迭代和优化的完整体系。

3.3.2　内部审计数字化转型的基本指导思想和框架

1. 数字化转型的基本指导思想

　　内部审计数字化转型的基本指导思想是对内部审计的定位、价值和技术进行转型，具体来说，包括以下三个方面：

　　（1）定位转型　战略的定位：由于企业越来越强调增长发展的多元化，内部审计部门必将密切关注与这些发展战略及决策息息相关的风险，超前的内部审计职能一直视企业战略决策为其制订审计计划和风险评估的重中之重。

职能的定位：新时代下内部审计不再仅具有"监督和评价"职能，还应该立足于"确认和咨询"。通过内部审计，对被审计事项进行监督、检查，给出评价建议，还应该为此提供咨询服务（前提是不影响独立性）。

风险的定位：风险导向是内部审计的职能定位的重要基础。内部审计必须侧重于那些内在的、剩余的高风险领域，同时从审计计划、程序中剔除那些低风险、低影响的工作范围。采用以自上而下为主、自下而上为辅的工作方法，综合考虑风险和控制等多方面的因素，把内部审计工作重点放在高风险的领域，以更好地利用审计资源监控企业管理和控制的风险。

价值的定位：对于企业来说，内部审计的本质是进行价值创造、价值保持和价值输出。

（2）价值转型　内部审计价值主张模型建立在内部审计向组织提供的核心服务之上，即"客观""确认""洞察"。"客观"是以客观事实为基础，公正无偏地开展分析审核、做出判断与结论；"确认"是对内部控制、风险管理和治理过程有效性进行的评价；"洞察"是在敏锐发现问题的基础上提供前瞻性、建设性的见解。

内部审计的价值转型可以从进入企业战略、社会热点、企业痛点、新兴技术、绩效管控等领域提供咨询服务开始，并逐步拓展到审计服务。

（3）技术转型　信息技术"新基建"让人们拥有了对庞大数据量的信息进行快速计算、处理、分析与应用的能力。以通信、物联网、人工智能、云计算等为核心的新一代信息技术的持续发展和成熟，促成了各行各业与科技的深度融合，推动了企业数字化转型。

当前我国正在深入推进科技体制改革，完善国家科技治理体系，优化科技计划体系和运行，健全知识产权，保护运用体制，实施更加开放包容、互惠共享的国际科技合作战略，更加主动地融入全球创新网络，形成了科学技术创新的良好局面，从而为科技创新和迭代奠定坚实的基础。

2. 内部审计数字化转型方法论框架

根据数字化转型的基本通用架构，在内部审计定位转型、价值转型、技术转型核心理念的驱动下，我们可以得到企业内部审计数字化转型方法论框架，如图 3-2 所示。

（1）使命、愿景层面　该方法论框架中的愿景、使命与通用方法论架构中的愿景、使命一样，都是整个转型工作的本质追求和底层目标。内部审计的数字化转型要事先明确自身的使命和愿景，并基于此来澄清转型的目标。

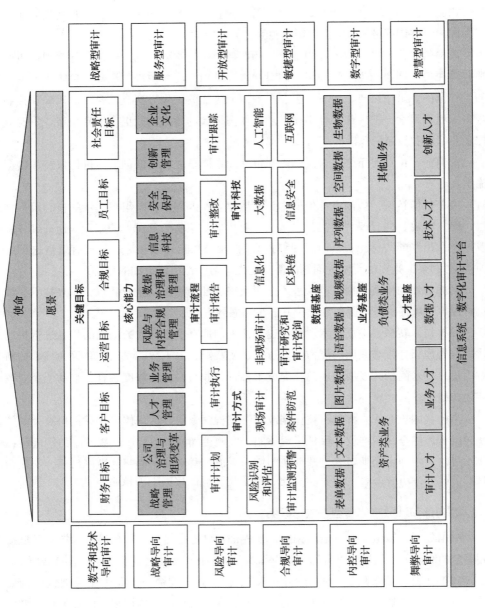

图 3-2 内部审计数字化转型方法论框架

（2）关键目标层面　根据内部审计本身的使命和原因，结合工作性质和职能差异，内部审计及其数字化转型的目标包括财务、客户、运营、合规、员工和社会责任六大维度。与传统的企业管理和转型方法论框架中强调前四种目标不同，内部审计数字化转型的方法论框架还提出了员工目标和社会责任目标，这是从更高的视角看待内部审计及其数字化转型的使命和愿景，是符合当今社会复杂多变、形式多样的内外部环境和用户要求的。同时，关键目标层也是内部审计数字化转型效果评价指标的直接来源。

（3）核心能力层面　除了内部审计自身必须掌握的审计原理、方法和工具外，其他在审计范围内的领域理所应当也是内部审计的能力域。内部审计的核心能力范围十分广泛，至少包括战略管理、公司治理和组织变革、人才管理、业务管理、风险与内控合规管理、数据治理和管理、信息科技、安全保护、创新管理和企业文化这十个领域的能力。

一个完整体系的内部审计组织机构应该掌握这些能力。虽然实践中一个内部审计部门或单个内部审计人员很难全面掌握上述能力，但是倡导这些能力将为企业内部审计部门及其审计人员提供未来的工作目标和动力，对于推进内部审计的数字化转型具有十分重要的意义。

（4）内部审计流程层面　相关内部审计准则和指引对于内部审计流程的划分具有一定差异，但是总体来看均包含计划、执行、报告、整改和跟踪五大环节。对于数字化转型来说，将这五大环节分阶段分模块进行数字化改造，是一种较为通用的实践。

（5）关键审计方式层面　内部审计可以说是企业各项活动中最能体现自身应变能力的一种，针对不同的领域、情景、对象、环境等使用不同的手段才能又快又好地完成审计任务。主要手段包括但不限于风险识别和评估、现场审计、非现场审计、审计监测预警、案件防范、审计研究和审计咨询。这些是内部审计数字化转型的关键手段，它们与内部审计流程结合，一起构成了内部审计数字化转型的基础。

（6）关键审计科技层面　与金融科技、监管科技、合规科技、财务科技、数据科技等一样，审计科技作为审计信息化、数字化和智能化的一项核心驱动力，是实现内部审计数字化转型的技术基础。主要的审计科技有信息化、大数据、人工智能、区块链、信息安全和互联网等技术。

（7）基础支撑层面　各种类型数据构成的数据基座、业务基座和人才基座共同构成内部审计数字化转型方法论框架的基础支撑。在数据基座方面，需要构建统一的审计数据集市，采集多元化的数据类型，强化数据治理，提高数据质量，建立审计数据分析主题领域，并且在数据基座之上建立丰富的审计数据分析应用模型。在业务基座方面，需要梳理业务类型，建立业务产品目录，构建业务基本知识库。在人才基座方面，需要引进和培养多元化的内部审计师和内部审计专家，建成一支专业、权威和精干的内部审计人才队伍。

（8）信息系统层面 所有上述工作和模块如果缺乏一个优秀的信息系统来支持其落地运行，那么一切都是纸上谈兵。构建一个恰当的内部审计数字化信息系统或数字化平台，是最终实现数字化转型的最为核心的交付，也是数字化转型各项方法和措施能够顺利落地运行的关键。

在内部审计数字化转型方法论框架中，还需要明确各种导向下的审计类型以及与内部审计数字化转型密切相关的各种审计模式。各种导向的审计包括：数字和技术导向审计、战略导向审计、风险导向审计、合规导向审计、内控导向审计和舞弊导向审计，各种审计模式有战略型审计、服务型审计、开放型审计、敏捷型审计、数字型审计和智慧型审计。这些模块将在后文中详细介绍。

根据内部审计数字化转型方法论框架，企业设计和实施转型的重点包括：①明确转型的使命和愿景；②设置转型目标；③打造数字化内部审计的核心能力；④采用数字方法和流程对内部审计流程进行数字化重构和优化；⑤使用数字化的审计手段；⑥引入审计科技；⑦打造数据、业务和人才三大基座；⑧构建数字化内部审计平台。通过这八项举措实施各种导向和各种类型的审计转型。内部审计数字化转型的具体举措是应用战略规划、组织变革、审计科技、数据资产等构建内部审计核心能力，对内部审计流程、关键审计手段进行数字化再造。

例如：在审计计划阶段，应用大数据进行智慧审计风险分析，构建数字化审计项目视图、自动推荐匹配内部审计专家库、审计资源智能编排等；在审计执行阶段，利用人工智能构建智能推荐审计访谈系统，建立自动化审计模型或程序执行自动审计，利用大数据智能模型进行非现场数据分析和审计预警监控，进行审计非结构化数据挖掘分析，开发智能小工具进行审计信息检索，等等；在审计报告阶段，可以进行内部审计报告结构化和自动化生成；在审计整改阶段，可以构建自动问题整改推荐系统；在审计跟踪阶段，构建智能整改追踪系统，构建数字化内部审计价值分析体系，等等。

3.4 内部审计数字化转型实施路径

无论是企业层面整体的数字化转型还是特定领域的数字化转型，从大方向来看，其实施路径总体差别不大。企业在设计和执行内部审计的数字化转型实施路径时，重点是要明确自己的转型目标和期望成果，自己具备哪些资源和能力，各种不同的方法、措施能带来多少实际效果和边际效用。本节提供一种标准化的内部审计数字化转型实施路径，包括 5 个阶段，具体如图 3-3 所示。

图 3-3　内部审计数字化转型实施路径

第 1 阶段：战略引领，策略先行，机制控制

内部审计数字化转型的第 1 阶段需要制定转型规划、设计关键转型策略和进行恰当的机制控制。具体来说，此阶段包括以下 5 个核心任务：

1）制定一个总体性、全局性的内部审计数字化转型规划，明确核心能力、核心资源，对纳入规划的各种任务进行转型排期。

2）向转型注入领导力，推动转型有序进行。

3）组建一个恰当的数字化转型团队，由该团队制定具体的运营方案。

4）引进适当数量的内部审计数字化转型专家、数据分析师、金融科技应用专项人才。

5）建立一套内部审计数字化转型绩效激励和考核机制，激发转型活力。

第 2 阶段：单点突破，分步实施，敏捷迭代

有了战略和策略，就可以开始执行战略了。常见的稳妥方式是选择一些特定的领域先行试点，再分步骤推进，并考虑引入敏捷机制进行迭代。此阶段的核心任务如下：

1）聚焦用户价值、业务价值，结合内部资源和能力，选择单个风险作为转型突破点。

2）小步快跑，分步实施，稳步推进，简化流程，灵活管理项目。

3）推动敏捷转型，建立敏捷组织和敏捷团队。

第 3 阶段：逐步推广，组合管理，深度融合

在试点阶段取得一定的成果，各项举措的有效性得到验证之后，可以在特定领域试点的基础上将其推广到更多的领域，并对多领域多项目进行组合管理，推动"业务＋职能＋科技"与"审计"的融合。此阶段的主要任务包括以下几项：

1）将单点转型的经验或成果推广到其他领域，强调团队合作，共担共享。

2）对不同领域的内部审计转型执行模块组合管理、项目组合管理和人才组合管理。

3）将内部审计与企业战略、业务增长、财务绩效结合，推动业务、职能和科技三大条线深度融合。

第4阶段：集成管理，智能协同，注重创新

数字化转型的三大法宝分别是集成管理、智能协同和注重创新。此阶段已经进入转型的深水区和困难期，需要在前期工作的成效上再接再厉，突破存在的问题。此阶段的主要任务包括以下几项：

1）待不同类型的内部审计数字化转型进行到中后期时，可以进行内部审计和全面风险管理、全面绩效管理的集成管理。

2）打造智能化的新一代内部审计协同系统、工具或平台，深化内部审计智慧化转型。

3）注重创新，打造业务创新、审计创新和科技创新三大能力。

第5阶段：联调联动，持续整合，形成文化

此阶段为内部审计数字化转型的最后阶段，重点是巩固已有成果、调动各方力量、持续优化调整，最终形成人人认可的数字化内部审计文化，以文化作为数字化内部审计的最终传承。此阶段的主要任务包括以下几项：

1）利用敏捷、合作、协同、激励机制联调联动，提高效率和效果。

2）持续整合各项资源和能力，打造企业上下一体化的命运共同体。

3）根据业务、人才、数据和技术打造内部审计数字化创新文化。

3.5 内部审计数字化转型的主要问题和改进建议

与企业数字化转型或者成熟领域（如风险管理、营销管理）的数字化转型相比，内部审计数字化转型的基础相对要差一些，存在的问题也更多。

3.5.1 主要问题

由于数字化是实现内部审计数字化转型的必要条件，是实现"数字引领、数据强审"目标的核心手段，因此企业内部审计部门势必要投入足够的资金和人才来打造一支数字化内部审计新队伍。虽然领先机构已经在内部审计数字化上取得了不错的成绩，但是从总体上来讲，当前我国企业开展内部审计数字化还存在许多问题，具体如下：

（1）缺少内部审计数字化转型规划和方案　当前我国内部审计行业总体上缺乏一个先进的内部审计数字化转型蓝图规划和实施方案。

（2）非结构化数据的采集和后续利用不足　当前许多企业的内部审计系统后台运行的是结构化的审计数据库，建立非结构化的审计数据库和利用非结构化数据开展内部审计工作的案例较少。

（3）依赖编程或使用新工具的数据分析能力较低　当前一些内部审计部门在数据分析方面还停留在简单的 Excel 处理阶段，有的甚至连 Excel 数据分析都极少使用。绝大多数内部审计人员既不会使用统计软件，也不会使用 Excel 的多数数据分析功能，更不用说使用大数据内部审计和数字化内部审计所需要的 BI 软件、可视化工具、网络爬虫工具等数据分析工具了。

（4）内部审计项目的数字化程度不高　内部审计项目一般是指针对公司治理、全面风险、核心业务、核心管理活动和信息科技等领域开展的专项审计活动，这些审计对象中有一些是可以通过数字化进行改造的，改造的最简单的方法就是开发针对被审计对象的一套定量指标体系。比如当开展专项审计活动时，可以通过数字化内部审计工具采集数据，直接计算审计指标的结果，利用结果来直接评价被审计对象的合规性、风险性和效益性等。

在经济责任审计方面，虽然它是可以实现较高数字化审计水平的领域，但是目前还存在几个问题：一是部分企业的该项工作浮于表面、流于形式，二是缺乏科学的经济责任审计方法，三是经济责任审计的范围和内容不清晰，四是没有建立一套经济责任审计的评价指标体系。这些问题在不同程度上导致当前经济责任审计的数字化水平不够高。

又如在区块链应用方面，虽然一些领先机构已经开始在内部审计工作中布局区块链，但是还未见到内部审计应用区块链技术的成熟案例。大部分公司的内部审计人员对区块链技术及其应用完全不了解或只有模糊的认识，对于区块链在内部审计领域的应用更是知之甚少。

（5）审计信息系统的数字化程度不高　当前市面上常见的审计信息系统是基于信息化时代对审计操作流程进行线上化实现的思路开发的，核心功能集中在现场审计项目管理流程、非现场审计规则模型或指标的监控上，部分系统融入了内部控制评价项目操作流程等，缺乏大数据审计和智能化审计相关的数据基础与系统功能。总体上，这样的系统只是一个信息化审计的基础系统，并不能满足新时期数字化内部审计的要求。

尽管一些内部审计负责人和关键员工发现了市场的发展趋势并且意识到了变革的重要性，但是由于存在各种问题，工作未能取得突破。导致这一结果的主要原因如下：

1）内部审计部门缺乏一套变革的方法论，且董事会和高级管理层虽然重视内部审计变革但是却没有投入足够多的资源。

2）内部审计部门并不了解领先公司是如何开展变革的。虽然部分领先公司已经在探索过程中研究、开发和应用了一些先进的成果，但是广大非头部企业并不了解这些领先实践的具体内容，因而无法参照学习。

3）内部审计部门缺乏掌握变革理论、熟悉数字化科技化知识和具备变革推动力的专业人才。毫无疑问，这是一个十分显著的问题。人才的缺乏直接导致内部审计错失了引领行业、创造价值的最好机会。

3.5.2 改进建议

企业应基于数字化转型和建设的目标开展内外部环境分析、宏微观环境分析，着手对内部审计进行变革和优化。

1）制定内部审计数字化转型战略并进行组织变革。设计和实施内部审计的数字化转型，首要步骤是在内外部现状调研分析和趋势分析等的基础上制定一个恰当的数字化转型战略，根据战略落地的需求重新设计一套适应变革的数字化组织。

2）规划内部审计技术架构及其信息系统。为了实现数字化战略，内部审计部门需要根据各项目标和举措的特点，利用架构管理的理念和方法论对审计科技的架构进行规划。在技术架构基础上平衡信息系统建设工作。一个科学、强大的数字化内部审计信息系统是确保数字化各项举措完美落地的最终载体，以数字技术和智能技术为基础的数字化措施均需要依赖信息系统来执行。

3）打造内部审计数字化产品。在分阶段分模块的数字化转型实施路径下，还有一种有效的方式就是选取某些数字化程度较高的内部审计项目作为试点，将其打造为内部审计数字化产品。

4）进行内部审计数据分析。数据分析毫无疑问是实现内部审计数字化转型的关键所在。

5）利用人工智能技术。从数据分析到人工智能，是实现内部审计从数字化到智能化转型的必然过程，数字化转型的终极目的就是智能化。人工智能能够帮助内部审计部门制订科学的审计计划，开展风险评估，执行审计程序，自动出具审计报告，实现智能审计预警，自动化整改跟踪，等等。

与此同时，从传统审计的基础架构和流程来看，结合上述数字化工作，我们还必须考虑如下方面的优化升级。

1. 内部审计职能的澄清和定位

企业董事会、高级管理层、首席审计官、内部审计部门负责人、内部审计人员及其关联体应审时度势地对内部审计的新职能进行澄清，并科学地定位其在数字化时代的新位置。

总体来说，企业内部审计部门应根据自身的能力和所面临的企业内部环境，在鉴证、确认、评价、监督、咨询和研究这些核心职能中选取至少两种作为自己的主要职能，并逐步拓展至其他职能领域。

2. 审计计划制订的方法、模板

在内部审计流程的第一步"审计计划"中，增加对内部审计中长期规划、短期计划和重大项目方案的有关内容，提高审计计划制订的科学性和前瞻性，利用数字化手段丰富审计计划制订的输入和素材，降低人为主观性对审计计划的不利影响。还可以更进一步，对审计计划制订几个差异化的模板，并借助数字技术完成模板整体或局部的自动化实现。

3. 风险评估方法和工具

内部审计人员开展的风险评估是一项很适合进行数字化改造的工作，包括总体风险评估和特定领域的局部风险评估。目前的风险评估在实际审计中本身已具备了良好的数字基础，未来则需更进一步，进行二次改造、三次改造、多轮迭代，进一步提高其数字化水平和智能化水平。

4. 现场与非现场审计工作流程和操作规范

尽管非现场审计在部分企业还处于比较混乱的阶段，但是从总体来看，现场审计和非现场审计的工作流程是很标准的。在数字化时代，对于现场和非现场审计工作流程，应在遵循内部审计相关准则的基础上有针对性地进行优化和重构，如可以设计敏捷内部审计流程。

5. 内部审计质量监督方法和工具

内部审计项目多、审计资源匮乏等常常是导致内部审计的质量监督及控制被部分内部审计部门忽略的原因。一个内部审计项目在完成内部审计报告后直接进入了审计发现问题的整改和追踪环节，没有对内部审计项目进行专项质量控制。

传统内部审计时代往往通过复核、检查等来进行质量控制，但在数字化时代，内部审计应探索开发出一些数字化的质量监督方法和工具，以降低审计资源匮乏带来的质控压力，提高内部审计自身工作的效率和效果。

3.6　内部审计数字化信息系统建设

新时期的内部审计系统建设应基于信息化时代的内部审计架构和功能，结合数字化时代的数字技术、新兴科技，并融入新的审计思想、方法和模式，打造一个以内部审计操作流程为基础、以大数据分析为核心、以人工智能应用为特色的综合型新信息系统。笔者设计的内部审计数字化信息系统包括四个核心层面，其具体功能架构如图 3-4 所示。

图 3-4　内部审计数字化信息系统功能架构

1. 基础数据层

基础数据层是内部审计数字化信息系统的底层元素，它包括业务数据、财务数据、风险数据、员工数据、IT 数据、咨询数据等，是后续大数据分析、BI 分析、AI 建模和审计视图功能的原始支撑。内部审计所采集数据的类型可能有文本、图片、音频、视频、序列等。

2. 内部审计管理层

可将内部审计管理层理解为一种审计中台。中台是从互联网公司兴起并逐步流行至其他行业的。当前市面上常见的中台有业务中台、数据中台和技术中台，在部分企业还出现了风险中台、产品中台、合规中台等。内部审计的独特定位和工作职能决定其也可以启用中台模式，打造中台系统。内部审计数字化信息系统的内部审计管理层由 AI 平台、BI 平台和内部审计管理平台三个模块构成。

（1）AI 平台　该平台主要利用机器学习、自然语言处理和知识图谱等 AI 技术对内部审计活动进行智能化改造和运营。例如，利用机器学习可以构建经营机构风险评估模型，可以对授信业务进行调查并对审批报告进行文本分析，还可以利用知识图谱构建员工关系图谱等。

（2）BI 平台　该平台主要基于标签功能对审计对象进行标签化处理，再利用数据分析和挖掘技术进行大数据分析，同时支持商业化账务报表分析、文本分析，还可以通过设计和开发各种数据指标进行监控评价，并通过可视化工具进行展示。

（3）内部审计管理平台　该平台与内部审计操作层对应，侧重于内部审计工作的日常管理和专项管理，由产品中心、流程中心、风险中心、案件中心、监控中心、模型中心、数字中心和专家中心等组成。企业在具体落地实施时需要根据自身情况选择其中的多个或全部中心进行开发。

该平台的各个中心中有两个是相对新颖的概念：数字中心和专家中心。数字中心是基于数字化的理念和方法对内部审计各项数据进行管理的中心，与一般的数据中心相比，它更侧重于底层数字的概念；专家中心是与内部审计有关系的各种专家干系人的资源库，包括业务专家、财务专家、法律专家、风险专家、数据专家、IT 专家、战略专家和内部审计专家等，通过标签和智能规则实现对专家的管理。

3. 内部审计操作层

内部审计操作层对内部审计核心活动或标准化程度较高的活动进行整体打造，并将其嵌入信息系统，它是传统内部审计系统比较注重的功能，也是内部审计信息化建设的典型层面。我们可以选取现场审计、非现场审计、风险识别和评估、内控评价、审计研究和审计咨询中的一种或多种来进行设计、开发。

与传统内部审计系统侧重流程线上化功能不同的是，内部审计数字化信息系统必须将大数据分析、人工智能技术融入线上化流程，并对流程模式进行变革，对流程环节进行优化和再造，分步骤、分阶段、分模块实现流程的自动化和智能化。

4. 内部审计视图层

内部审计视图层是从数据统计、风险监控、价值评价、项目管理、质量控制等角度将内部审计各项活动、业务、数据、模型和系统等进行可视化，然后生成审计视图，如项目视图、风险视图、资源视图、审计人员视图等。该模块的具体实现方式可以是打造审计看板、审计驾驶舱、审计图网等，其底层涵盖了许多统计指标或评价指标，也可以包括一些判别规则等。

第 4 章 *Chapter 4*

内部审计数字化变革分析

企业的变革转型在不同的目标、不同的环境、不同的时期和不同的阶段一般会呈现出较大的差异。在当前企业数字化这一大的背景之下，内部审计数字化虽然是一种以数字和技术为核心要素的变革新方向，但是仍然无法脱离传统领域审计的变革而独立发展。为了更好地明晰与分析内部审计数字化转型的背景和方向，我们先对内部审计的审计理论、审计管理和审计执行三个领域的变革进行分析，看看三个领域分别是如何推进变革工作的，再讲述内部审计变革的设计和实施。

4.1　内部审计理论领域的变革分析

内部审计理论是指由内部审计准则、内部审计合规指引指出的诸多要素，如内部审计的定义、目标、分类、范围、内容、组织、人员、方法、程序、工具、技能、系统和技术等。根据重要性和适当性原则，本节将选取内部审计的定义、范围、方法和工具、人员配置和专业技能、项目质量监督等五个方面作为示例来分析在审计理论领域存在的问题，并提出改进的方案。

4.1.1　内部审计的定义

1.问题分析

在当前内部审计工作实践中，一般内部审计人员能够认识到内部审计职能包含确认和咨询两部分，但是很少有非内部审计人员能够理解确认服务和检查工作的差异，也不了解内部审计人员从事的咨询服务的性质、类型、特点和案例。

1）非内部审计人员基本认识不到内部审计还存在咨询职能。许多机构和人员仍片面地认为内部审计就是做检查，甚至仅是依照法律法规和内部制度开展的合规性检查。

2）对内部审计定义中关键词的解读不统一，例如审查、评价和监督具体是什么，内部控制和风险管理的范围是什么，如何定义和量化内部审计增加的价值，这些问题从负面维度影响了设计与执行内部审计工作时的科学性和准确性。

3）对内部审计数字化缺乏明确的定义。

2. 解决方案

无论是 IIA 发布的审计准则，CIIA（中国内部审计协会）发布的内部审计准则，还是一些行业的内部审计指引，它们总体上认为，内部审计是一种独立、客观的确认和咨询活动，它运用系统、规范的方法，审查、评价和监督组织的业务活动、内部控制与风险管理的适当性和有效性，以促进组织完善治理、增加价值和实现目标。

只有深刻理解内部审计的定义，才能全面地剖析和认识内部审计职能。内部审计的定义需要从五个核心方面来理解：①它包括确认服务和咨询服务；②它使用系统和规范的方法；③它的手段是审查、评价、监督和咨询；④它的对象是业务活动、内部控制和风险管理；⑤它的目标是完善治理、增加价值和实现目标。这五个方面缺一不可，共同形成了内部审计定义的实质。

内部审计专业组织和企业内部审计部门可以开展专项研究，厘清上述定义中的模糊点。例如，笔者认为内部审计的目标包括战略规划的愿景、使命和责任，也包括股东、董事会、高级管理层、员工和社会群众的期望，还包括以会计来核算的财务增长，风险和内部控制框架下的运营效率、合规遵循和财务报告准确率，以及引领社会和企业发展的实践。

内部审计数字化可以定义为采用数字化的理念、方法和工具来设计与执行内部审计活动。

4.1.2　内部审计范围

1. 问题分析

内部审计经过了从财务导向、合规导向、内控导向、风险导向到战略导向的基本演变，这个过程中伴随着对内部审计范围认识的变化。在数字化时代，又在前述内部审计导向的基础上发展出了数字导向审计。当前，能够做好风险导向审计的企业已经

处于内部审计发展的领先水平，可以正确执行战略导向或数字导向等新兴审计的企业
非常少。

在传统内部审计活动中（以合规导向审计为例），强调将既定的法律法规、行业规
范指引和企业内部生效的政策制度作为内部审计的标准，选取关键条款来检查和评价
被审计对象遵循这些合规文件的程度。以风险导向审计中的信用风险导向为例，企业
在执行信贷业务资产质量审计过程中会重点关注资产的风险分类、资产减值、损失准
备和呆账核销工作的有效性，以及信贷资产本身的质量。

虽然有些企业的内部审计部门正在不断拓宽其审计范围且增加新的审计领域，但
是大部分企业的内部审计工作还是集中在传统内部审计范围中的。综合分析，造成这
一现象的原因如下：

1）审计理念和思维趋于传统，风险排他性使得内部审计团队没有兴趣接触新兴
审计范围，也不知道还存在哪些新兴审计范围。

2）掌握战略或数字化能力的内部审计人员数量不足，无法满足相应内部审计事
项的要求。

3）既有内部审计项目或内部审计内容已经占据了内部审计部门的资源，它没有
多余的时间和精力投入到新兴审计范围中。

4）内部审计部门本身缺乏科学的项目规划，一定程度上导致无法平衡传统审计
和新兴审计之间的关系，进而造成新兴审计范围项目的缺失。

5）企业及其内部审计部门均缺乏一套机制来宣传、引导和实施针对新兴审计范
围的审计活动。

6）董事会和高级管理层无法给予内部审计部门开展的新兴审计项目足够多的战
略、资源、能力和人才上的支持。

2. 解决方案

内部审计部门应该知道若想在激烈变化、不断发展的竞争环境中生存，企业必须
努力应对新机遇、新挑战和新风险，例如由于投产新业务、引入新合作渠道、受到网
络安全威胁、采用新兴及潜在的颠覆性技术导致业务绩效降低的风险，并寻找新的价
值、新的技术工具、新的管理理念。在这个日趋复杂的竞争环境里，内部审计可以通
过扮演重要的角色，拓展新兴审计范围，协助企业管理复杂多变的业务所涉及的各类
机遇和风险，进而为企业的业务发展和提高内部审计价值赋能。

2020 年 IIA 发布题为《聚焦风险 2020》的研究报告，揭示了 2020 年最值得企业
关注的 11 项风险，其中网络安全、数据保护、业务连续性、数据和新技术、数据伦

理等 5 项风险与网络和数据技术直接相关，而其他 6 项分别是监管规定的变化、第三方风险、人才管理、组织文化、董事会对信息的获取、可持续发展。

内部审计部门如果要赋能甚至引领业务发展和风险管理，提高内部审计价值和公司价值，在新的形势环境下就必须拓宽其审计范围，进入高风险、高价值、高技术及高难度的范围开展审计或咨询活动。根据行业领先研究和实践，笔者总结出如下新兴审计项目，以便跳出基础的内控合规视角来丰富内部审计活动。

1）公司治理：公司治理、企业管理和业务执行的协同，公司治理的有效性，公司治理的数字化。

2）战略管理：战略的制定、战略的执行、战略的评价，以及商业模式变革、外部领先实践推荐、新兴业务的发展趋势、新产品研究。

3）合规管理：外部合规遵循、内部合规遵循、海外经营合规、合规自动化、反洗钱、反腐败、反贿赂。

4）风险管理：风险偏好、风险限额、风险策略、风险名单、欺诈防范、风险预警、风险模型等。

5）内部控制：内控绩效、内控自动化、内控流程数据埋点、内控大数据分析。

6）信息科技：云计算、边缘计算、移动计算、远程计算、大数据、人工智能、区块链、物联网、虚拟现实等。

7）信息安全：安全治理、安全架构、安全运营，以及云安全、大数据安全、网络安全、信息安全、系统开发安全、数据防泄露、隐私保护、知识产权保护、供应商安全等。

8）系统建设：信息系统架构设计、信息系统第三方调研、信息系统绩效、系统建设流程合规性、项目风险管理、研发和运维一体化等。

9）开放合作：合作方的识别、准入和签约，数据和信息安全，合作合同管理，合作方监控，争议解决。

10）企业绩效：管理层的绩效设计能力、绩效与战略的契合度、绩效执行、绩效的调整。

11）企业文化：企业文化的宣导、创新文化的塑造、敏捷转型、中台转型、科技文化。

12）企业架构：业务架构、应用架构、数据架构、技术架构、安全架构等。

13）数据管理：数据治理、数据标准、数据资产管理、大数据应用体系。

14）数字化转型：企业整体数字化转型的设计和执行、专项领域数字化转型的设计和执行、数字化转型的风险、数字化转型的效果。

我们举例来说明在核心业务系统 /ERP 系统实施与升级项目中，内部审计可以做什么。实际上，企业内部审计部门很少参与这样的项目。

虽然很多内部审计职能已经在一定程度上参与了重要信息系统的投产项目，但这些参与无论在广度上还是在深度上都存在较大的差异。优秀的内部审计部门通过在信息系统项目实施前后采取措施，在实现各个项目目标中发挥重要作用，赋能业务和创造价值。信息系统实施项目中内部审计可以参与的工作内容如图 4-1 所示。

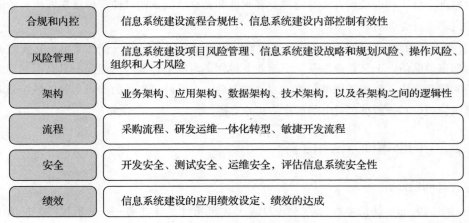

合规和内控	信息系统建设流程合规性、信息系统建设内部控制有效性
风险管理	信息系统建设项目风险管理、信息系统建设战略和规划风险、操作风险、组织和人才风险
架构	业务架构、应用架构、数据架构、技术架构，以及各架构之间的逻辑性
流程	采购流程、研发运维一体化转型、敏捷开发流程
安全	开发安全、测试安全、运维安全，评估信息系统安全性
绩效	信息系统建设的应用绩效设定、绩效的达成

图 4-1　信息系统实施项目中内部审计可以参与的工作内容

除了拓宽审计范围、扩展审计内容之外，还需要针对前文提出的六个原因提出相应的解决方案。

1）针对第一个原因：企业内部审计部门可以设计一个内部审计研究和分享会议机制，定期召开研讨会，每期由一名内部审计人员分享当前内部审计领域的前沿审计理论和方法，介绍领先企业的内部审计最新实践，提出与本企业实际情况相符的内部审计改进建议，从而逐步达到变革传统内部审计理念和思维的目的。

2）针对第二个原因：内部审计部门一方面要从外部引进掌握先进的内部审计方法论、具有领先企业内部审计实践的专家级人才，另一方面要从企业内部培育具备成为内部审计专家潜力的员工。如果这两个方案暂不能落地，则可以通过聘请外部顾问或跨部门合作的方式，开展针对新兴领域的审计和咨询。

3）针对第三个原因：企业应首先获取董事会和高级管理层对内部审计内外部资源投入的支持，然后采用科学的方法对现有审计资源进行调研、分析和再优化，提高审计资源使用效率，最后优化审计程序，简化审计底稿，抓住核心和重点，提高审计效率。

4）针对第四个原因：在年度审计计划制订过程中，除了确保基本的合规和风险审计权重外，适当规划一部分新兴审计项目，在既定资源条件下合理规划审计项目，分步骤分阶段挑选新兴审计范围执行审计试点。

5）针对第五个原因：企业内部审计部门可以发起"审计文化月"、推出"审计特刊"、成立"审计咨询敏捷小组"、开展"审计与业务融合研讨会"、组织"审计专项讲座"等创新活动，宣传和推广内部审计价值。通过这些活动促进企业内部一致达成对内部审计工作的权威性、专业性、客观性和独立性的认同，便于后续实施更有价值的内部审计专项活动。

6）针对第六个原因：通过上述活动形成的完整闭环，进一步打造出一支先进的内部审计队伍，上至企业战略，下至业务操作，内部审计部门均能提出具有深刻理解的问题和建议，发现其他部门难以发现的问题，引进外部先进的实践案例，最终获取高级管理层和一般员工对内部审计活动的支持。

4.1.3 内部审计方法和工具

1. 问题分析

中国内部审计协会发布的《第 2109 号内部审计具体准则——分析程序》提出了审计分析的基本内容和方法，分析程序一般包括下列基本内容：

1）将当期信息与历史信息相比较，分析其波动情况及发展趋势。

2）将当期信息与预测、计划或者预算信息相比较，并做差异分析。

3）将当期信息与内部审计人员预期信息相比较，分析差异。

4）将被审计单位信息与组织其他部门类似信息相比较，分析差异。

5）将被审计单位信息与行业相关信息相比较，分析差异。

6）对财务信息与非财务信息之间的关系、比率的计算与分析。

7）对重要信息内部组成因素的关系、比率的计算与分析。

分析程序主要的审计方法包括比较分析、比率分析、结构分析、趋势分析、回归分析、总量分析、局部分析、横向分析、纵向分析、自上而下分析、自下而上分析等，内部审计人员可以根据审计目标和审计事项单独或综合运用以上方法。

能熟练地使用上述方法中五种以上的内部审计人员已经非常优秀，但是实际上许多企业的内部审计人员仅会使用上述方法中的极少部分，甚至一些内部审计人员仅会检查纸质资料来与内外部合规要求进行一般性对标分析。

在审计工具方面，内部审计人员大部分使用 Excel 进行一些简单的数据分析，较少使用专业的数字化审计软件、专业数据分析软件及专业追踪软件等计算机辅助审计工具。

2. 解决方案

除了一般的信息比较、数据分析外，内部审计可以使用更深入的信息挖掘和数据分析方法来强化数字化内部审计，例如，对于文字资料可以进行文本挖掘和情感分析，对于数字数据可以使用统计分析来进行关联分析，对于数据可视化可以采用知识图谱。内部审计还可以交叉使用其他学科知识来开展审计分析，例如基于特定的审计领域，使用数学、物理学、化学、经济学、管理学、法学、心理学来做人物分析、现象分析、风险分析，论证审计问题，获取审计证据以及改进审计工作。

Excel 确实是一个非常优秀的审计工具，但是除此之外，内部审计人员还可以尝试使用 SPSS、Python、R 等工具来进行数据挖掘和分析，使用扫描、扫码设备进行文字图像识别，使用遥感、定位设备来追踪观察对象，使用特定协同软件进行项目管理。

内部审计部门还可以通过构建差异化的审计分析模型执行审计活动。例如，根据审计资产质量目标构建一个信贷资产五级分类审计模型，利用该模型自动采集数据中台 / 数据集市中的五级分类数据进行加工、计算，从而得出响应信贷资产的质量分析结果，为进一步审计判断提供客观依据。

4.1.4　内部审计人员配置和专业技能

1. 问题分析

在人员配置方面，一般中小型企业的内部审计部门人数并不多，甚至不能达到监管部门倡导的最低人员配置比例要求。以商业银行为例，《商业银行内部审计指引》（银监发〔2016〕12 号）规定其内部审计人员原则上不得少于员工总数的 1%。对于小型商业银行来说，由于总员工数较少，按照 1% 的比例计算下来，一个内部审计部门可能只有 3～10 名员工。人员的限制在一定程度上导致内部审计部门缺乏必要的人力资源在确保常规审计、合规审计项目有效开展的前提下去拓展其他有更高附加值的业务。

大部分中小型金融机构还缺少全面的和专项的内部审计人才。一般的内部审计人员可以顺利完成合规导向的常规审计项目，但是一旦聚焦于某个专项领域（如战略审计、数字化转型审计、产品管理审计、科技创新管理审计、信用风险模型审计、风险加权资产计量审计、IT 架构审计、区块链金融审计、供应链优化审计）开展深度审计时，往往由于缺乏必要的人员配置和专业技能而无法发现问题并提出具有洞察力的建议。

在员工培训和教育方面，一些内部审计团队长期未举办过职业教育和培训活动，内部审计人员也未定期参加后续教育项目，并且企业普遍缺乏关于数字化内部审计技能的培训和教育。

2. 解决方案

在专业技能方面，内部审计部门可以根据审计组织结构和职责分工，建立各自领域的专业化人才队伍。为了更好地支持内部审计的数字化转型，这些人才至少由如下团队组成：

1）内部审计专家团队。此团队应确保成员中既有掌握经济学、管理学、社会学、心理学、数据科学、金融科技的全面专家，也有聚焦于某一专业领域（如战略和组织管控、信贷管理和信贷审批、数据治理、大数据分析和建模）的专家，同时还需要熟悉或实践过企业数字化转型的专家。

2）内部审计执行团队。此团队应该主要由相对年轻的审计人员组成，他们在初期深耕某一领域（如公司金融、零售金融、投资管理、科技管理、数据管理）的业务知识、管理知识和系统知识，是开展现场和非现场审计的核心力量。

3）科技审计团队。此团队包含掌握科技治理和管理、IT架构、系统开发和运维、数据治理和信息安全、新兴技术应用、企业数字化转型等方向的专业人员。实践中，单独将科技审计剥离既能够更好地助力内部审计数字化和智能化，也能够为企业信息科技工作提供更专业的服务。

内部审计工作需要较少的人员去覆盖较广的审计领域，随着环境、知识和技术的快速变化，内部审计人员需要及时更新自身的知识技能以确保其权威性和专业性，提升自身的数字化内部审计能力。参加更多的实战演练和培训教育项目是实现这一目标的一种有效方式。

4.1.5　内部审计项目质量监督

1. 问题分析

我们将质量监督分解为两个模块，一个是针对具体内部审计项目的质量控制，另一个是针对整个内部审计体系的质量评估。实践中，一些企业往往重视内部审计项目的质量控制而忽略内部审计体系的质量评估。

许多企业的内部审计部门尚未开展过规范的质量控制或质量评估工作，一些企业认为审计的质量评估仅仅是针对具体内部审计项目的质量评估。

质量评估以定性评价为主，缺乏有效的方法、科学的标准、定量的指标和快速决策机制，容易导致质量评估流于形式。

2. 解决方案

1）中国内部审计协会发布的《第 2306 号内部审计具体准则——内部审计质量控制》规定，内部审计质量控制包括内部审计机构质量控制和内部审计项目质量控制。

内部审计机构质量控制主要包括下列措施：①确保内部审计人员遵守职业道德规范；②保持并不断提升内部审计人员的专业胜任能力；③依据内部审计系列准则制定内部审计工作手册；④编制年度审计计划及项目审计方案；⑤合理配置内部审计资源；⑥建立内部审计项目督导和复核机制；⑦开展内部审计质量评估；⑧评估内部审计报告的使用效果；⑨对内部审计质量进行考核与评价。

内部审计项目质量控制主要包括下列措施：①指导内部审计人员执行项目审计方案；②监督内部审计实施过程；③检查已实施的内部审计工作。

在内部审计机构和内部审计项目质量控制的基础上，我们还提出内部审计人员质量控制，将内部审计人员的职业道德和内部审计实务标准、专业胜任能力、后续学习培训和教育、职业资格证书、内部审计成果等纳入评价要素。

2）在满足内部审计系列准则的前提下，参考领先实践来研发适用自身的质量评估方法。例如，肖萌在其论文《五星图模型在人民银行内审质量评估中的应用》（2016）中研究了相关质量评估方法，介绍了中国人民银行内部审计质量评估内容层次分布及相应权重，评估内容大类及其权重为单位环境（20%）、部门管理（20%）、审计项目（20%）、成果运用（20%）、发展能力（20%），在此基础上创造性地结合使用"五星图法"和整体评估法来对内部审计质量进行评估，取得了较好的效果。

3）在内部审计的数字化转型中，质量监督是一个可以重点发力的转型领域。内部审计部门可以通过开发一套定量的质量控制指标体系，通过系统自动采集数据、自动计算完成质量评估工作。

4.2　内部审计管理领域的变革分析

内部审计的管理是数字化转型中的重要一环，也是上承内部审计治理，下启内部审计执行的中间环节。本节选取内部审计的战略和定位、组织变革、研究、绩效评价、精神和文化、系统平台/中台建设共计六个领域作为代表来分析内部审计实施变革时在管理层面存在的问题和未来改进的方向。

4.2.1 内部审计战略和定位

1. 问题分析

内部审计战略是企业战略的重要组成部分之一，一般是大风控体系下的一个模块。也就是说，市场上对内部审计的定位还是属于风险管理或风险控制。这种战略定位限制了内部审计的职能拓展和价值发挥。

大部分企业并未制定独立的内部审计战略，虽然几乎所有企业都制定了内部审计工作的规划，但是这些规划的制定缺少像企业战略那样规范、严谨的方法。

企业一般将内部审计定位为第三道防线，主要执行对第一道防线（运营及业务一线）的检查监督，部分可对第二道防线（风险监控和合规管理）开展检查监督，通过检查发现问题并提出整改要求或建议。如果把内部审计定位为纯粹的监督检查部门，那么在实际开展工作时，很容易造成内部审计和被审计方之间的矛盾对立，并产生对抗情绪。

总部层面，对于如何开展同级别部门的内部审计工作缺乏合理的目标、定位、规划等，进而影响到部门间沟通和内部审计的效果。

目前国内部分企业所执行的内部审计更像是合规、内控或风险检查，而不是严格意义上的审计和咨询活动。

以内控合规为导向和事后监督为主的内部审计已经不能满足发展需要，这种定位下的内部审计所发现的问题集中在流程和操作层面，而且这些合规问题一般反复出现，很难发现深层次的问题，也很难提出具有洞见的管理建议。

2. 解决方案

明确战略型数字化内部审计职能，开展内部审计战略的澄清以及明确数字化内部审计的定位是解决内部审计战略和定位问题的首要工作，这需要运用科学的战略分析方法来解读、分析和重构内部审计战略。内部审计部门应该向企业的利益相关方寻求战略转型的意见和建议，借鉴战略管理的分析方法明确自己的愿景和使命，制订一个内部审计战略规划而不是工作计划，评估风险、资源和预算水平，评估人才和专业胜任能力，引进和开发新兴的数字化内部审计方法和工具，对内部审计战略的执行进行数字化考核评价，等等。

内部审计不应该局限于日常的检查监督，需要基于内部审计的标准定义，将定位落实到确认、评价、监督和咨询服务，一方面在传统内部审计范围精耕细作，另一方面拓展新兴内部审计范围。

确认是内部审计的最重要职能，内部审计专家应该研究内部审计确认业务的实质内涵。我们理解确认是一个比检查和评价要求更审慎、更严格、更精准和更客观的概念。由此可以认为，确认是指通过一系列审慎、严格、精确和客观的方法来对审计事项进行鉴证的活动，例如鉴证是否合规、是否存在风险、是否符合公司战略要求、是否符合组织目标、是否准确、是否先进、是否创造价值等。在这样的思想下，确认服务不再是我们常见的"挑错误""找漏洞""找问题"，或者"找风险"，而是正面和反面、是和否、先进和落后、风险和绩效、科学和错误等。如此一来，大大提高了内部审计的视野和格局，也更加能够为企业创造价值。

咨询服务是内部审计的另一种关键职能，出于独立性的要求，内部审计不能盲目和随意开展咨询活动，而是应该研究如何开发基于自身企业环境的咨询服务。我们认为，在初期，内部审计人员可以从一些调研分析、调查研究项目入手。例如针对当前的数字化和金融科技，内部审计人员可以调研行业内外的数字化的历史演化和发展趋势，介绍最新的领先应用成果，再对自身企业的数字化转型提出具有洞察力的建议和意见。在中期，内部审计人员可以参与其他部门的大型项目。例如在 ERP 和核心系统的实施开发项目中，内部审计人员可以作为顾问为项目提供进度规划和项目管控服务，及时提示项目的实施风险，协助制定改进措施。在长期，随着审计组织变革和人才培养的推进，内部审计人员可以开展大型的独立咨询项目。例如在不违背独立性原则的前提下，内部审计人员可以为企业设计一套涵盖全面风险管理的监测指标体系，一旦内部审计人员参与设计了这种体系，后续对此开展确认、评价和监督活动时，可以设计控制措施防范独立性冲突，并强化独立性遵循的宣导。

4.2.2　内部审计组织变革

1. 问题分析

当前国内的内部审计部门一般命名为审计部、稽核部、审计监察部、稽核监察部、审计稽核部或内部审计部等。不同的命名体现了内部审计部门组织架构及其职责定位的差异。综合不同企业内部审计的差异，当前内部审计的职能主要是审计和监察，其次是内控评价、纪律检查和风险调查。根据这种职责分配，许多内部审计部门相应设置了审计条线、内控评价条线、纪检监察条线，其中审计条线可以进一步划分为现场审计线、非现场审计线、审计信息化线，也有划分为业务审计线、职能审计线、IT 审计线的分法。

上述组织和职能设计能够满足当前内部审计工作的要求，是一种相对稳定、低风险的模式，但是这种模式也会带来一些问题。例如开展内部审计信息化建设时，一般来说业务审计、职能审计和IT审计人员对于信息化建设并不擅长，无法提供领先的实践参考、实施规划、设计方案和技术支持；又如在开展内部控制评价时，需要投入大量的人员花费大量的时间进行访谈、资料收集、控制测试和底稿编制，当内部审计人员以审计检查为核心工作时，会弱化对内控评价的投入，结合各自因素，导致内控评价在一些企业出现投入巨大而产出很低的尴尬局面；再如高级管理层和内部审计专家都已经意识到内部审计不能再只聚焦于事后监督，而应该在事前和事中进行风险管控并提出领先意见，促进业务的发展。

上述这些问题都推动着内部审计的组织变革，包括组织的定位、组织架构的设置、岗位体系、职责和权限等内容。

2. 解决方案

内部审计的组织变革可以在严格遵循内部审计独立性、客观性原则和精神的前提下，进行创新和再造，形成内部审计用于应对新形势下的组织和职能设计体系，强化与数字化内部审计相关的组织变革。

内部审计组织变革可以从设立内部审计职能专家中心、内部审计业务合作伙伴、内部审计项目执行中心、内部审计纪检监察中心开始，打造四大支柱，具体如图4-2所示。

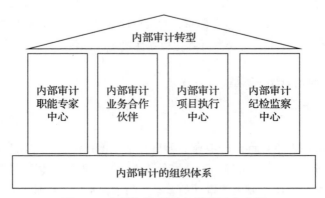

图 4-2 内部审计组织变革的四大支柱

（1）第一支柱：内部审计职能专家中心 作为内部审计的专家顾问团队，重点负责内部审计体系的建设、内部审计方法和工具的研发、调查和研究最新的监管政策与领先的内部审计实践、审计与咨询服务的开展、审计项目内部质量评估、内部审计人才体系内部评估，特别是在内部审计信息化、数字化、金融化和科技化方面，该中心应发挥核心作用。

（2）第二支柱：内部审计业务合作伙伴 作为第三道防线向第一道和第二道防线延伸与提供服务的中坚力量，执行战略和业务导向理念，这是具备合格的业务知识和管理技能、优秀的信息沟通能力团队，能够为内部审计部门提供第一、第二道防线的客观情况，以及为第一、第二道防线提供专业服务的机构。

（3）第三支柱：内部审计项目执行中心 重点负责使用传统和数字化的方法工具，通过现场和非现场审计的方式开展各项战略类、业务类、职能类、经济责任、内部控制评价等项目的计划、执行、报告，以及负责有关业务的风险评价、履职评价。

（4）第四支柱：内部审计纪检监察中心 重点负责内部重大风险事件、法律合规案件、监管处罚等事项的违规调查、纪律检查、问题评价和处罚，并推动纪检监察工作的数字化转型。

4.2.3　内部审计研究

1. 问题分析

内部审计研究是指内部审计部门基于自己独特的定位和职能，结合所掌握的专业技术，为董事会、高级管理层和员工提供关于内部企业经营管理和外部行业实践的专业研究活动。内部审计部门开展研究工作的主要优势在于：

1）内部审计部门具有独立性、客观性的特点，开展研究工作不会受到利益冲突的影响。

2）内部审计人员既要从企业宏观层面分析问题，也要从微观操作层面检查流程操作，加上他们一般都是某一领域独具专长的专业人员，而且拥有特定专业的资格认证，决定了内部审计人员具备以相对全面的视野看待企业问题的能力。

3）内部审计部门直接向董事会和高级管理层汇报，为董事会和高级管理层提供研究服务能够提升内部审计的价值。

4）内部审计部门的职能确定其业务范围包含提供咨询服务，而内部审计研究是开展咨询服务的良好方式。

5）内部审计部门通过进行各种调查、检查、评价活动，加上其具有较高的信息访问权限，能够获取企业内外部丰富的数据和信息，相比其他部门，内部审计部门基于这些数据和信息做出的研究极有可能更具科学性。

实践中，一些领先企业的内部审计部门和内部审计人员已经在研究服务上取得了一定的成果，得到了董事会和高级管理层的认可。然而对于大部分中小型机构来说，研究服务是一个新兴的概念。主要的原因在于审计理念和思维的限制、审计人才的缺乏和审计资源的投入有限。

2. 解决方案

1）在内部审计变革中加入关于审计服务类型的变革，在企业自上而下地宣传内部审计的咨询角色、服务定位和研究能力，让企业上下对内部审计职能发布具有洞察力的研究报告充满期望。

2）通过培育和引进审计人才来应对研究服务的专业性要求。在短期内可以鼓励现有内部审计人员关注行业热点、深耕某一领域并尝试做一些调查研究。

3）内部审计的主业仍是确认服务，在资源有限的前提下在研究业务方面不能投入过多精力，初期可以在年度审计计划中加入1~2个研究项目作为试点，后续视情况再增加研究项目。

4）内部审计部门可以推出自己的研究系列服务，定期（如每月、每季度）发布一篇研究文章，例如对国家政策和监管形势的解读、对社会经济变化的分析、对行业热点的探讨、对内外部重大风险事件的调查等。

5）加强对内部审计数字化转型的研究，提出转型的方法、路径、知识体系，为内部审计活动输入数字化能量。

需要提及的是，研究业务的开展不能损害内部审计的独立性和客观性。

4.2.4 内部审计绩效评价

1. 问题分析

当前，一些中小金融机构在内部审计绩效评价方面主要基于 KPI 或者平衡计分卡的原理来设计考核指标。主要的考核指标一般包括：内部审计计划的完成情况、内部审计项目发现的问题数量、内部审计项目发现的问题质量、问题整改追踪情况、内部审计重大问题遗漏数量（一般是指被监管机构、外部审计机构提出而内部审计未提出的问题）、学习培训情况等。这种内部审计绩效评价方式的主要问题如下。

1）很多时候企业设计的考核指标与企业战略的相关性不明显，存在指标设计不科学、不全面、不个性等问题。

2）绩效指标的设置以定性为主，一些考核指标无法进行标准化处理和量化评价，实操中主观性较大。一些部门由直属领导指定绩效指标，但这种主观评价的方式可能会损坏评价的准确性。

3）与其他职能相比，内部审计具有更高的独立性要求，须在独立性原则下客观地开展内部审计工作。实践中，一些企业的内部审计部门及人员的绩效评价由人力资源部执行，这种模式很可能会影响审计工作的独立性。

4）内部审计的绩效评价主体不合理，一些评价执行人对内部审计工作或人员了解并不充分。

5）绩效评价的结果并未得到有效应用。一些企业的部分高级管理层并不重视内部审计职能的作用，也未期望内部审计能创造多大价值，对内部审计工作的成效以及内部审计人员的绩效工作关注不足，进而导致内部审计的绩效评价流于形式，评价结果没有得到贯彻落实，甚至一些小型内部审计团队在绩效评价方面存在吃"大锅饭"的现象。

2. 解决方案

总体上，内部审计绩效评价是在企业统一的绩效考核理念和方法下进行的，比如假设企业采用目标管理法、KPI 法、平衡计分卡、OKR 法进行考核，内部审计绩效评价方法一般来说应该与之相匹配。

新时期的内部审计绩效评价，应充分结合数字化时代内部审计转型的要求，站在更高定位、更远目标、更稳发展的角度来设置恰当的绩效评价方法和考核指标。基于目标结果导向的 OKR 法比较适合内部审计绩效评价，企业可以尝试在特定的项目中先行试点这种方法，并根据试点效果逐步推广。

内部审计部门应建立一套数字化的绩效评价体系，包括评价目标、评价方法、数据基础、数据指标、评价流程、评价工具或系统等。同时，尽可能地使用数字化、自动化的方法执行评价活动，具体可以通过预设考评指标，由系统自动采集数据进行计算，再根据评价体系进行综合分析，自动生成评价报告。

4.2.5　内部审计的精神和文化

1. 问题分析

内部审计是一个十分"高尚"的职业，具有其特定的职业道德规范、工作准则和实务操作规范，同时也是专业性很强的工作。在企业界，内部审计常被当作企业内部最具"公平公正、独立客观"特质的职能。但在实践中，一些企业存在部分员工甚至是内部审计人员本身并不能认同和贯彻这种"公平公正、独立客观"精神的状况。

造成这种现象的原因包括但不限于：①对企业特定的管理风格和文化、审计理念和审计精神的宣贯不足；②对内部审计人员缺乏必要的内部审计培训（一些内部审计人员从业前缺乏内部审计工作经验和内部审计培训，对内部审计的职业道德、职业精神等文化了解不深）；③内部审计人员存在独立性冲突或利益冲突；④内部审计人员的专业胜任能力不足。

2. 解决方案

首先，企业可以通过自上而下的方式培育和发展"独立客观、权威专业、公平公正、尽职履职、服务企业"的内部审计执业文化。

其次，在部门内部强化内部审计人员对职业道德规范、内部审计系列准则、内部审计理论和实务的理解，宣贯内部审计精神和文化。

再次，在任命或录用环节强化对内部审计人员的独立性冲突和利益冲突的审查，对存在潜在利益冲突的人员审慎考虑是否录用。

最后，在内部审计项目中开展质量控制，在内部审计项目结束后开展针对"独立性和客观性"的履职评价。

4.2.6　内部审计系统平台／中台建设

1. 问题分析

领先企业在内部审计信息化方面走在前列，已经探索出许多新兴的系统和技术。对于许多中小企业来说，内部审计系统的建设仍处于传统基本功能阶段，基本功能一般是指现场审计的流程操作、非现场审计监测、内控评价流程操作、整改追踪流程操作。根据实践，这些侧重流程操作的系统对于标准化、规范化审计执行产生积极的作用，但是也带来操作烦琐、规则过多等问题，系统的使用率并未像预期的那样高。

部分企业的常规内部审计系统在审计数据治理、大数据分析、智能化应用方面也存在显著短板，如审计数据的质量较低、数据分析手段较少、智能预警和预测功能缺乏、可视化效果较差等。

我们知道知识管理是咨询行业非常重视的一项工作，内部审计同样是一个强调知识积累和转移的行业。现有常规审计内部系统一般建有知识管理模块，但是其利用率却很低。

许多企业已经建成或正在着手建立企业级统一风险监控平台，内部审计系统如何与统一风险监控平台整合，以便既能保持内部审计工作的独立性、可获取资料的全面性、数据安全性和信息的隔离性，又能减少企业资源的重复投入，避免出现每个部门各自建立一套监控系统从而加大经营成本的情况。

2. 解决方案

对于内部审计职能来说，数字化转型方面最为重要的一项工作就是内部审计数字化系统建设。大数据审计平台、云计算审计平台、智能审计平台是该领域的热点词。基于平台化的架构思想、中台化的运营模式、数据化的分析技术和智能化的操作来构造新一代内部审计信息系统/平台，是未来一段时间内部审计系统的转型方向。

数字化的云审计平台是当今内部审计信息化建设的热门方向，这种平台充分整合各种数据，打造升级版的审计数据集市，研发更加智能的分析工具。例如从 2009 年开始，浙江省政府着手建设数字化平台，这个平台的主要框架如下：

❑ 数据层面：打造财政、社保、公积金、地税、国企等主题的数据集。
❑ 平台层面：建设前置机管理系统、数据采集系统、数据集市管理系统、财务数据查询系统、预警指标设计引擎、审计署 AO-OA[一]交换系统、交换系统、权限管理系统、资源管理系统、数据采集模板管理系统、数据清洗转换系统、审计模型构建器、SQL 通用数据查询器、审计图形构建引擎、审计疑点管理系统等。
❑ 应用层面：建成财政数字化内部审计子系统、社保数字化内部审计子系统、公积金数字化内部审计子系统、地税数字化内部审计子系统、企业数字化内部审计子系统。

内部审计部、内控合规部、风险管理部、营销管理部、信息技术部等部门均需要对企业经营开展相应的监测，这些部门应该对如何整合、优化又恰当保持独立地建立一套低成本、高效率的监控系统进行科学分析和实施。

内部审计系统平台建设的另一种思路是打造审计中台，这是大数据审计系统之后又一个新生的热点。伴随着企业数字化转型深化和中台转型的推进，企业内部审计部门可以着手探索和实施审计中台化转型，建设审计中台系统。审计中台系统基于中台化的组织架构、职责分工、人才、操作流程、功能、数据和底层技术共同实现。审计中台的构建方法如图 4-3 所示。

此外，内部审计人员应该跳出内部审计系统只是一个事后监测和监督工具的思维，转而研究如何利用内部审计系统开展事前业务分析、事中风险分析，这样才能迎合内部审计职能成为业务的合作伙伴、风险的控制中坚、绩效的得力助手的发展要求。

○ AO 是指审计署开发部署的现场审计实施系统，具有较为强大的项目管理功能与数据分析功能；OA 是指审计管理系统，在组织实施审计项目前，项目主审人从 OA 中下载项目信息包，在 AO 中建立项目。

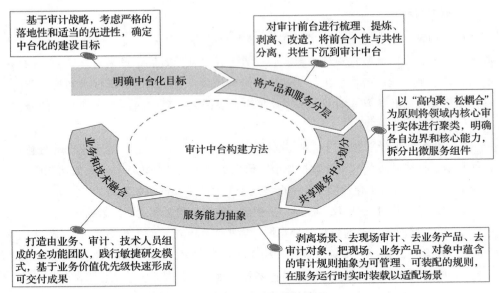

图 4-3 审计中台的构建方法

4.3 内部审计执行领域的变革分析

常规和专项审计项目的执行占据着内部审计工作最多的时间投入、资源投入和知识技能投入，是内部审计实现目标和创造价值的最核心的着力点。一般来说，审计项目的整体执行和局部操作流程均按照特定标准的程序进行，如制订审计计划、风险评估、组建团队、发出审计通知、现场和非现场审计、问题识别和沟通、剩余风险或价值判定、出具审计报告、问题整改落实等。本节选取其中的审计计划、风险评估、现场审计、非现场审计、内部审计问题风险判定、审计报告和内部审计问题整改落实等七个方面来分析内部审计存在的问题并提出改善方案。

4.3.1 审计计划

1. 问题分析

1）审计计划的分类不清晰。许多企业的内部审计部门将审计计划单纯理解为年度审计计划，并且只制订了年度审计计划，缺少阶段性工作审计计划和专项审计计划。

2）缺少审计计划制订的方法。一些企业的内部审计部门主要依赖监管要求的全覆盖和被审计对象三年一覆盖的思想滚动制订审计计划，使得审计计划缺乏科学性、战略性和风险性。

3）对审计计划的重视不足，一些项目缺少标准化的单个项目审计计划或者审计计划过于简单，不能按照项目的规划、布局、特征、风险等因素编制具体内容。一些企业的内部审计部门出具的内部审计报告尚可，但只要一查看其不对外披露的审计计划，就会感觉到明显的差距。

4）缺少对审计计划的后续评价，不利于对其进行改进。

2. 解决方案

1）中国内部审计协会发布的《第 2101 号内部审计具体准则——审计计划》明确指出，审计计划一般包括年度审计计划和项目审计方案。在实践中，根据不同项目的性质和规模，有些大型项目也会有独立的审计计划。总体上，可以按照上述内部审计具体准则的要求制订审计计划。

2）年度审计计划至少应该包括年度审计工作目标、具体审计项目及实施时间、各审计项目需要的审计资源、后续审计安排。

3）项目审计方案需要涵盖被审计单位和项目的名称、审计目标和范围、审计内容和重点、审计程序和方法、审计组成员及其分工、审计起止日期、对专家和外部审计工作结果的利用，以及其他有关内容。

4）风险评估成果应充分运用到年度审计计划和项目审计方案的制订过程中，利用风险评估成果和审计绩效成果反向评价审计计划的科学性和有效性。

5）建立审计分析图谱或审计管理驾驶舱，构建战略图谱、风险图谱、绩效图谱和资源图谱，根据战略、风险、绩效和资源情况构建审计计划自动化模型，然后采集数据进行模型自动分析，从而协助内部审计人员识别关键审计范围，助力审计计划的完成。

4.3.2　内部审计风险评估

1. 问题分析

内部审计风险评估是一项十分重要且具有一定难度的工作，贯穿于风险导向审计全过程，是内部审计确定审计范围、识别审计重点、发现审计问题和提供专项咨询的前提输入。即使不是风险导向审计，如战略导向审计、创新导向审计，也无法脱离内部审计聚焦风险管理这一核心定位。初步分析来看，目前内部审计风险评估工作主要存在如下问题：

1）部分企业对审前风险评估工作的重视不足，把内部审计资源更多投入到了现场和非现场审计的执行上。

2）内部审计系列准则中给出了相关的风险评估要求，但一般都是宏观的理论和大概的方向，没有具体的方法论和实施方案。缺少可操作性的方法很大限度造成了实践中许多企业的内部审计部门虽然认识到了风险评估的重要性，但是却无从下手。

3）部分内部审计部门和内部审计人员未能掌握相关的风险评估知识技能，缺少风险评估的方法、工具，因而也不知道如何科学地进行风险评估。常见的情况是，一些内部审计部门的风险评估工作主要采用缺少充分数据和信息输入的内部审计人员的主观判断。

4）在实践中，由于风险评估工作不到位，在确定审计范围和审计重点时，一般采用业务分阶段轮换审计、管理层指定和风险事件专项审计等方式来抵消一部分其对内部审计全面性和准确性的负面影响，这些处理方式显然并不符合数字时代和智能时代内部审计风险评估工作要求。

2. 解决方案

风险评估的基本思路是：首先，确定待评价领域的想要达到的目标，这种目标至少包括公司层面和业务层面，也可以在此基础上再拓展到特定的目标，如投资回报率、员工满意度、操作风险损失金额；其次，从内部和外部、宏观和微观角度开展因素分析，识别风险影响因子和成因；最后，采用科学的方法进行分析，进而判断风险的大小以及可能带来的正面和负面影响。

《第 2101 号内部审计具体准则——审计计划》第十一条规定，内部审计机构在编制年度审计计划前，应当重点调查了解下列情况，以评价具体审计项目的风险：

1）组织的战略目标、年度目标及业务活动重点。

2）对相关业务活动有重大影响的法律、法规、政策、计划和合同。

3）相关内部控制的有效性和风险管理水平。

4）相关业务活动的复杂性及其近期变化。

5）相关人员的能力及其岗位的近期变动。

6）其他与项目有关的重要情况。

结合理论和实际来看，在符合内部审计准则要求的前提下，内部审计可以使用的风险评估方法包括但不限于：监管政策与检查法、战略分析法、风险因素分析法、流程图分析法、SWOT 分析法、德尔菲专家法、杜邦沸腾壶法、鱼骨图分析法、蝴蝶结分析法、数据分析法、管理层偏好分析法、剩余风险法、问卷调查法、现场调查法、专家评分法、审计价值链分析法、绩效指标分析法、评分卡法、层次分析法、模糊综合评价法、模糊熵法、基于数学的风险拟合法。部分方法的原理已经在前文介绍过，下面再选取几种方法进行单独介绍。

1）数据分析法。数据分析的方法和工具非常多，最常见、最简单的一种是描述性数据分析，它适合对财务数据、业务数据等定量数据的分析。描述性数据分析包括统计图分析（直方图、点图、箱型图、线图、饼图、茎叶图等）、集中趋势分析、离散趋势分析、偏度和峰度分析等，可以通过这些分析寻找高风险领域。

2）剩余风险法。内部审计的资源有限，基于风险导向理念指导，应该重点关注高风险领域，其中又应该重点关注高风险领域的剩余风险领域。实际上，在企业内部进行风险控制的部门非常多，内部审计部门应充分利用包括自身在内的所有部门、外部机构的风险管理成果，识别那些未被合理控制的剩余风险领域。具体来说，在进行风险评估时，应获取到最近 1～3 年内的内外部重点检查报告、审计报告、风险报告，获取各种已提出问题的整改情况，评估风险的控制情况，进而识别出剩余风险，将资源优先投入到这些领域。

3）评分卡法。借鉴信用风险和信贷管理领域的评分卡原理，可以构建基于专家判断的内部审计风险评分卡。具体做法是：设定一级、二级评分指标；确定一级和二级指标的分数权重，总分为 100 分；每一个指标设计 3～5 挡评分标准，再由管理层或者内部审计专家进行评分，最后进行加权处理。

4）模糊综合评价法。这是一种基于模糊数学的综合评价方法，根据模糊数学的隶属度理论把定性评价转化为定量评价。具体实现过程是：构建模糊综合评价指标，设计权重向量，使用隶属函数构建评价矩阵，评价矩阵和权重的合成并对结果向量进行解释。

无论选择哪一种风险评估方法，均需要强化其数据特征，实施风险评估的数字化转型。例如利用数据中台 / 审计数据集市中的数据构建内部审计风险评估模型，再进行智慧化风险识别判断。

4.3.3　现场审计

1. 问题分析

现场审计是最古老、最常见和最经典的审计方式，并且经过实践检验证明，它也是一种十分有效的审计方式。审计的一般思路是确定审计目标、找到审计标准、获取审计证据、下达审计结论。其中获取审计证据则是最为关键的一环，而现场审计则是获取审计证据的必用方法。无论是否进行内部审计的数字化转型，现场审计永远不会被替代，它代表了一种严谨的、追求真实的、切身体会的审计理念。

在一些分支机构众多的大中型企业中，现场审计是内部审计工作的最重要组成部分，内部审计人员长期出差的工作模式也是由此而来。各种分支机构和业务条线"三年一覆盖"的理念已经深入企业风险管理的精神。

尽管这种内部审计模式本身没有问题，但是在实践中却仍存在一些操作上的问题。例如：

1）针对一些大型集团的分支机构现场审计成为一种标准化的模式，针对 A 分公司的审计方法发现的问题甚至可以直接套用在 B 分公司身上。虽然有时候这种套用确实是符合 B 分公司的实际情况的，但是在实操中，部分内部审计人员为了尽快完成任务和审计职业道德缺位，会轻视审计程序和降低审计标准，导致审计底稿不完善、审计证据不全面等问题。

2）集中精力找出最多的问题而忽略被审计方取得的成绩，找出最多的问题确实可以提高审计的成果，但是却忽略了问题的质量和被审计方背后付出的努力，不符合全面分析问题时所提倡的"既看到缺点也要看到优点"原则。

3）在审计方与被审计方的信息沟通方面，审计方可能会存在态度过于强势或过于弱势、未以合理方式确认问题和整改要求等情况，而被审计方可能会存在情绪上的抵触、不配合提供资料、不认可审计问题、过往问题未整改等情况。

2. 解决方案

明确内部审计职业道德、严格执行审计程序与恰当的项目质量监督是现场审计工作取得成功的重要前提。

从内部审计人员绩效考核上降低发现问题数量的考评权重，增加对发现审计问题质量的考核权重，为分支机构的管理与运营提出低成本、好操作、高产出的建议和意见。

中国内部审计协会发布的《第 2305 号内部审计具体准则——人际关系》指出，内部审计人员与被审计方存在人际冲突的主要原因有：缺乏必要、及时的信息沟通；对同一事物的认识存在分歧，导致不同的评价；各自的价值观、利益观不一致；职业道德信念的差异。为此提出了暂时回避、说服和劝导、适当的妥协、互相协作、向适当管理层报告并寻求协调的解决方法。我们认为除此之外，还应该训练内部审计人员的信息交流和沟通能力，在做到独立公正、不偏不倚的前提下，改善与被审计方的关系，与其成为业务上的合作伙伴。

4.3.4　非现场审计

1. 问题分析

当下许多企业的非现场审计主要由三个部分组成：①建立非现场审计系统和审计数据库，通过设计一些非现场监测模型（可以理解为一些监测规则）开展实时动态监测，监测模型一般划分为业务类、管理类、员工行为类、外部风险类等；②在非现场审计系统中设计和开发一些监测指标，通过类似风险 KRI 管理的机制进行审计 KRI 监测；③审计人员在执行审计项目时利用非现场审计进行审前分析、审时辅助、审后监控。

与之对应，当前存在的主要问题如下：

1）审计监测模型沿用的是很传统的业务和管理规则，例如信贷资金回流、贷款用途不合规等。总体上可以认为它是很基础的，缺乏一些针对新型风险、新型管理的规则。这些基础规则虽然能覆盖最常见的风险，但是这些风险通过十多年的内部控制和合规管理的加强，剩余风险已不像之前那样显著。

2）监测指标不完善。内部审计部门常在思考，在企业统一风险监控的模式下，自己开发的审计 KRI 监测和监管指标、风险偏好管理、战略绩效管理及财务管理与其他风险管理体系下的监测指标有何差异，并在此犹豫不决，不知如何建设内部审计的 KPI 监测指标体系。

3）由于多方面的原因，内部审计部门利用非现场审计进行审前分析、审时辅助、审后监控的能力较弱，实操经验不足。

同时，许多企业的内部审计人员不具备自行设计与开发监测规则和监测指标的能力，对外部咨询公司依赖严重。

2. 解决方案

1）从非现场审计监测模型的角度。非现场审计监测模型分为两种，一种是基于判断比对的规则模型，另一种是基于数据挖掘的统计模型。企业应该基于内部审计转型、变革和再造下的新视角、新业务、新管理、新风险、新价值的监测规则，利用自身的数字化资源将非现场审计监测指标从 10 多年前的传统水平上升到新的高度。

2）从非现场审计规则模型的角度。可以利用设定某项风险场景，基于这个场景往事前倒推，以在事中分析、在事后预测的方式开发审计的前中后一体化模型。从非现场审计统计模型的角度，可以尝试使用数据挖掘、机器学习算法构建各种分析模型、预测模型、评价模型，提升智能化水平。

3）从非现场审计监测指标的角度。基于监管要求、领先实践、公司战略、公司价值链、公司关键绩效、公司风险暴露，结合内部审计的战略、定位、资源和能力等，设计和分类一套新的指标体系。指标可以分为宏观类、微观类，治理类、业务类、管理类、员工类、客户类，监管类、内部类，整体类、关键类，等等。其中商业银行、证券公司、保险公司以及其他性质的企业由于业务存在较大差异，所得到的指标会有较大差异，但是其本质几乎是一样的。

4）从非现场审计执行的角度。一是需要培养具有扎实业务能力的数据分析人才，脱离业务基础的非现场审计人员无法适应激烈的竞争环境，不懂业务的非现场审计人员即使拿到充分的数据也无法识别风险、筛查异常，最终很容易被弱化成专业审计项目的取数"工具"。二是可以通过不同类型的现场审计项目和非现场审计项目，甚至独立数据审计项目来训练非现场审计能力和增加非现场审计经验。三是不断循环和优化非现场审计监测规则、模型和指标，反过来助推非现场审计项目实操。

4.3.5 内部审计问题风险判定

1. 问题分析

当前部分内部审计团队在各类项目中对所提出的审计问题进行风险分析和等级判定时，一般都是基于的团队内部审计人员的主观经验，这种操作时常面临管理层和被审计方的挑战。例如，当管理层和被审计方询问这些问题被认定为是高风险、中风险或者低风险的理由时，内部审计人员常常无法回答。实际上，由一些乙方咨询公司或审计公司执行的项目有时也会采用这种缺少依据和标准的主观判断法。

部分良好的实践则是利用操作风险评估中的二维矩阵（可能性 × 损失程度），对某问题的可能性和损失程度分别赋予 1～5 分的分值，再计算最终分值，由分值所处的区间范围来判定风险等级。但实际上这种方式的主观性也较强。

2. 解决方案

企业可以设计一套基于行业实践的风险判定法，这种方法一般结合定性与定量两个方面来判断。

1）定性方面。明确违反了国家法律法规和监管政策、面临处罚风险的，就可以判定为高风险；影响核心战略目标的，也可以判定为高风险。

2）定量方面。可以引入波达（Borda）排序法、层次分析法（AHP）对审计问题的风险等级或风险权重进行排序；设计风险等级与财务损失的映射标准，对已经发生财务损失的，推算财务损失的程度，进而判定风险等级。

4.3.6　内部审计报告

1. 问题分析

在内部审计报告方面，主要存在以下问题。

1）语言描述不符合规范。包括但不限于文字阐述带有个人情绪，现状描述缺乏或描述不全面、不清晰，问题描述模糊、泛泛而谈，整改要求宏观、不具体，改善建议过于理想化、无法落实。例如报告中出现"可能""推测""估计"等不确定性表达以及一些口语化表达。

2）内部审计报告仅指出被审计单位、被审计对象存在的问题和风险。目前国内很多内部审计工作倾向于做检查，出具的内部审计报告更像是一个检查报告，内部审计报告的主体内容或者全部内容都是描述问题和风险，而忽视了企业管理也存在的优势领域。

3）措辞不严谨，存在逻辑漏洞。一些内部审计报告在描述现状、问题、建议时措辞不严谨，或是整个内部审计报告的结构、先后顺序、上下关系、内容、图标等方面存在逻辑漏洞。

4）未充分描述内部审计标准、事实和证据。内部审计标准是审计鉴证评价的根本依据，但一些内部审计报告缺乏内部审计标准，仅列出标准的文件名或者仅以模糊方式一笔带过等。现状和事实是内部审计报告的基础，是提出审计问题、描述经营风险、得出审计结论的根据，是客观公正原则的具体体现，是内部审计报告最重要的内容之一。实践中，一些审计报告事实描述不清楚，审计证据不充分。

5）未清晰界定问题所在。一些描述往往抓不到审计问题的关键和核心，一些内部审计人员为了增加审计问题的数量或者限于自身专业技能而列出一些无关紧要的低风险问题，或者对审计问题的界定偏离了真正的合规点、风险点和绩效点，或者仅能列出不能深入风险实质的表面问题。

6）内部审计报告过于专业化。一些机构的内部审计人员具有非常强的专业背景和知识积累，特别是当他们掌握了一些具有高准入门槛的知识，在编制内部审计报告时，会将这种高度专业化或难以理解的知识带入内部审计报告。这虽然能够体现出内部审计人员的专业能力，但会导致报告的阅读门槛、整改门槛大大提高，进而降低预期审计效果。

7）内部审计报告缺乏恰当的审核。在一些初创型企业中，时常会碰到内部审计报告初步编制完成后，不知该如何进行复核或审核的问题。比如，不知道有权审核的人有哪些，审核路径是什么，通过什么工具审核，如何保留审核记录，审核的要点有哪些，部分内部审计报告如何报备监管机构等。

2. 解决方案

1）内部审计报告应在全面准确地描述有关内容的同时，抓住主要问题并提出主要观点，尽量使用严谨、简洁和规范的语言，禁止不确定性表达和口语化表达。

一定要有现状描述内容，因为它是内部审计工作开展、审计问题提出的基本背景，有助于阅读内部审计报告的人了解该项审计项目及其提出的问题。描述现状应从实际出发，并符合客观性原则。

在问题描述方面，措辞一定要精准、明确、清晰，不要将内部未完全核实和分析清楚的问题、审计证据不充分的问题写入内部审计报告，不要使用模糊语言描述审计问题。

在整改意见方面，过于原则化、模糊化、笼统化的建议无法得到整改，因此要提出切实可行并且有标准可评价的整改措施。

在改善建议方面，除上述整改意见的要求外，要尽量提出具有行业深度洞察力的观点和措施。推荐在改善建议中指出行业领先实践。

2）要从严谨的概念来理解内部审计。它首先是一个鉴证活动，做得好的和做得不好的均进行鉴证，才是全面、客观的审计。

在内部审计报告中，无论现状描述还是问题描述，先对被审计事项给予恰当的肯定，符合独立客观、不偏不倚、公平公正、全面严谨的要求，也有利于改善审计人员与被审计方之间的关系，促进问题的整改和审计成果的落实。

内部审计人员不能报喜不报忧，迫于有关压力不敢提出问题，这样有损审计的职业精神，会误导企业的管理人员和操作人员。

3）避免常见的逻辑错误，比如混淆概念、不恰当的类比、前后矛盾、数据不准确、证据不充分、不知所云、另有他因、先入为主、双重标准、迷信权威、推理不当、绝对化等。

4）为了保持内部审计的客观性，充分有效的审计标准和审计证据十分必要。

首先，对于提出的各项问题和建议，内部审计人员在内部审计报告中需明确指出审计标准。审计标准包括法律法规、行业规范、领先实践、科学方法的证明，例如数据分析和模型测算等。审计标准的引入要载明出处。

其次，叙述事实时要从内部审计事项的时间、地点、起因、过程、结果等方面入手，揭示审计事项的本质，使分析与事实一致，结果与事实一致。严格禁止片面、虚假报道和歪曲事实的情况。

最后，审计证据是界定违规、评价问题、问责处罚的根本依据，在现场和非现场审计过程中，内部审计人员应提高工作的敏感性和操作的严谨性，搜集、记录和保存全面准确的证据材料。

5）内部审计报告无须列出所有发现的问题，应根据项目的定位、目标、重要性、风险、绩效等因素抓住主要问题和重要问题进行报告。

对于内部审计人员来说，审计绩效不仅体现在所识别问题的数量上，更体现在识别问题的质量、问题阐述的合理性、整改要求和改善建议的可行性上，最终落到控制风险和提高经营效益上。不要出现单纯追求识别问题数量而采取拆分问题、大量报告低风险问题等情况。

因此，内部审计报告要突出审计项目的重点，抓住问题的本质，深入剖析产生问题的关键原因，做到有严谨逻辑、有充分数据、有有效资料、有客观分析、有深入挖掘、有合理建议，禁止用大篇幅文字罗列现状和无关紧要的表面问题。

6）专业化应适度。适度的专业化能够提升内部审计部门的认可度，但这不是内部审计的核心目标。内部审计报告要恰当地淡化专业性，少用专业语言（如使用，应恰当注释），多用易于理解的词句，尽量做到简明扼要、通俗易懂。内部审计人员要学会将复杂的事项用简洁的语言表述清楚。文字组织和编写能力是审计人员的基本技能之一。

内部审计报告的文字和措辞要考虑受众群体。如果针对信息安全部门进行审计，势必涉及一定的安全专业知识。还应该考虑审计项目的类型，例如针对信用风险内部评级法出具内部审计报告，肯定无法避免数学、统计学等领域的具有一定知识壁垒的描述。

7）注意审核、报备。首先，应调查清楚哪些内部审计报告需要报备，以及以什么方式、什么期限进行报备；其次，应清楚内部审计报告的内部审核和汇报路径所需遵循的法规以及内部个性化的要求，例如有些内部审计报告需要报送董事会、审计委员会、监事会等；最后，应通过信息系统来执行审核程序并保留审核记录。

内部审计报告自动化生成是内部审计数字化转型的重要领域之一。在监管科技中探索和实践监管合规报告的自动化生成已经取得了良好的成果，同样，内部审计部门可以通过以下步骤来实现这个目标：①设计标准化的内部审计报告模板，强化数据特征，如使用大量的数据指标来描述审计结果；②对模板的字段进行参数化处理，通过配置的方式填充报告内容；③通过审计系统自动提取数据，完成审计分析，输出审计结果；④生成内部审计报告；⑤对内部审计报告进行调整校准。初步来看，客户管理审计、营销审计、绩效审计、模型审计、中高级管理人员的经济责任履职审计等是相对容易进行内部审计报告自动化的审计类型。

4.3.7　内部审计问题整改

1. 问题分析

目前我国部分企业内部审计的问题整改工作质量较低，具体表现如下：

1）企业内部问题整改的宣导培训不足。一是员工对问题整改不够重视，只关注客户服务和业绩创造，而忽视内部风险合规管理，常常提交一些不符合整改要求的结果来应付内部审计人员。二是内部审计人员接受的培训少，不了解优秀的整改方法论。

2）内部审计人员提出的整改要求并不是领先的、具体的、符合实际或具备可操作性的。宏观、宽泛和不清晰的整改要求会导致被审计方不知道如何落实整改方案。

3）缺乏问题整改落实的奖惩机制。

4）内部审计人员与被审计方存在某些潜移默化的共识，对问题整改结果本身不抱有很高期望，也有部分高级管理层和内部审计负责人重视问题提出，轻视问题整改。在这种情况下，整改落实很有可能流于形式，内部审计部门收集的整改证据亦不可能充分。

5）缺少有力的工具来简化和优化整改追踪工作。

2. 解决方案

1）加强对内部审计人员的合规性教育。合规经营是企业的基本要求。企业应该通过自上而下的方式宣导合规理念和培育合规文化。内部审计人员可以适当学习哲学和心理学知识，学会如何抓住主要问题和关键风险，收集完整、准确的整改证据。

2）提高内部审计人员提出的整改要求的清晰性和可操作性。在正式下达整改要求前应该与被审计方进行确认，甚至可以在下达总体整改要求后，由被审计方提出具体的整改计划和措施，经内部审计人员认可后再确定最终的整改要求。

3）建立审计成果的应用管理体系。比如整改落实和成果应用制度规范、整改结果纳入绩效考核、奖惩机制、整改落实质量控制措施等。我国审计署修订发布的《审计署关于内部审计工作的规定》（审计署令第 11 号）第二十二条指出："审计机关在审计中，特别是在国家机关、事业单位和国有企业三级以下单位审计中，应当有效利用内部审计力量和成果。对内部审计发现且已经纠正的问题不再在审计报告中反映。"已发现且已纠正的问题不写入审计报告对于被审计方来说无疑是一种巨大的整改动力。

4）建设高效、及时、畅通的审计问题整改落实与应用的信息交流和沟通机制。

5）学习领先实践，简化和优化现有信息系统的整改追踪功能，强化数字化自动跟踪、预警提示功能。例如构建预警提示规则，在审计整改到期前进行自动提示，对于未完成整改的审计事项进行自动预警。

4.4 内部审计变革的设计和实施

不同类型的企业在设计和实施内部审计变革时，选取的方法、方案和路径具有很大的个性化差异。企业应该基于自身的企业架构、管理层风格、企业文化、审计战略、资源和能力等因素来设计变革实施方案。

企业需要基于内外部环境、优势和挑战来确定内部审计的改进方向。总体方向是在确保现有合规和风险审计的基础上，根据数字化建设和科技转型的目标探索内部审计的数字化转型和科技转型方案。本节我们以中小企业为例来说明其在实施内部审计变革时需要重点关注的五个领域，具体如下：

1）制定内部审计战略规划。从监管视角、行业实践视角、公司视角、内部审计部门视角开展内部审计工作的外部宏观环境分析、市场分析、行业分析、竞争对手分析、热点和趋势分析，内部微观环境分析、审计架构分析、审计资源和能力分析、业务产品分析、组织和人才能力分析、审计科技和技术分析、内部审计数字化转型分析等，继而制定新的内部审计战略规划及其实施路径。

2）编写内部审计变革方案。基于内部审计战略规划，结合内部审计的监督、评价和咨询职能的特点，在数字化转型和科技转型中，探索内部审计变革方案，其中包括对内部审计策略的研究、数字化和科技人才建设、数字化和智能化审计工具的引入，以及基于数字化、智能化的审计理念和模式的创新等。

3）夯实合规管理审计。鉴于风险管理三道防线的现状，合规管理仍是内部审计的基础性工作。未来一段时间面临外部监管、社会舆论、内部管理的压力，内部审计部门应该联合法律合规、风险管理等部门，通过遵循各项规范的要求，确保无重大合规风险漏洞。合规遵循是企业的核心目标之一。

4）完成培训体系建设。人才是将发展推进为变革的关键变量之一。据了解，领先银行的内部审计部门为保持专业胜任能力，首先十分重视在招聘环节对专业能力的考核，其次组织一定数量的内外部培训来培养优秀的内部审计人才，最后不忘始终宣导独立和客观的内部审计精神。目前许多中小企业的内部审计人员在数字化、科技化方面背景较弱，这些企业需要制订和执行内部审计人员培训计划，确保每位内部审计人员掌握必要的业务和科技技能。

5）完善现有的内部审计系统。绝大多数领先企业已基于行业内的普遍做法投产了一套内部审计系统，但其功能还需进一步完善，特别是中小企业的内部审计系统仍侧重于传统的现场检查和非现场监测功能，新兴数字化、自动化或智能化功能较少。未来，可以优先完善现有内部审计系统的非现场审计、员工异常行为监测、内部审计大数据分析功能，实现重点机构、重点业务、重点客户和重点员工的 24h 常态化、动态化监测检查，同时确保数据的合规性、安全性和隐私性。

Chapter 5 第 5 章

内部审计数字化转型
新生态建设

内部审计作为一项重要的企业管理职能，在企业整体生态圈中发挥作用，其数字化转型必然需要结合企业生态的建设。内部审计数字化转型要从顶层设计的思维开始，结合企业战略及企业数字化战略进行相应的规划和设计，这是数字化转型的成功之"道"。"天下武功，唯快不破。"敏捷、智慧是现代企业发展的主题之一。内部审计如何借助敏捷的理念和智慧的技术，不断挖掘内生动力和建立价值赛道，是内部审计数字化生态建设的"术"。内部审计新价值的塑造，需要生态合作伙伴（例如内部其他职能部门、外部的合作伙伴等）的支持和认可，对生态的开放程度和对服务价值的最大化是获得数字化转型持续成功的关键。

5.1　战略型内部审计

企业战略是指导企业可持续发展的方针和路线，包括企业发展战略、业务及产品战略、供应链管理战略、人力资源战略、财务管理战略、信息科技战略和数字化转型战略等。在企业的数字化转型大潮中，战略型内部审计是普及率越来越高的审计类型。

5.1.1　战略型内部审计概述

内部审计为企业发展保驾护航，从客观、独立视角对企业战略管理进行评估，对战略的制定和执行进行监督，为董事会决策提供参考和支持。战略型内部审计包括对企业战略目标的分解，确定战略工作的优先级等，以指导内部审计进行资源（如人力、技术、工具等）的规划和配置。

企业的战略管理有重要的 6S 管理体系，包括战略规划、商业计划、管理报告、战略评价、战略型内部审计、经理人评价六个组成部分。战略型内部审计是指以聚焦企业战略优化提升为目的的、与战略直接相关的、具体的审计活动，涵盖对战略完成情况、战略管理全流程、战略制定和执行有效性检查以及战略本身的建议。

大型集团业务单元的战略型内部审计主要通过战略业绩合同审计、战略执行过程合规性审计、战略实施绩效审计、战略执行审计和战略规划有效性评价等内容，采用分析复核和抽样测试等方法，对二级业务单元的企业的战略实施过程和效果进行审计，以保障集团战略目标的实现。战略型内部审计的具体分类如图 5-1 所示。

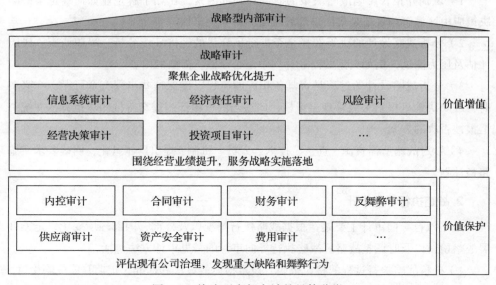

图 5-1　战略型内部审计的具体分类

问题的切入视角不同，战略型内部审计的分类方式也会不同。按战略的类型的不同，可划分为企业整体战略导向审计；业务战略导向审计、特定职能战略导向审计和技术战略导向审计；按利益相关方的不同，可划分为股东和董事会战略导向审计、高级管理层战略导向审计、内部员工战略导向审计和客户（或用户）战略导向审计等；按照战略过程的不同，可划分为战略设计导向审计、战略执行导向审计、战略控制导向审计和战略评价导向审计。下面对上述最后一种分类方式下的战略型内部审计构建方法进行介绍。

5.1.2 战略型内部审计的构建方法

战略型内部审计的内容包括基于战略的理念和方法来执行审计，以及对战略本身进行审计。综合考虑战略的闭环管理流程，前者主要是指在实施各项具体审计活动时要关注其战略的设计、执行、控制和绩效评价，后者主要是指对具体的企业战略、业务战略、科技战略等进行设计、执行、控制审计及战略评价。

1. 战略设计导向审计

战略设计导向审计主要关注企业战略内外部环境因素分析的完整性，评价下属企业战略目标是否完整承接集团战略目标以及战略目标的实现程度，评价企业战略举措是否符合行业发展方向，评价企业是否为实现战略目标实施充分的保障措施。战略设计导向审计的常见审计方法包括：

1）识别并报告影响战略决策的内部和外部因素，比如了解企业如何确定某战略决策应由区域管理层还是集团总部管理层、董事会审核。

2）分析战略设计的决策选择是否进行了详尽的经济环境分析、尽职调查、风险评估及压力测试，例如典型的商业计划中是否涵盖所需要的内容。

3）分析战略设计的过程是否具备相应的流程以确保这些步骤有章可循。在必要时将战略决策呈报上一级管理层审核，向适当的审核部门提交待批的决策方案并统一汇报被否决的方案。

4）针对战略所需资源（资金、技术、人员、机制）提出具体量化，明确要求实施路径计划。

2. 战略执行导向审计

战略执行导向审计主要是指根据战略执行情况以及外部、内部环境变化，定期开展战略检讨以及时调整战略。战略执行导向审计的常见审计方法包括：

1）分析战略执行过程的检讨机制，设定检讨的方法和标准，定期开展战略检讨。

2）分析商业计划的执行情况，针对超额完成年度目标以及未达到年度目标的目标值进行因素影响分析，评价超额完成年度目标或者未达到年度目标影响因素的客观性、合理性。

3）检查是否根据战略执行情况以及对外部（如国家及行业政策、财税政策等）、内部环境（如组织架构、技术创新、信息系统等）的预测，执行战略调整并检查战略调整的合理性。

战略执行导向审计还可以进一步分析集团各业务单元在落实战略规划过程中，是否充分识别阻碍战略执行的潜在风险和已有风险以确保有效执行战略计划，各项战略工作计划是否配备了足够多的资源、是否充分利用了产业间的协同效应，以及是否有足够的文化宣传和员工教育等去达到战略执行的效果。

战略执行导向审计还需包括对目标规划和实现程度的评价，例如：财务目标完成情况，以及是否完整地承接了集团和企业战略目标；企业市场、客户和重要项目目标完成情况，以及是否完整地承接了集团和企业战略目标。

3. 战略控制导向审计

战略控制导向审计主要是指检查战略实施过程中是否建立了匹配的风险管理及内部控制机制，对被审计企业与战略实施相关的重大经营管理的风控情况进行审计，为集团战略实施提供保障。常见的审计重点领域包括公司治理、信息披露、资金管理、人才管理和项目管理等。战略控制导向审计的常见审计方法包括：

1）在公司治理方面，分析战略制定和重要举措授权审批机制是否符合集团 / 企业的规定。

2）在信息披露方面，检查集团及各业务单元是否建立了内幕信息监控及披露机制，是否遵循上市法规。

3）在资金管理方面，分析对战略项目的筹融资及资金专款专用的控制措施及使用授权等机制。

4）在人才管理方面，分析对影响战略实施的重大人事任免、人才及激励（股权激励等）的评估及审批机制。

5）在项目管理方面，对重大项目合同、资本承诺，以及招投标合法合规性管理的评估与审批机制。

4. 战略评价导向审计

战略评价导向审计主要是指在战略实施一定周期后对战略实施整体的效果和效率进行评价，包括对战略要素的完整性、战略方向和实施路径的合理性，以及实际执行中遇到的问题进行有效性评价。

战略评价导向审计可以先关注战略实施的效果，常见的审计方法包括：

1）分析战略经营考核指标是否完成、实际经营绩效与战略发展规划是否相匹配、获得股东或集团的支持（投资、增资、借款、担保）是否达到预期水平、重大投资项目效益是否达到预期效果，以及重大战略目标的达成情况（例如重大技术创新、新市场的开拓、新业务模式建立等）。

2）分析战略实施落地的效率，例如资产质量是否健康，经营绩效是否具备可持续性，资金的投入产出比是否合理，人力资源配置和使用是否合理高效，客户、合同结构是否存在过度集中的情况，是否为完成绩效考核指标而承担了过高风险，等等。

5.2 服务型内部审计

传统的内部审计往往侧重于对企业建立健全有关制度规定、内部控制的执行力，以及经营管理的有效性进行监督和评价。传统的内部审计定位未能有效地达成企业战略目标及满足各利益相关者的不同期望。服务型内部审计致力于提升内部审计的价值，从为企业提供"价值保障"进化为"价值创造"。服务型内部审计的三项基本要素为：理解利益相关者的期望，获取所需的技能，开展"风险和价值"整合的审计。

5.2.1 服务型内部审计概述

企业数字化转型的主要目标包括改善用户服务和提高用户体验，通过数字化方式增进对用户需求的理解和支持产品的差异化设计，通过新技术和数字化方式带动业务模式的创新与业务流程的优化。内部审计也应紧跟数字化转型的大方向，建立服务型内部审计，从多维度对企业数字化转型和增强核心竞争力的工作进行评估、对标和监督，为企业发展提供高价值的建议。

服务型内部审计是指内部审计在行使恰当的审计权力时以"服务"的理念和方式来执行具体的审计操作，提出有价值的审计洞见。从机构人员角度来看，内部审计的服务对象不仅包括股东、董事会、高级管理层，还包括各种被审计机构、部门或人员。从具体审计领域来看，内部审计的服务对象不仅包括企业治理、企业风险管理和业务操作，还包括由此衍生出的各种深层次的战略管理、价值管理和技术管理。

服务型内部审计发挥价值的重要前提之一是内部审计人员拥有恰当的审计权力。缺乏恰当权力的内部审计人员很难执行严谨的审计程序，而当正常的审计程序推进受到外部干扰或阻拦时，很难再谈服务型审计。从内部审计的使命来说，能够独立、客观地执行审计程序和发表审计意见是践行使命的前提。各企业在执行服务型内部审计转型变革时应注意标准内部审计和服务型内部审计的平衡，以便更好地完成审计职能并服务企业发展。

5.2.2　服务型内部审计的构建方法

1. 理解利益相关者的期望价值

为了更好地开展服务型内部审计，内部审计人员应与所服务的"客户"（即主要利益相关方）确定如何实现他们所期望的价值。内部审计常见的价值包括以下五个方面：

（1）合理确保遵循内外部法规和制度，以及监管法规所要求的内控有效性检查　近年来，不同领域、行业的监管法规陆续出台或更新，例如数据安全、隐私保护、反垄断等领域，这些都对企业的合法合规经营提出了更大的挑战。内部审计往往被赋予了更高的期望，对企业内部各项职能是否能够主动识别新规的影响并相应更新内部管理机制等，进行持续的、针对整体机制或转型领域的监督。

（2）有效提高对紧急事件的处理能力　企业在经营中可能时不时碰到风险事件，例如上市公司碰到外部举报或遭遇做空机构的做空报告阻击，内部审计人员作为独立客观的监督者，常被临时征集参与调查和处理。内部审计人员在紧急事件中表现出的组织能力、技术手段和内外沟通能力等，都非常关键。

（3）成为业务部门的咨询伙伴，并协助企业解决复杂问题和高风险问题　领先企业的内部审计部门往往掌握得更多的内部资源（例如对信息、数据及高层决策的了解），同时受内部壁垒的业务单元考核限制较少。企业内部也常期望内部审计部门能推动解决跨部门、跨领域的复杂事项。

（4）为企业培养和输送优秀管理人员　内部审计工作是对企业的各事业部、业务部门进行评估、检查和提供管理咨询，这对内部审计人员的业务知识、快速学习能力、沟通和汇报能力以及执行力和领导力有很高的要求，很多企业也提供了综合管理能力培训的机会。因此，参与内部审计工作在领先企业中也常作为管理人员培训的重要环节之一。内部审计可以帮助为企业输送业务、风险、内控、合规、财务、科技等领域的优秀管理人员。

（5）通过与外部审计人员合作降低综合审计成本　企业建立健全内控机制，以及有独立和领先的内部审计职能，都能提高外部审计人员在审计活动中对内部控制的依赖程度，减少外部审计的工作量并降低成本（包括审计费用以及业务部门配合审计的成本）。内、外部审计在风险评估、审计方法、审计发现方面需保持有效沟通。

2. 获取所需的资源和技能

"工欲善其事，必先利其器。"要满足前面介绍的内部审计的价值驱动因素，通常要求有一整套的技能，包括数字化等新技术以及所处行业的专业知识。然而，吸引具有领导才能、技能及经验的高素质专业人士可能是一个耗时很长的过程。领先企业多采用内部培养与外包并举的方式。大型集团往往将内部审计作为培养职业管理者的平台。

　　例如，跨国企业联合利华集团就从其全球各地的分／子公司中选派年轻的初中级经理人员到集团内部审计部门工作一两年，在全球参与不同的项目。这些人才对各自细分行业及管理领域的体系有深入理解且实战经验丰富，既能为被审计单位带去更好的商业洞察视角，又能提高审计价值；同时这些人员通过在全球参与不同项目进行国际化、跨行业和跨部门的交流与培训。他们在结束在集团内部审计部门的工作后，也能把这些宝贵的经验带回自己原来所在的分／子公司。

　　企业除了在其内部积累行业和管理经验，还需要在内部审计部门建设数字化能力，例如大数据分析、ERP 系统评估、企业变革管理能力、新兴技术应用评估能力。第 6 章将详细介绍内部审计数字化核心能力的建设。

　　除了借助内部力量培养人才外，通过外包专业服务的方法，管理层及审计委员会在取得外部审计工作成果的同时可以聘用合适的人员。聘用到了合适的人员后，可以将外包专业服务的形式调整为内外共同完成项目或彻底取消。内部审计是一个动态的、不断变化的领域，所以在考虑长期人员需求时，不能只是简单要求"寻找能干活的人"。领先企业开始依靠共同完成项目的方法取得灵活性和那些无法从内部获得的技能。

3. 实施风险和价值整合的审计

　　服务型内部审计的实施重点是以从上至下的思维方式，抓住企业数字化转型、战略发展和经营管理等领域的关键风险，同时结合企业对内部审计价值提升的期望，制定行之有效的审计策略并开展更多的价值提升工作。风险和价值整合审计的实施方法如图 5-2 所示。

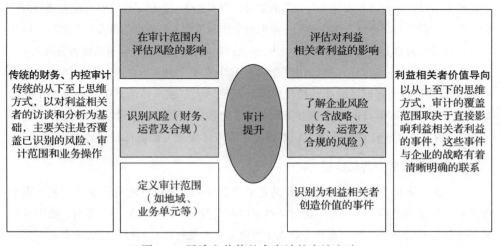

图 5-2　风险和价值整合审计的实施方法

　　一个高科技初创企业的内部审计部门在与高管层探讨对企业的主要风险时了解到，高管层对知识产权的保护非常关注。该内部审计部门对企业的知识产权风险管理做了深层次的分析，了解到在研发的过程管理中已基本建立了知识产权的规划、论证、申请和记录流程，这与该企业在初创期间将业务重点都放在研发管理上相吻合。同时，该内部审计部门也发现，除了在研发的过程管理中产生的知识产权管理外，该企业对知识产权管理还有很多环节未考虑充分。例如，对购买的专利使用权的控制和管理，对供应商提供的产品和服务的知识产权管理（是否存在侵权风险），对知识产权在内部的保密管理，以及对敏感信息和关键人员在合约保护和竞业限制方面的管理，等等。这些重要领域尚未建立有效机制。该内部审计部门随即推动企业建立了知识产权管理职能，梳理和建立整个知识产权管理机制，把相关控制措施和要求嵌入业务流程（采购管理、研发管理、人力资源管理等）。结合企业发展阶段，前瞻性地评估企业在知识产权管理中的盲点，制订优先的应对计划并监督任务的落实。这是企业内部审计部门创造价值的例子之一。

5.3　开放型内部审计

　　当今社会呈现出"万物互联的世界、开放共享的理念、数据合作的基础"的特点，开放的商业理念、模式和技术使得各个企业基于开放接口直接打通企业孤岛，构建共享合作的网络，进一步推动商业模式创新和资源优化配置。由于内部审计本身具有包罗万象的审计领域、丰富多样的审计技术和对内外部数据的依赖等特点，因此可以基于其本身的理念和特点来打造开放型内部审计。

5.3.1　开放型内部审计概述

　　随着科技发展和模式创新，近几年在国内外银行业相继出现了开放银行（Open Bank）的新模式。简而言之，开放银行是在监管允许的范围内，经客户授权开放 API（Application Programming Interface，应用程序编程接口），把客户数据开放给第三方，或把产品和服务开放给第三方，以提高金融服务能力和推动普惠金融的发展。

　　除了"开发银行"之外，"开放保险""开放组织""开放管理"等概念也陆续出现在人们视野中。"开放"的理念也适用于内部审计模式的创新。从前面所介绍的战略型内部审计、服务型内部审计中，我们看到了内部审计的发展趋势是紧随业务发展，强调创新增值。

开放型内部审计主要涉及"数据开放""人员开放""服务开放""系统开放"等形式，具体的理解和构建方法详见下一节的描述。

5.3.2 开放型内部审计的构建方法

开放型内部审计主要可以从以下四个方面进行理解和构造：

1. 数据开放型内部审计

数据开放型内部审计的基础是数据的开放和接入，包括企业各项管理数据资源对内部审计部门的开放，以及内部审计部门所掌握的数据向企业其他部门甚至社会的开放。例如，企业内部数据对内部审计部门的开放可以实现不同形式的持续审计，或更进一步与内部审计部门、外包方或合作伙伴共享数据资源和共同工作。在大型集团的内部审计部门中，有的已经实现在业务系统环境部署内部审计监控模型，进行实时监控，也有的已逐步建立内部审计数据中台，对接企业级的数据中台或各类业务系统。而内部审计部门在数字化时代构建的大数据审计平台所采集的海量数据，在遵循合规性和恰当性原则前提下可以开放给企业的其他部门，部分数据（如研究数据）甚至可以开放给社会上的其他主体。

2. 人员开放型内部审计

人员开放型内部审计是指将内部审计人员作为专业审计和咨询人员辅助前、中、后台的相关需求部门，将审计和咨询服务直接输入到管理和业务一线，更好地实现内部审计在事前、事中、事后对经营管理全覆盖的审计。

根据内部审计本身的性质和特点，其广泛的审计领域确定了内部审计部门集合了众多领域的专业人才和专家，如在一些领先企业中只有具备特定领域专才的资深人员才有可能进入内部审计部门。为了打造企业前、中、后台"命运共同体"，充分落实"审计＋业务＋管理"的价值模式，内部审计部门可以将特定的内部审计人员借给相关部门，如科技管理部、风险管理部、法律合规部、采购管理部等部门使用，以便输出内部审计的专业知识和能力。

3. 服务开放型内部审计

服务开放型内部审计是指内部审计部门或内部审计人员将自身所提供的服务公开给企业内部的各部门和机构，后者可以以恰当的缘由提交申请，让前者在提供一般的审计服务之外还提供其他专项服务。内部审计部门的服务类型包括确认、监督、评价、咨询和研究等，其中任何一项都可以开放给前、中、后台的相关需求部门，以更好地达成内部审计工作目标。

在确认服务方面，在常规审计和专项审计之外，内部审计人员可以为需求部门提供第三方机构合作操作风险确认、信息系统建设绩效确认和大数据隐私保护机制合规性确认等服务。在监督服务方面，内部审计人员可以开展信贷资金流向监控、员工行为风险监控、核心业务系统实施监理和企业战略执行监督等服务。在评价服务方面，除了内部控制评价和员工履职评价外，还可以提供风险模型效果评价、数据资产管理评价和金融科技风险评价等服务。在咨询服务方面，内部审计人员可以在不损坏独立性的前提下提供丰富多彩的咨询服务，例如监管趋势分析、业务流程重构和新兴技术研发等。在研究服务方面，内部审计部门可以承接管理层、业务部门和职能部门的研究申请，对管理理论、工程实践和技术研发等领域开展专项研究。

4. 系统开放型内部审计

系统开放型内部审计是指内部审计部门将自身的一般审计管理系统、大数据审计平台或人工智能审计工具等开放给前、中、后台的需求部门。在系统开放型内部审计中，最为常见的是将内部审计部门构建的大数据监控系统提供给风险管理或合规内控等部门进行日常风险监控。

内部审计部门出于尽职审计的需要，往往掌握着企业其他部门无法比拟的海量数据，在此基础上构建的信息系统或工具在数据监控、指标预警、BI 分析和 AI 建模方面具有较高的准确度和稳定性。企业管理中许多部门均有大数据分析和监控的需求，如果内部审计部门将自己掌握的部分资源恰当地开放给需求部门使用，就能够在一定程度上赋能需求部门的日常管理，改善与相关部门的审计关系。

5.4　敏捷型内部审计

当前轰轰烈烈的业务转型、中台转型、IT 转型都不可避免地与敏捷转型关联，敏捷是实现其他领域转型的一种思想、目标、能力和方法。对于内部审计工作而言，过去庞大的、严谨的和复杂的审计项目往往需要投入大量资源去执行瀑布式的审计程序，可能导致审计效率较低。在审计理念、方法和技术的不断进步下，敏捷型内部审计正被越来越多的企业所重视和采纳，成为新时代内部审计变革的重要领域。

5.4.1　敏捷型内部审计概述

信息系统开发领域有一种叫作"敏捷开发"的方法，它以用户的需求为核心，快速响应变化，将一个大型项目拆分为多个小型子项目进行迭代开发，其背后均有所对应的敏捷模型。IT系统开发中的敏捷模型可以继续拆分为Scrum、XP、OpenUP、看板方法、Scrumban、精益模型、持续交付模型、DevOps、DataOps和AIOps等。

近些年，在内部审计领域，敏捷型内部审计被人们越来越多地提及，各国内部审计协会、国际四大审计公司、领先企业均推荐内部审计恰当地引入敏捷的概念和方法。例如德勤风险咨询公司在2019年11月发布《敏捷转型——内部审计绩效与价值提升指南》，系统介绍了敏捷型内部审计的实施方法论。德勤在该报告中对敏捷型内部审计的定义为：敏捷型内部审计是一种思维模式，有助于内部审计部门关注利益相关方的需求，缩短审计周期，提出最新洞见，减少精力浪费，以及精简交付文档。敏捷方法帮助内部审计人员和利益相关方预先确定审计或项目所需要实现的价值以及最令人担忧的风险。

与合规、财务和舞弊导向的传统审计和风险导向的风险审计不同，敏捷型内部审计更加专注于有价值和高风险的项目，更加重视战略导向、充分授权、决策透明、勇于创新、快速迭代。敏捷型内部审计被一些专业人士认为是内部审计转型的新方向。

敏捷型内部审计不依赖于固定的审计计划，而是在目标明确和资源充分的前提下，不断维护和更新审计项目。审计项目并不是必须100%完成并出具最终报告的，可以在项目进行过程中出具中期报告，再根据各方意见调整审计项目进程甚至终止项目。审计项目的平均投入时间少于传统审计。敏捷型内部审计更加重视提出富有领先性、洞察力、专业度与价值度的审计意见、风险和机会。

5.4.2 敏捷型内部审计的构建方法

敏捷型内部审计可以从如下几个方面来进行构建和实施。

- ❏ 治理层面：建立和实施敏捷型内部审计治理体系，包括但不限于建立敏捷型内部审计制度流程（如敏捷型内部审计管理办法、敏捷型内部审计操作流程），建立敏捷型内部审计组织（如跨机构、跨部门、跨条线、跨内外的多元化融合审计团队），设计敏捷型内部审计管理机制（如创新机制、协同机制、考核机制），打造敏捷型内部审计文化（如人才文化、绩效文化）。
- ❏ 执行层面：包括但不限于建立和维护敏捷型内部审计流程，引进和使用敏捷工具，设计敏捷型内部审计报告。
- ❏ 系统层面：建立和维护一个良好的支持敏捷型内部审计的信息系统。

敏捷型内部审计的设计和执行不能影响到审计的独立性、客观性。下面就敏捷型内部审计的组织、人才、流程、工具和考核五个领域进行进一步阐述。

1. 敏捷型内部审计组织

传统的内部审计组织是由内部审计部门及其下设的审计执行中心构成的，在开展具体项目时会成立一个审计小组，作为内部审计活动执行的具体落地者。这种从内部审计部门选择审计人员成立专项审计小组的形式遵循较为固定的组织形式。敏捷型内部审计组织则要突破项目小组的限制，构建一种机动、灵活、富有创新，并且具有强执行力的新组织。

敏捷组织包括但不限于敏捷小组、敏捷团队、敏捷部门和敏捷部落，均强调服务型领导、员工能动性、授权充分。内部审计部门可以依据不同的审计场景构建不同的敏捷组织，推荐使用敏捷小组和敏捷团队的组织形式。

在常规的敏捷组织形式之外，还有一种虚拟敏捷组织的形式。例如，对内部审计部门的团队按照特定审计领域进行切割，与业务部门和管理部门构成一体化前、中、后台作业模式，切割后的内部审计团队仍在内部审计部门办公，但是日常事务则紧密地与关联业务部门和管理部门合作。这是强调"审计＋业务＋管理"融合的一种虚拟敏捷组织。

敏捷组织非常强调充分授权和下放权限，因此需要通过优化授权管理模式，科学地对敏捷组织进行授权，并通过恰当的监督机制来控制权限的滥用。

与数字化转型的实施路径一样，敏捷型内部审计组织转型可以先在敏捷项目小组内进行小范围试点，聚焦于敏捷模式下的项目组织结构、能力配置、管理授权、业务流程、绩效考核和创新驱动等方面，等到积累了一定的转型经验和丰富的敏捷资源后再逐步扩大变革范围。

2. 敏捷型内部审计人才

敏捷型内部审计追求"又快又好""灵活机动""速战速决"的审计作业模式，但是为了确保审计工作的专业水平和审计结论的准确客观，提高审计质量，则需要十分强大的敏捷型内部审计人才来领导和实施各种敏捷型内部审计项目。

常见的敏捷组织对市场、产品及开发人员的诉求加大，特别是复合型的"T型"人才需求缺口明显。敏捷型内部审计人才，也是具有"复合知识技能"＋"超强领导力"＋"高效执行力"的人才。

企业内部审计部门应该根据内部审计人员的能力和才华建立相应的管理机制，破除传统审计组织论资排辈的弊端，将业务能力扎实、管理能力突出的员工安排到敏捷项目主审计师等岗位。此外，要从政策、绩效和文化等领域鼓励内部审计人员从单一领域审计操作人员向复合领域审计专家转型。

3. 敏捷型内部审计流程

标准内部审计流程遵循审前准备、审计实施、审计报告、后续审计和成果运用五大主环节及其分拆项下的诸多细分环节，如中国内部审计协会发布的"内部审计具体准则"系统中规定的审计流程（审计计划、审计通知、审计抽样、分析程序和编制底稿、结果沟通、审计报告、后续审计、档案管理），这些流程基本上遵循着严格的先后顺序，类似软件开发总的"瀑布式"流程。审计流程的标准性和严肃性较高，适合成熟稳定、风险较大或者时效要求低的审计项目。

数字化时代所提倡的敏捷审计流程则是对标准审计流程的各种合并和简化。例如，将审计计划与审前分析合并，将风险评估贯穿准备、实施和报告阶段，将审计通知直接删除，并入审计执行等。

敏捷型内部审计流程的设计多种多样，但是最为核心的领域则在于审计执行过程中的敏捷。具体来说，一般审计执行包括调研访谈、资料采集、资料分析、数据分析、问题识别、证据采集、问题确认、问题报告、底稿编写和确认、报告编写和确认等诸多子流程。敏捷流程一方面可以对上述子流程进行整合处理，减少流程节点；另一方面可以基于流程分解审计模块，通过迭代式进行操作；此外，还可以同时进行流程整合和模块迭代式作业。

4. 敏捷型内部审计工具

同信息系统开发过程中的敏捷转型一样，内部审计的敏捷操作也需要相关的工具进行辅助。实践中，常见的敏捷审计工具有工作看板、工作仪表盘、项目视图等。不同于敏捷 IT 开发中研发出了相关的系统，如与 DevOps 匹配的项目管理系统，当前还没有敏捷型内部审计管理系统。对于大型企业的内部审计部门来说，由于内部审计人员规模较大，每年处理的审计项目较多，可以考虑在现有审计管理系统中增加敏捷管理的模块；与之相对，中小型企业则使用普通敏捷工具即可达到管理目的。

5. 敏捷型内部审计考核

纵观当前各种企业的绩效考核模式，我们认为互联网和科技公司的目标与关键成果（Objective and Key Results，OKR）考核机制是最适合敏捷组织考核的。借鉴领先企业 OKR 管理和考核方法，内部审计部门可以在 KPI 考核的基础上实施基于 OKR 管理的新考核机制，比如建立以敏捷型内部审计团队为单位、基于审计项目整体目标和完成情况的 OKR 考核体系。

OKR 管理的执行方式可以让工作更加灵活，避免机械呆板，允许更多的不确定性，更有助于员工和组织创新。在这种考核体系下，项目成员考核一般由项目组整体目标完成情况和个人目标完成情况两部分组成。OKR 管理实行的前提是员工具有高度的合规性、主观能动性、创造性，并且具有较高的职业道德素养和突出的专业技术能力。如果内部审计部门的整体目标、自控能力和审计素质不高，需要审慎考虑运用此种方法。

5.5　数字化内部审计

企业实时监控的有效性和管理风险给内部审计提出更高要求。数字化内部审计可以及时地识别、量化与报告管理的薄弱环节和高风险领域，能让内部审计对企业的行为和业务交易进行全面的审计，而不局限于传统的抽样和人工测试的审计。同时，数字化内部审计也能更及时地提供有价值的信息以支持管理层决策。

5.5.1　数字化内部审计概述

数字化内部审计一般包括在某一个业务流程环节，基于一系列既定的目标和规则，利用数字化方法和工具采集数据，对所有交易事项及信息系统活动进行全面测试。常见的数字化内部审计有：实时监控平台交易新客户创立的时间段以及在不同地区（城镇）的分布情况，业务实质的合理趋势匹配，等等。例如，财富管理平台的交易时间在深夜和凌晨时分更多，或者大量集中在人口或客群相对较少的地区，这些都可能是异常情况。实时监控是数字化内部审计的一种体现形式。取决于不同的业务模式、业务和控制的规则，以及相关测试的指标区间，发生异常情况就可以自动提示管理层。数字化内部审计体系如图 5-3 所示。

场景设定	指标搭建	数据分析	风险预警
根据业务特征，关注高风险环节；通过流程挖掘，识别异常流程与舞弊场景	了解各个流程的数据及系统结构特点；理解数据表结构、表间关系、字段含义等；设立重点分析指标	建立指标数据总览；对指标数据进行分析（时间序列变动、趋势、波动等）	根据风险偏好和风险容忍度设置阈值，界定红、黄、绿灯，对风险进行预警

图 5-3　数字化内部审计体系

近年来随着 RPA 技术的普及，内部审计的执行工作的效率进一步大大提升。例如，某三甲医院的内部审计部门对药品采购做审计，传统的方法主要是人工检索和比对不同地区的药品招投标的价格，做相关分析，但无法保证审计的效果（全面和准确）以及成本效益（投入大量人力）。而如果借助 RPA 实施这项工作，可以 24h×7 实时进行，网上基本的公开信息都可以自动检索，同时把内外部信息记载在数字化内部审计测试工作的表格中，实现完全的自动化测试工作，从而极大提升覆盖率和实效性，而且接近"零成本"（除了 RPA 实施及软件使用费）。

数字化内部审计给企业带来的价值主要包括以下方面：

- ❑ 更主动地加强对运营效果和趋势的分析。
- ❑ 降本增效，减少了内部审计不必要的投入，也加强了对风险的控制。
- ❑ 大大提高了对环境、业务及合规风险的把控能力，以及财务报告的可靠性。
- ❑ 可更早发现异常行为、非正常损耗、违规和舞弊行为，以及时推动整改。
- ❑ 通过提高内部控制监督的效率，降低合规成本，以及可以把内部审计资源更多地投放在高风险领域。

在数字化内部审计领域，新兴还有企业治理、风险和控制（Enterprise Governance，Risk and Control，E-GRC）平台。普华永道 2021 年亚太地区企业管治及风险合规洞察调研提出，采用一体化的平台，可以将多个风险及合规领域的运营流程整合为一体，整合范围不局限于单一的流程，而是囊括整个企业的所有活动和所有风险。采用一体化平台可以汇总整个企业的风险和控制信息，确保企业遵守了相关法律法规。

5.5.2 数字化内部审计的构建方法

构建数字化内部审计，是基于对业务场景的深入理解，通过搭建反映控制和管理健康情况的监督指标，进而了解数据来源和数据结构，进行数据分析、找出业务洞察，并针对可能的不良事件或异常趋势发出预警。以内部审计对销售流程的反舞弊审计为例，从以下六方面介绍数字化内部审计的构建方法。

1. 场景设定

首先梳理被审计单位的经营业务特点和业务流程，在识别业务流程控制活动以及判定具体业务场景之后再进行内部审计活动。内部审计人员应根据业务特征，关注高风险环节，排除正常商业活动因素，识别出异常流程与潜在的舞弊场景。例如，公司对经销商存在扁平化要求，若部分区域的产品经销商过度集中，易引发经销商的舞弊行为。

2. 指标搭建

根据设定场景，了解该场景相应的数据流转以及所涉及系统的结构特点；进行数据探源，了解预计指标搭建所需数据表结构、表间关系及字段含义等；确定指标搭建所需字段，搭建重点分析指标。承接上例，公司可以设置"经销商集中度"作为预警指标。

3. 数据分析

获取搭建指标可用的期间历史数据，按数据性质使用恰当的数据分析方法（如时间序列变动分析、趋势分析、期间波动分析等），识别指标变动特征；结合业务场景特征、数据时间变动及业务发展情况，细化所构建指标的统计口径维度（如时间、产品、地域等），判定异常数据或非常态数据表现。

4. 风险预警

根据不同时间的数据历史表现、风险偏好及风险容忍度，设置不同程度的单个指标预警阈值或组合指标预警阈值，根据界定的不同阈值对风险进行预警。指标监控体系的搭建是一个需要不断完善优化，同时根据不同时期的风险偏好持续调整的过程。指标监控体系的持续优化步骤以及程序如下所示：

第一步，通过历史数据分析及调试，初步建立指标监控模型。

第二步，通过对回溯结果、历史风险事件及最新风险事件的发生情况进行分析，对模型进一步调优。

第三步，根据初步指标监控结果及公司的经营策略变动，更新风险偏好或风险容忍度。

第四步，根据更新后的风险偏好或风险容忍度调整指标阈值，优化指标监控模型。

5. 审计执行

根据风险预警情况，采用非现场、现场或者两者结合的方式执行具体的审计，并且充分利用数字化方法（如结构化数据分析、非结构化数据分析）和工具（如审计分析模型、审计软件、数据分析软件、RPA 工具）开展审计检查。

6. 审计报告

首先，设计标准化、格式化、参数化的审计报告；其次，通过系统自动采集审计执行的数据和结果，自动化生成审计报告；再次，人工对系统自动生成的审计报告内容进行补充和复核；最后，一键生成最终的审计报告。

5.6　智慧型内部审计

内部审计的检查方法经历了人工抽样、数据库辅助审计、连续性审计、人工智能辅助审计等不同的技术发展阶段。如今智慧型内部审计是与时俱进的创新审计理念，是审计发展的高级阶段。它历经传统内部审计、数字化内部审计的发展和变迁，充分运用大数据、区块链、人工智能、云计算等创新技术和分析方法，实现全新的审计作业方式和价值输出。

5.6.1 智慧型内部审计概述

智慧型内部审计以人工智能模型为核心，从把基础性、重复事务借助新技术"自动"完成，到构建各种知识图谱和内部审计模型工厂，通过人工智能"自主"审计，极大提升了审计效率、降低了审计成本。常见的智慧型内部审计的应用如下所示：

1. 光学字符识别技术

光学字符识别（Optical Character Recognition，OCR）技术作为一个将图片信息文本化，获取文字及版面信息以供审计的技术，能够快速处理大量的文本信息，提取丰富的审计数据。例如对合同履约进行内部审计时，可通过 OCR 技术提取合同文本的主要条款进行分析。同时，OCR 技术可支持其他审计技术（如 RPA）的应用，典型的应用场景如运用 OCR 技术读取增值税发票上的关键信息，再借助 RPA 将这些信息与税务机关的发票信息比对。OCR 技术的应用大大减少了内部审计人员分析和处理文本的重复性工作，从而有更多时间用于专业判断。

2. 网络爬虫技术

网络爬虫技术是成熟的互联网搜索技术，指借助设定的规则（脚本）在互联网上自动搜索和抓取信息。在内部审计中的常见应用是，借助网络爬虫技术与语义识别，在互联网上进行海量的数据收集。例如，内部审计人员在对外部规定处罚风险进行评估时，可以通过网络爬虫技术在监管机构的公开信息中收集行政处罚信息，并把处罚事项和依据进行归类。这样可以更好地识别合规高风险的领域，有针对性地设定审计策略。网络爬虫技术极大地扩展了内部审计的信息来源，以便其更及时地获得最新的信息，为内部审计工作的实效性提供更好的基础。

3. 自动语音识别技术

自动语音识别（Automatic Speech Recognition，ASR）技术可以把语音中的词汇内容自动转写、分析，帮助内部审计人员提升审计覆盖率和降低人工成本。例如在对金融机构的消费者保护领域进行内部审计时，可以通过 ASR 从与客户的营销通信记录中提取关键信息，与消费者保护的内外部规定做初步匹配分析，从而大大增加审计的样本量、提高了审计效率。

4. 复杂数据分析

企业经营管理形成了大量不同形式、多维度的数据，这些往往是非结构化的数据，对经营分析带来的价值较低，也提供不了对企业管理问题的洞察。复杂数据分析（Sophisticated Data Analysis）可处理多种类型的数据，包括结构化、非结构化数据，以及图像、影像等信息。例如，某内部审计部门在对销售渠道的特殊价格折扣的控制进行分析时，对全国各地的上千名销售人员提出的特殊折扣申请和对应的销售规则、场景做分析，借助算法和深度学习技术对分析模型不断调优，找到审计的线索和疑点。

5. 知识图谱技术

张庆龙和邢春玉（2020）提出可以通过知识图谱技术，将企业海量且繁杂的数据内容整合为一个知识网络，从而突破关系型数据库的限制，更精准、迅速地攫取数据价值，提高内部审计的效率和精度，为企业打造更加高效、专业的风险管理方案。例如，某商业保理机构从事某房地产企业上游施工方、材料供应商的应收账款融资的再保理业务，其风控部门借助知识图谱技术，建立了对该房地产企业及上游企业经营状况、流动性风险等的企业画像模型，从大量数据中找寻关键的项目风险评估依据，并建立行业分析数据库，向更多银行合作方提供服务。

5.6.2　智慧型内部审计的构建方法

归根结底，智慧型内部审计需要在不同适用场景使用智慧型内部审计应用来落地实施。结构化的构建步骤及方法是落实智慧型内部审计的核心要件，可以大大提高智慧型内部审计的效用。

1. 目标分析

通过对最终审计目标的分析，分解达成目标所需的内部审计步骤，发掘智慧型内部审计应用的目标使用场景。例如，某大型电子商务平台内部审计部门的审计目标为发现员工舞弊行为。分解该项目审计步骤，需要对特定时期进行异常订单识别，大量的在线订单识别分析是智慧型内部审计典型的适用场景。

2. 技术选择

通过对目标场景的特征分析，选择适合智慧型内部审计的应用进行试点，验证该应用在该目标场景的适用性，以达到更好的智慧型内部审计效果。例如，针对需要在互联网搜索大量信息的场景，应使用网络爬虫技术而非知识图谱技术。

3. 使用技术组合

对相关技术的组合使用，能够更充分地发挥及体现智慧型内部审计的优势，提高审计效率并降低审计成本。例如，先通过光学字符识别技术、自动语音识别技术对文字和语音信息进行转换，再通过复杂数据分析处理大量非结构化数据的数据关系，从中找到审计线索。

4. 构建智慧型内部审计体系

随着企业持续的转型升级和数字化改革的深入，智慧型内部审计需要建立完整的体系以提供持续有效的保障。结合上述的三步工作，从业务规划出发，结合新业务、新产品、新系统和新技术，制定内部审计智慧工作的技术方法论、模型库和优化管理、内部审计系统的实施和迭代，人才技术的培养机制，以及智慧型内部审计和其他内部审计工作的相互支持等。

智慧型内部审计的应用实例：近年来，越来越多的内部审计部门在智慧型内部审计方面加大了建设投入，例如腾讯公司内部审计的八卦炉（智慧审计中台）、千里眼（合作伙伴风险画像）、火眼（信息安全产品）、赤瞳（灰黑产风险画像）、慧眼（敏感岗位画像）、金睛（反洗钱画像）。大型集团的智慧型内部审计工作首先应用于自身的内部审计业务，也逐步将其商品化，并推向市场。

腾讯公司内部审计部门在进行智慧型内部审计产品设计时，核心理念有四个，分别是风险传感、智能识别、风险视图和全民接地，其拆解与描述如图 5-4 所示。

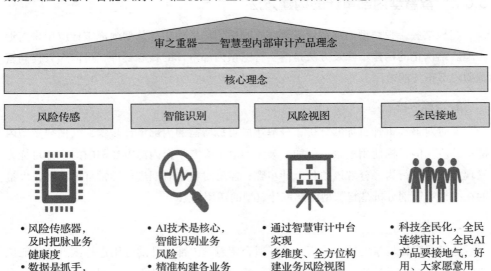

图 5-4　智慧型内部审计核心理念的拆解与描述

（1）风险传感　腾讯公司管理层一直希望其内部审计可以起到风险传感器的作用，把业务可能发生的风险及时、准确地传感出来，以便及时向管理层进行风险提示与建议。因此，腾讯公司的智慧型内部审计产品的首要功能和作用就是作为风险传感器，及时把脉业务风险和健康度。那么又该如何做到风险传感呢？腾讯公司给出的答案是，数据是抓手，审计是手段。这就决定了腾讯公司的智慧型内部审计产品必须基于大数据分析技术，结合具体的业务场景和审计手段，及时发现并传感风险。

（2）智能识别　智慧型内部审计产品最核心的功能是进行风险识别，而风险识别类型可划分为人工识别、自动识别、智能识别。腾讯公司的智慧型内部审计产品需要支撑三类风险识别手段，其中最大的亮点是智能识别。如何做到智能识别？AI 技术是核心。通过 AI 技术与系统规则以及人工的专家经验沉淀综合应用，做到智能识别业务风险，精准构建各业务要素的风险画像。

（3）风险视图　构建动态、精准、全面的风险视图是内部审计工作或风险管理工作最终追求的目标，风险视图的功能通过智慧型内部审计中台（八卦炉）来实现，而要实现动态、精准、全面的风险视图，前端需要做很多工作，包括业务的全局视图、业务的固有风险情况、相应的业务风险变化情况、相应的控制水平、过往的审计与风控工作覆盖情况等，这些都需要通过智慧型内部审计中台（八卦炉）来逐步积累、沉淀与实现。

（4）全民接地　全民接地理念其实是指全民化和接地气。全民化是指在内部审计团队实现科技全民化、全民大数据分析、全民连续审计、全民 AI。所谓的全民 AI 并非人人都要学会技术、学会 AI，而是要有科技的意识，时刻有用科技手段解决问题的意识、想法。接地气是指智慧型内部审计产品的设计理念需要接地气，做出来的产品要真正解决用户痛点，体验好，大家都愿意用。

内部审计数字化核心能力建设

内部审计数字化的核心能力包括内部审计的战略管理能力、公司治理与组织变革能力、人才管理能力、业务管理能力、风险与内控合规能力、数据治理能力、信息科技能力、信息安全保护能力、创新管理能力和内部审计文化构建能力等。在企业数字化转型进程中，内部审计也需顺势而为，加强各项核心能力的建设。

6.1 战略管理能力

战略管理是企业经营的重中之重，一般都是自上而下进行的，从企业顶层管理体系设计开始，既有企业级战略，也有事业部、业务单元的战略。战略管理往往是内部审计重点关注的领域之一。数字化转型是近年来企业最重要的发展工作，内部审计也应在这方面加强能力建设。

1. 内部审计的战略管理

企业的数字化转型有不同的驱动力，如战略、技术等。内部审计的战略引领，是建立在对企业的数字化转型战略的重点及优先工作的充分理解上的。建立成熟的内部审计数字化战略，可以通过以下五个步骤进行：

1）制定内部审计数字化战略的实施路线图，对比目标和现状做出差距分析。

2）了解和分析成熟技术（例如 RPA）的应用和创新技术（例如 AI）的应用。

3）制定速赢目标和优先任务，对数字化能力的建设进行规划。

4）争取资源，获取内外部的人才资源，获取各项重要的数据资源以做分析和审计。

5）保持内部审计数字化战略与企业战略相匹配，以便利用企业的边际效益和资金投资。

按转型力度和发展水平，企业内部审计职能大致可分为领先者、追随者和观望者三个层级。普华永道发布的《2018 年内部审计行业状况研究》发现，领先者往往全面运用新技术，重视战略部署，并给予适合的预算支持，以促进企业内部审计数字化能力的提升。

处于领先者层级的企业的优势如下：

（1）领先者善于运用技术工具　领先者善于运用所有的技术工具，而且会使用比其他同行业者更复杂的技术，但是它们取得这一地位靠的并不是临时策略或某种技术，而是将明确且长期的人才和科技战略纳入内部审计战略计划之中。事实上，85% 的领先者在内部审计战略计划中关注科技应用，而这样做的追随者和观望者分别仅有 61% 和 38%。

（2）领先者的战略部署非常有逻辑性　领先者通常从内部审计的目标开始着手。领先者确立的目标及之后所做的决策都围绕在哪里使用何种技术，以及如何根据使用的技术调整人员。领先者总是保证其内部审计的科技路线同企业的科技路线相匹配，以便利用企业的边际效益和资金投资。通过这些成熟的战略，领先者的内部审计可以为其带来更多效益，并为未来灵活应对新兴科技打下基础。

（3）领先者的工作或职能有预算控制　在经济不稳定期间，企业会对每一项工作的成本更加关注，使每项工作或职能都有预算控制。管理层更倾向于用考核业务职能的方式来考核内部审计部门，例如从战略价值及运作成本的维度等来衡量内部审计部门的表现。帮助内部审计转型有成熟的方法可遵循，可以借鉴精益管理的理念来优化内部审计的流程，实现降本增效。

2. 战略管理的运用

战略管理一般包括战略分析、战略规划、战略执行和战略评价四个主要环节的工作。内部审计部门需要建立以上能力并将其运用到数字化内部审计当中，进一步推动内部审计的数字化转型。

（1）战略分析　战略分析是通过分析和研究内外部的经营环境影响，挖掘企业核心竞争力，确定企业使命和发展目标的管理工作。内部审计可运用 SWOT 分析方法，分析影响其数字化战略的主要因素，例如已拥有的信息技术、已具备的内部审计数据基础、企业的信息技术支持能力、企业文化对变革管理的支持、人员的数字化能力、企业财政资源投入等。

（2）战略规划　战略规划是结合内外部环境分析和资源配置情况，确定集团及业务单元的发展方向、战略目标，对战略实施建立保障运行机制的工作。内部审计一般也做三年的战略规划，结合企业的中长期发展计划，对被审计对象（业务单元、业务流程）制定审计的时间及资源（人力和技术）规划。内部审计也应对自身的数字化转型做出整体规划，包括获取数字化和智能化技术的方式、技术应用在数字化中的适应性、所需投入的企业财政资源和投入周期，以及数字化人才的重点培养等。

（3）战略执行 战略执行是指通过企业有效组织生产经营资源，按既定的战略规划和商业计划，采取行动和举措达成战略目标的工作。对于数字化战略执行，内部审计部门也需制订和执行具体的行动计划，例如打通内部审计系统与业务系统的数据接口，建立内部审计数据湖和部署审计模型，推动数字化内部审计成果在业务上的应用等。

（4）战略评价 战略评价是以企业总体发展战略为目标，以业务单元战略规划、战略梳理、战略检讨体系为主体，通过关键业绩指标体系（KPI）等形式对业务单元的战略执行和经营业绩情况进行评价的工作。可以对内部审计的数字化转型建立相应的战略评价机制，对转型所设定的技术标准、模型建设的达成情况，内部审计工作所实现的数字化和智慧化程度，内部审计人员对新技术的使用程度，被审计单位、高层管理者等对内部审计数字化成果的认可等进行评价。

6.2 公司治理与组织变革能力

公司治理与组织变革能力体现了内部审计职能适应变化、及时改变，以及更好地向利益相关者提供价值的能力。成功转型的内部审计职能有可能成为公司数字化转型有力的"助推器"，帮助公司在当今更复杂且充满未知因素的环境里更好地管理风险。

公司治理与组织变革的运用

数字化转型可能给内部审计带来颠覆性的变化，传统的内部审计职能组织架构的构建要素已不完全适用了。RPA、大数据分析、人工智能等技术的应用将很多传统的内部审计工作转为线上。例如一些大型综合保险集团已经实施落地审计模型，实现了90%以上的内部审计工作实时、线上化处理。内部审计职能也更多集中在内部审计模型团队和创新研发管理团队中。

公司对内部审计的投入产出比有越来越高的期望，内部审计职能需要重点关注变革的能力。变革往往需要有不同的推动力，例如近年常见的"转变的引领者""新技术大拿""数字化卓越中心"等角色。

（1）转变的引领者 转变的引领者是指在公司的内部审计部门里，发现和培养有数字化能力的人才，并让他们在业务单元里鼓励和带领其他人主动转变，提高数字化能力的角色。内部审计部门可以采取灵活的方式来培养内部审计人员的数字化能力，例如组织学习会、兴趣小组，开设数字化的"游戏"培训教程，等等。同时，内部审计部门的创新项目也可以由这些转变的引领者担任项目负责人，发挥他们的管理经验并推动快速创新。

（2）新技术大拿　随着新技术的不断发展，内部审计部门也要重点培养新技术大拿，例如模型专家、数据分析技术专家、精益管理专家等。专家是稀缺资源，大型的企业集团往往在多业务板块或多地域运营，其所需要的不同类型的专家更多。而这些专家往往难以在各层级的内部审计部门中独立培养。所以，在内部审计部门可以建立"新技术大拿"机制，集中人才资源并进行重点投入和培养，更好地发挥内部审计的技术优势。

（3）数字化卓越中心　数字化卓越中心也是近年流行的组织机制，由有专长的人才团队组成，这些人才往往擅长专项复杂的领域。公司的组织规模越大，涉及的业务领域和地域范围越广，就越适合运用数字化卓越中心的方式来迅速和集中地建立能力。随着公司经营和工作方式的变化，数字化卓越中心将来会成为普遍的运作方式。在建立内部审计的数字化卓越中心，进行信息系统和审计模型的开发时，应关注以下方面：

1）相关性：保持与最新市场趋势、新兴客户需求、前沿技术能力和数字化生态体系的相关性。

2）敏捷性：灵活应对快速变化，通过转型举措实现对企业各业务板块、职能的支持，并采用新兴的数字化人才管理模式。

3）连接性：与企业内的各业务条线、各业务单元、各数字化社区紧密合作。

4）可扩展性：搭建一个集中的平台化组织，提升数字化技能，研发数字化产品，协同数字化合作伙伴，响应业务需求。

数字化卓越中心可以更方便、快捷地为内部审计提供服务支持。例如某大型金融集团建立的数字化卓越中心，主要负责管理集团数据集市，构建下属不同业态的专业公司的经营分析数据，可以按内部审计的需要进行实时数据提取并生成报表，以及在不同系统之间进行数据核对和编制例外分析报表与报告等工作。

6.3　人才管理能力

领先的企业都会重点培养数字化领域的人才。然而因为这些人才往往是稀缺资源，一般的企业都难以维持较高的人才比例。对于内部审计来说，掌握传统人力资源主要范围工作的知识，在人才计划、人才培养、薪酬和福利、绩效考核和员工关系管理方面是十分有用的，除此之外，还需要了解人力资本和人才赋能等相关知识。

在数字化时代，传统的人力资源管理将更加专注于人才管理，内部审计首先需要了解主要的人才类型，然后结合企业自身情况充分运用各类内部审计人才，恰当地进行人才管理变革。

1.内部审计人才类型

大型企业的内部审计人才一般包括职业型审计人才、业务型审计人才和专业型审计人才。内部审计人才类型见表6-1。

表6-1 内部审计人才类型

人才类型	获得机制	人才特点	擅长领域
职业型审计人才	从专业审计机构，例如会计师事务所、咨询公司成长起来的长期从事内、外部审计的职业审计人员	对审计方法论有深入的理解，审计经验丰富，内部审计专业水平高。能够对经营的全局、重点风险领域进行管理	通常擅长整体的内部审计职能管理，把控部门定位、质量标准及项目群管理等，财务报告、内部控制、管理绩效等的内部审计会执行得更多
业务型审计人才	在企业业务部门、职能部门成长起来的职业经理人	对经营管理、业务流程的不同领域有丰富的实践经验，对解决企业经营的痛点、难点问题有心得，掌握一定的审计理论知识和方法	通常擅长在战略规划、运营管理、供应链管理、研发管理、销售和市场营销等领域开展审计工作
专业型审计人才	专门针对新兴领域培养的审计人才，例如针对信息科技、数据建模、数据分析、新兴技术（区块链、人工智能等）、环境–社会治理（ESG）等领域培养的审计人才	这类型人才随着新兴领域的发展而出现，一般是从外部直接招聘，或在内部重点培养（取决于内部对新兴技术的支持能力）	在新兴风险领域开展审计工作，带领内部审计部门的创新研究，例如以数据挖掘推动的持续审计，建立内部审计的数据中台、审计模型等

2.人才管理的运用

（1）普华永道2018年内部审计行业状况研究发现（一）

领先的企业在科技投入与人才投入两方面双管齐下，推崇科技与人才策略共同发展。科技正在改变整个内部审计的人才模式。人才的稀缺性主导着科技决策，反之亦然。之前由内部审计人员完成的某些机械性工作现在可以由科技代替，使得内部审计部门有余力和机会去关注需要人工判断的高风险领域。例如，如果机器人可以执行或协助原本由内部审计人员执行的合规性测试，如按照美国《塞班斯法案》或国内《企业内部控制基本规范》进行的合规性测试，那么资源就可以被投入到更广泛的职能领域。

在区块链、人工智能等颠覆性科技愈发普及的今天，科技与人才转变的审计方法论也需要进行重大调整。尽管区块链底层的复杂性和AI的自适性通过动态分解能给内部审计工作带来极大的提升，但它们运行的特点决定了内部审计人员需要参与到交易活动中进行监控。

由于在这两个领域中缺少相关的标准，内部审计部门缺少可以采用的审计框架和审计指引。为适应这种情况，内部审计部门需要将基本的方法论变得更具连续性、持续性，采用实时审计，对企业运用新技术进行业务交易保持有效和独立的监督。

（2）普华永道 2018 年内部审计行业状况研究发现（二）

在正确的人才模式架构的帮助下，内部审计能够加速企业从科技中获取收益，因此领先者正在不断将科技决策与人才决策进行融合。领先者不但善于运用科技，而且所拥有的人才远胜过其他同行业者：72% 的领先者擅长招聘、培训及合理分配人才资源，而追随者及观望者擅长这些的比例仅分别为 46% 和 29%。相较之下，缺少配套技能是观望者改善科技运用的最大阻碍。同样，在提高内部审计科技运用程度的过程中，获得更好的技能配置或者吸引更优秀的人才是企业的首选，相比拥有更多预算这一选项高出近 30 个百分点。

从一对一转向一对多的技能组合趋势。科技创新的速度和规模要求内部审计部门不再像以前那样，以个性化的技术来组织团队。传统的方法需要太多的人力，这肯定会产生过高的成本。每一个人都必须掌握高于 IT 一般控制的技能。在这方面，近 80% 的首席审计官表示，内部审计最需要拓宽或提高科技技能来满足未来的需求。内部审计需要风险专家的参与，他们对科技充满好奇，并且有想法和能力根据新兴科技与不断变化的企业风险进行改革。

上述研究发现对内部审计数字化转型的人才管理方面有很好的启发意义。现今的数字化人才是宝贵和稀缺的资源，其薪酬水平也大大提升。对一般企业的内部审计部门而言，外聘数字化人才是重要的投资，对一些企业而言甚至是奢侈的投入。加强在企业内部建立领域专家（Subject-Matter-Expert，SME）人才库是一个有效的做法。企业在数字化转型时，往往先在 IT 和前台部门投入更多的资源。在内部识别数字化人才，通过项目组织（例如专项审计）和虚拟工作组（例如审计模型开发）的形式，借助企业内部资源建立技术力量，同时组织内部审计人员的数字化能力培训，这是短期内快速获取数字化能力比较好的方式。此外，对于表现优秀的内部审计人员，特别是年轻人员，更有挑战性的项目（比如数字化提升的项目）是让他们保持高昂热情和增强归属感的好方法。对内部审计人员的数字化能力培养，既要建立专业人才，也要对全员的数字化能力（包括设计性思维、创新思维）进行持续的培养，这也是在内部审计工作中提高商业敏感度和洞察能力的方法之一。

3. 人才管理体系变革

在新人力资源管理理念下，许多企业在人才管理职能中通过"三支柱"变革，即设置 HRCOE[⊖]、HRBP[⊜]、HRSSC[⊜]，在传统六大职能模块之外构建一种新的人才管理体系。

⊖　HR Center of Expertise，人力资源专家中心。
⊜　HR Business Partner，人力资源业务伙伴。
⊜　HR Shared Service Center，人力资源共享服务中心。

人力资源的三支柱转型是实现人力资源数字化转型的有效方法之一。"三支柱"中的 HRSSC 作为人力资源共享服务中心，本身承担了绝大部分的人力资源事务型工作，与各项内外部数据、操作流程和信息系统紧密关联。一般来说，一个高效的 HRSSC 团队和系统平台可以直接将大部分人才管理工作进行数字化。

对于内部审计部门来说，既可以考虑在部门内部进行"三支柱"变革，也需要掌握"三支柱"的理论和实践知识，并将其应用到企业人才管理和审计活动之中。

6.4　业务管理能力

成熟的内部审计数字化转型往往会挑选重点和优先的业务领域进行试验，并及时展示转型试点的成功。以终为始，内部审计部门需要明确终极转型目标并持续推进，在初期的努力和尝试过程中，也应及时制定转型策略和控制转型成本。在转型初期建立快速和具象的成功，往往能增加企业内部对转型工作的认可和长期的支持。

内部审计的业务管理能力包括业务设计能力、业务操作能力和业务风险管理能力。具体的业务类型和业务领域由企业经营管理的性质和内容决定。例如对于商业银行来说，核心业务包括各项资产业务（如信贷业务、投资业务）、负债业务（如存款业务、对客理财）、中间业务（如支付结算）和表外业务（如承兑、保函、信用证）等。

1. 业务设计

业务设计是指创新和创造一个新的业务，模块内容包括但不限于业务的政策制度设计、业务组织和人才体系设计、业务流程设计、业务规则设计和业务系统设计等。内部审计需要尽可能地掌握企业核心业务的设计方法和过程，了解核心业务的模块内容。例如，商业银行信贷业务设计的模块内容至少涵盖信贷政策、信贷管理办法、授信操作流程和操作规则、信贷产品要素和结构、信贷业务会计核算、信贷管理系统等。

2. 业务操作

业务操作是指从执行层面按照业务流程和操作规程对业务进行操作。内部审计人员必须是懂业务的，对于自身审计范围内的内容应该比业务部门的人更加理解其实质、风险和价值，达到这一目的的基础要求就是了解、熟悉具体的业务操作过程。例如对于商业银行的信贷业务，负责相关信贷业务审计的内部审计人员务必清楚贷前调查、贷中审查和贷后检查的操作程序与操作规范。

3. 业务风险管理

在业务管理层面，内部审计数字化的重点是提高对业务风险和商业行为的洞察力，找出影响企业稳健有效运营的风险因素，以及对应的可分析的监督指标体系，通过数字化手段进行前瞻性的分析、预判、提示和跟进。

例如，以消费品行业的销售管理内部审计为例，销售领域的渠道管理往往存在以下几种类型的财务和舞弊风险：

1）未建立经销商入库尽职调查体系，如选择经销商时缺乏量化指标，公司内部可能存在经销商的关联方，等等。

2）销售人员将多个经销商的订单进行拼单报价，以牟取特殊折扣利益。

3）最终发货地址与订单地址可能不一致，导致无法监控"窜货"行为。

4）对含价格的销售合同进行评审时未执行适当的授权审批程序。

5）针对非标合同，事前审批没有留痕，没有采取事后审查等风险防控措施。

对于这些风险的审计工作，常规的检查方式往往覆盖面少，审计成本高。内部审计可以设立舞弊风险数据的监控模型来对舞弊风险进行监控：在对舞弊风险分析与舞弊场景分析的基础上，运用数据分析来关联分散的数据和信息，对数据进行清洗和筛选，锁定可疑数据，建立分析模型，设置阈值，从而实时识别舞弊迹象。图 6-1 展示了内部审计对销售数据分析和舞弊风险评估的基本思路与方法。复杂领域风险评估及指标监控体系搭建的基本思路如图 6-1 所示。

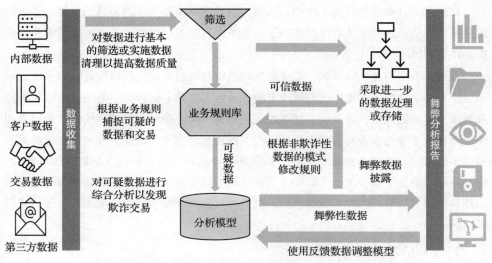

图 6-1　复杂领域风险评估及指标监控体系搭建的基本思路

结合上述的整体思路，可以通过以下"五步法"，从识别舞弊风险、评估现有控制的有效性、建立监控体系框架并搭建风险指标模型、建立可视化仪表盘到建立实时监控平台，对销售环节舞弊风险评估并建立指标监控体系。"五步法"示例如图 6-2 所示。

第一步 识别舞弊风险	第二步 评估现有控制的有效性	第三步 建立监控体系框架并搭建风险指标模型	第四步 建立可视化仪表盘	第五步 建立实时监控平台
采用审阅相关政策与指引、查阅管理文档、人员访谈、查看分析以往审计发现等多种方式识别出各个流程的舞弊风险。采用定性与定量相结合的方法评估舞弊风险，将风险划分为高、中、低三个级别	针对识别出来的风险点，从端到端梳理公司现有的舞弊防控措施和手段，并评估其从设计层面上控制舞弊风险的充分性	基于上述的风险评估结果以及对应的风险场景，并对销售数据进行调研，以此制定舞弊风险指标体系框架。在此基础上，根据驱动因素和舞弊风险管理偏好与目标，梳理风险指标，搭建舞弊风险指标模型	根据舞弊风险指标模型以及历史指标数据，建立指标可视化仪表盘，以此来显示异常交易以及潜在舞弊风险	根据风险管理偏好，设置风险指标阈值，建立与相关系统的实时数据接口，使相关数据实时接入模型，最终建立舞弊风险实时预警平台，对舞弊风险进行实时监控

图 6-2 "五步法"示例

6.5 风险与内控合规能力

在内部审计数字化转型工作中，风险与内控领域需要关注的是其仍然倾向于进行定量风险评估。这种做法有可能忽略了那些不太直观但仍然会给企业带来影响和负面市场预期的风险。

在财务和非财务风险领域，企业需要在战略和经营风险之间取得良好的平衡。董事会已经为企业制定了更广泛的风险范畴，确定了在数字化转型中会给企业带来挑战和更深远影响的风险，以及企业能够加强控制的风险。董事会和管理层通常会努力利用风险报告来推动企业行为的实质性转变，而不是将其束之高阁。这种更广泛的风控模式不仅可以减少企业的损失，还可以增加企业抓住风险带来的发展机遇的可能性。内部审计职能有更重要的工作，除了管理传统的风险控制领域外，还需要与管理层一起理解如何管理新兴风险、复杂风险，例如行业变革、技术创新、组织行为等带来的复杂性。

1. 数字化转型：延伸的风控

出色的财务分析能力和对风险承受能力的定义，可以为企业的商业表现提供更清晰的指引和更准确的预测与计划。许多企业已经制定了有效的机制来量化发生的风险并与同行进行比较,以管理自身的战略、运营和声誉风险。例如,信息系统崩溃或业务中断可以量化为经营损失。在声誉风险管理方面,一些企业在使用"利益相关合同"的方法,例如客户服务承诺以及可能的违约及影响,也可以看相关的"热点事项"在行业标杆企业的做法和影响。企业可以根据相关场景评估自身在这一管理领域的水平,以评估其在同样场景下的反应和控制影响的能力。数字化转型带来了更多的不确定性和新的风险,内部审计部门需要使用整合的风险管理机制进行整体评估。整合的风险管理机制如图 6-3 所示。

整合的风险管理机制							
战略及领导力		**责任和监督**		**人员及沟通**		**风险管理及机制**	
诚信与道德价值	传达愿景和目标	人力资源政策实践与绩效考评	权力和责任的分配	能力的承诺	信息与沟通	识别和评估风险	建立流程和控制
• 高层基调 • 个人道德实践	• 政策和程序 • 自上而下的战略协同	• 绩效指标 • 激励机制和纪律	• 分配任务所有权 • 履行职责	• 员工能力 • 培训机制	• 信息质量 • 自上而下的沟通 • 跨领域沟通	• 风险评估实践 • 风控工具和流程	• 流程可靠性 • 控制效果和效率 • 系统访问权限和安全

图 6-3　整合的风险管理机制

2. 对突发风险和新兴风险的防控

近几年,国内外政经环境的变化剧烈,企业的经营管理者都面临巨大的冲击和挑战,对风险管理的要求和期望提到了全新的高度。企业即使不能完全准确预测突发事件,但至少可以制订应急计划,以便快速做出决策。在现今社交媒体主导的时代,突发事件的影响可能超快速传播,所以应急计划还应包括对媒体及市场反应的及时关注和应对。领先公司的突发风险、新兴风险防控重点关注以下三个方面:

(1)识别事件　识别事件包括借助内外部数据,根据对历史经验的理解,构建风险预测模型,对风险指标及企业经营指标进行分析,辨别在传统的风控机制及企业组织汇报里没能提出的关联风险或风险的集中度。内部审计作为第三道防线,没有经营管理的利益冲突,能更为独立和客观地看待风险。同时,内部审计常常能获取企业更深层次和跨部门的数据资源，这都是识别风险的重要基础。

（2）升级响应　企业有不同类型的组织架构，既有扁平化的互联网大厂，也有层级化的央企国企。对潜在风险及意外事项的管理，需确保有系统化的沟通机制，以让企业内部能及时了解和理解"坏消息"，并保证其在组织架构里的有效传达和汇报。这也提出了企业内沟通管理机制的重要性，例如分类分层事件管理机制（包括处理的升级机制），以及一致的信息系统和数据标准等。

（3）及时处理　大多数企业认为自己有处理危机或业务连续性事件的能力，但较常见的情况是它们在新兴风险的持续应对方面都存在较多不足。例如，在综合财务应对及风险应对方面，尚未能将二者很好地结合。

3. 传统风险管理

由于内部审计的核心执业思想仍然是"风险导向"，审计对象主要是风险管理活动，因此内部审计人员必须掌握必要的风险管理能力，甚至要比风险管理部门更加懂风险，才有机会发现深度的审计问题并提出高价值的建议。风险管理的领域非常广泛，按职责和能力划分可分为多种类型，内部审计人员通常掌握其中一种或多种风险管理能力。常见的风险分类如图 6-4 所示。

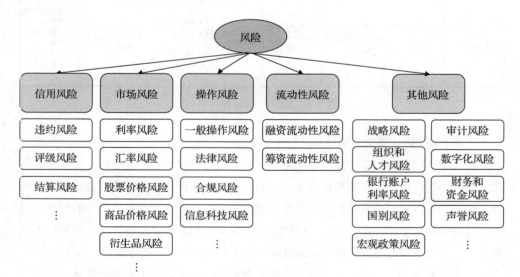

图 6-4　常见的风险分类

注：不同的方法论导致分类也不一样，特别是对于操作风险的下级分类有多种处理方式，例如随着信息科技及其风险的重要性日益突出，也可以将其单独列为一种大类风险，另外洗钱风险一般作为合规风险的下级风险。

6.6　数据治理能力

在一切皆可编程的万物互联时代，成功或失败的关键在于数据。确保企业自身的数据治理有效性、数据安全性以及发挥其应有的价值，对审计人员来说是一项具有挑战性的工作。审计大数据平台在未来几年是企业内部审计能力建设的核心，也是第一步。由于数据是构建审计大数据平台的基础，因此数据治理是这项工作中的关键。本节将探讨企业内部数据治理的五大能力，以帮助我们更好地理解应该如何加强数字化内部审计能力。

1. 治理目标与审计业务目标一致

审计数据的治理目标是什么？这是在审计大数据平台搭建之前要明确的问题。一般企业的数据应用和数据共享的前提条件是满足合规，以完成审计需求为目标，再从数据应用基础出发，将数据治理目标与审计业务目标对齐，进行统筹规划。数据只有在使用过程中才能体现其价值，如经济学中常说的"资金流动才能产生价值"。因此，审计治理数据目标是通过使用数据来实现审计任务。

2. 组织与人员能力

从职能角度划分，企业数据治理包含几大方面：财务数据、运营数据、业务数据、风险（安全）数据、客户数据等。审计数据基本上也来源于以上几个方面。考虑到数据治理为企业整体数据治理的一部分，对应的组织建设也必须遵循整体框架。数据治理委员会是大数据审计的最高决策机构，负责战略制定。人才是第一生产力，大数据审计是一个全新的领域，其对于人员的知识广度与深度的要求相对较高。传统的审计技能显然是不能支持的。企业应该重点培养自己的大数据审计人才，通过营造全新的大数据文化，使员工接受定期培训，帮助员工了解大数据，知道如何使用大数据，以更好地提供审计服务。

3. 制度与流程能力

无论规模大小，企业都需要明确其各领域的管理办法与规章制度。在数据治理方面，要清晰定义数据的使用、归属、管理等各方责任，确定数据治理工作相关各方的责任和关系。要明确专业人员的角色和职责，建立数据的定期审核机制。数据治理要起主导地位，贯穿数据的采集、开发、应用、传递、流通、消亡等阶段。业务部门应尽量参与整个数据治理的管理过程，根据业务流程梳理数据流向，只有这样才能将审计要求落实到具体的审计业务环节中去。

4. 分类分级能力

数据分类分级策略即根据数据类型和数据级别进行划分。数据分类即根据特定的规则和方式方法对数据进行分类，形成自有的数据分类模型。审计数据在任何企业中都需要保密。在企业数据的分类分级策略已经建立的基础上，制定审计数据的访问控制策略。需要对数据进行敏感级别划分，结合用户的角色访问控制矩阵，形成安全且合规的审计数据访问控制策略。数据分级分类策略的优势有两点：①它能够有效地防止非法访问及越权访问，还能高效地根据信任级别设定敏感数据的访问权限，因为灵活多变的访问矩阵可以节省大量的控制措施；②能更好地满足合规需求，可以增强企业的数字化和信息化能力，根据不同用户角色制定不同的数据访问级别，更加符合"最少获知权限""最少获取量"等的数据安全法律法规的要求。

5. 访问控制能力

基于企业创建的数据访问控制策略，因地制宜地创建适用于审计大数据平台的访问控制体系。根据每一类型数据的特点制定灵活多变的访问权限，如不同等级的数据对应不同等级的角色访问权，不同业务条线的数据对应不同的审计职能等。平衡用户身份管理、密码策略、访问控制策略及最小授权原则等方面以符合审计业务实际。让数据治理回归到审计业务中去，以达到数据使用的安全、高效、合规。

除了上述几个主要能力外，在企业数字化内部审计中，还应注意定期梳理日常审计数据。此部分数据也属于企业数据资产的一部分，数据梳理工作是治理的基础，也是内部审计数字化的前提条件。

6.7 信息科技能力

在数字时代，信息科技已成为各行业实现经营战略和业务运营的基础平台以及创新的重要手段。在企业内部审计数字化过程中，信息科技是内部审计赋能和引领企业发展的一项核心能力和转型成功的关键助力。

企业构建此部分核心能力时，内部审计人员首先需要知道信息科技主要审查的范围及关注点是什么。本节根据《商业银行信息科技风险管理指引》及国际信息系统审计协会（ISACA）定义的信息科技审计流程与方法论，从内部管理的视角，选取信息科技领域中内部审计需要掌握和了解的专业知识展开讨论。

1. 信息科技治理与管理

根据银监会发布的《商业银行信息科技风险管理指引》（2009），商业银行的董事会和高级管理层要根据本行的发展战略，运用先进管理理念进行信息科技治理和管理，推动强化信息科技实力和信息技术安全，使信息技术的应用效益最大化，持续提升创新能力，夯实可持续发展能力。

商业银行的信息科技风险管理第一责任人是其法定代表人。在不同类型非金融企业中，信息科技风险管理的第一责任人为企业最高领导人，一般情况下是董事会和高级管理层，也可以是企业法人或专管委员会。信息科技治理与管理从组织架构维度来看，必须有分管信息科技的领导、统筹工作的管理机构和总体管理策略，来统筹信息科技系统项目建设、组织和引领该企业机构的信息科技工作。最高领导人需定期回顾信息科技战略，确保科技战略与企业总体发展战略相一致。

在内部审计工作中，首要任务是审核信息科技管理的组织架构及其职责设置是否合理。

1）制定总体策略、规划，统筹信息系统的项目建设、组织，监督全企业的信息科技工作及与之相关的事宜。

2）配合风险管理部门，制定覆盖全企业的 IT 风险管理政策。

3）遵循企业审计章程完成下达的审计任务。

4）协助业务部门制定相关的 IT 业务程序操作手册和安全控制方法。

5）根据企业的总体发展规划，制定出 IT 发展规划，提出科技项目预算，并报董事会或高级领导层审核后组织实施。

6）根据 IT 风险控制策略，组织 IT 开发部门、IT 运维部门制定出各项具体的控制流程和管理制度，从安全性、业务连续性、外包服务、应急管理等各个方面控制 IT 风险。

7）定期向董事会汇报信息科技发展规划的执行状况、信息科技预算和支出、信息科技的工作状况及信息科技风险整体状况。

2. 连续性管理

在当前严峻的网络安全形势下，信息系统连续性是企业最后一个"保命"手段，任何时候都不应该被忽视。对于一般企业而言，连续性管理包括两个层面：一是系统层面，只涉及技术与应用系统范围，主要责任部门为信息科技管理部门；二是业务层面，由业务主管部门主导，其他部门配合，主要保障企业主营业务的连续性。在信息化高度发展的情况下，只保证业务连续性是不够的。进行连续性管理的组织架构至少应包括公司管理层、业务部门、风险管理部门、信息科技管理部门，其他职能部门可按需参与。

董事会和高级管理层应领导监督本组织信息系统连续性管理体系建设，审核表决信息系统连续性管理重大决策和指导意见，审核批准信息系统连续性管理策略和计划，保障信息系统连续性管理所需资源，批准与组织信息系统连续性计划的测试和演练，定期获取业务连续性相关报告，如系统连续性风险分析报告、重大信息安全事件报告、连续性管理战略和政策调整报告等。

3. 应急管理

突发事件处理水平反映了企业的综合应急管理能力。信息系统发生紧急事件或业务中断，是测试企业信息科技风险防范和处置工作是否到位的机会。在日常的应急管理工作中，预防风险事件的发生、事中处置和降低事件带来的损失，都是保障业务持续运作的重要手段。

应急管理团队应包括但不限于以下职能：主管管理层、执行团队、后勤保障小组以及其他配合部门。此外还应明确应急管理职责、应急管理制度、应急预案制定、外包服务应急，定期针对应急场景进行专业培训，并开展全流程或半流程的应急演练。当演练涉及应用系统切换时，应提前获取管理层授权并充分告知相关部门。此外，每次演练都需要详细记录过程，以便寻找不足并不断优化。

4. 外包管理

信息科技的技术迭代速度是众多行业中最快的，严重依赖信息科技的企业不得不将部分信息科技工作进行外包，这种现象已经成为一种常态。信息科技外包管理的主要目的在于定期审视机构的外包策略、原则和范围，以及其自身的外包需求和风险管理偏好是否一致。企业的整体风险偏好或风险策略是根据其业务特点制定的，当发生变化时，外包策略和原则也需要调整。在信息科技外包风险策略与原则已经确立的前提下，适当定义外包范围，明确哪些职能工作可以外包。然后基于外包范围制定相适应的管理制度和相应的风险防范措施。

体系化的外包管理制度和相对完善的外包服务水平协议是衡量 IT 外包管理水平的重要指标。信息科技外包是企业外包活动的一部分，其外包管理体系需要建立在整体外包活动的基础上才能更好地支持信息科技活动。在外包管理制度框架搭建前，需要明确四个方面：①明确外包业务范围，是将信息系统基础架构维护外包，还是将应用系统代码开发外包；②定义清晰的外包内容，如是交付式系统实施还是技术战略咨询；③定性外包活动类型，是驻场式外包服务还是远程技术服务；④明确交付物标准和验收条件，外包服务水平协议是企业与服务提供商共同商定的验收标准和条件，在签订合同时必须有清晰的交付物标准和验收条件。这样除了能确保在外包服务结束时成功验收，还能为企业节省大量的人力物力，避免不必要的麻烦。

外包并不是意味着万事大吉，管理层不应有甩手掌柜思维。特别对于银行金融业，银保监会明确规定：管理职责不能外包。除此之外，还应注意外包安全管理、驻场活动的信息安全及远程服务的风险管理、外包活动的风险评估、外包审批流程、外包应急计划、外包应急演练和外包合同等。

5. 系统开发与变更管理

信息系统能否稳定、高效地运行，取决于系统开发管理的优劣。若要相对准确地评估应用系统运行或上线后的稳定性及可靠性，需要对系统开发管理的全流程进行精确审查，这也是系统开发生命周期（SDLC）管理的核心理念。此种管理重点关注：系统开发团队的搭建是否符合组织的管理框架特点；系统变更管理的相关规定是否与业务风险策略一致；开发流程是否进行了全过程风险识别与管控；管理层是否充分考虑过信息科技战略规划及业务目标与系统开发的一致性；决策的制定是否经过充分的行业调研，是否有严谨的可行性分析和业务影响分析及成本效益分析，等等。通过对相关规章制度、管理规定、业务流程、操作指引以及日志的检查和分析，确保整个系统开发过程的合理性、高效性和安全性。

信息系统开发管理制度、开发流程和操作指引是保障和改善代码质量的基础。制度体系搭建的范围一般包括团队和组织架构、岗位职责说明及划分、各开发任务的流程和时间进度、代码质量复核和安全风险评估等。银行业金融机构的制度搭建，既要因地制宜也要与时俱进，即要符合自身实际情况和各项规章制度，也要保持先进性。照搬行业最佳实践没有实际意义，执行不了的制度只能是口号。整个制度体系需要得到管理层的审批和认可。只有在企业管理层带头遵循的情况下，企业其他成员才会遵守，制度才能发挥其有效性。

充分必要的系统测试和严谨有序的上线流程是保障应用系统进入生产环境后能稳定运行的重要因素。为了确保系统测试的结果是准确真实的，企业必须加强对系统测试充分性和系统上线流程完善性的管理。系统变更是连接开发和运维的中间流程，因此存在的风险和脆弱性是最大的。健壮的系统变更流程增强了对各类风险的预防能力，如完善的回退机制、双人复核机制、预生产环境机制等。重大系统变更和升级的管理尤为关键，该流程的管控力度和精细化程度应该比一般的变更管理的标准更高。重大系统的变更和升级，其重视程度应等同于新系统开发，才能防止正常的升级和变更对系统运行产生不良影响。通过检查企业是否建立了健全的变更制度，是否有良好的变更管理团队，是否对系统变更进行了充分的测试，是否对紧急变更做了良好的规范等，是否对系统变更的必要性、充分性和可行性进行了适当评估，从而加强对系统运行风险的防范。

除此之外，在系统变更管理过程中，每一个紧急变更请求都需要充分评估其来源的可信度。对于紧急变更的授权要有灵活的管理机制，才能确保变更的及时性和有效性，保障系统能在最短的时间恢复运行和最大限度地减少对生产业务的影响。需要注意的是，在灵活授权机制下所有紧急变更都需要完整地记录在相关文档上，并由相关负责人进行补签批准。完整详细的文档记录可作为紧急变更原因合理性的评估材料，也是后续开展审计工作的重要依据。

6. 系统运行管理

根据专业的数据统计机构报告，80%以上的故障事件是在系统运行阶段发现的。在系统开发生命周期管理中，系统运行阶段是持续时间最长，投入资源占比最大的，所以该阶段的管理是整个信息科技管理的重点。为了确保系统运维工作有序开展，需要制定详细的规章制度和便于操作的流程指引。操作流程说明应当明确定义信息系统与业务、信息资产与业务的关联关系，业务系统间的数据流向过程，任务分工以及操作指引细则，并确保操作员经过培训及考核通过后才能上岗。

从职责分离的角度看，企业应该根据实际情况对涉及信息系统运维的各个岗位进行合理设置。明确划分职权，系统权限要与实际岗位职责一致，坚持"最小岗位权限""禁止一人多岗""不兼容岗位不兼岗"原则，最大限度地降低系统层面的舞弊风险。同时，为了保证运维服务的连续性，要将双人备份机制应用于重要岗位和重要系统管理，若条件允许，定期实行轮岗、强制休假等机制；加强各类系统及数据库的授权管理；对系统性能实施全天 24h 实时监控，对于重要系统的性能参数，需要定期调整修正以达到性能最优，以便更好地支撑核心业务运作。

信息科技运行管理流程繁多，操作步骤详细且严谨：相关管理层应制定对规章制度执行情况的检查机制，定期开展执行效果的评估，确保规章制度的有效落实；对检查过程中发现的问题应及时向管理层汇报；定期排查单点故障、信息系统漏洞，在采集、传输、使用、存储、备份、恢复、查询、销毁等过程中对重要数据进行安全保护。

7. 灾难备份管理

通过系统和网络冗余、数据存储备份、数据处理能力备份等方式达到灾难备份（简称灾备）和恢复系统的目的，保障系统可用性。根据银监会印发的《商业银行信息科技风险管理指引》（简称《监管指引》），金融机构应根据自身实际情况和国家相关标准的合规要求，建立信息系统备份机制，定期对灾备系统进行有效性评估，比如灾备体系的整体管控措施是否合适，灾难恢复与数据备份项目的实施过程是否符合行业标准，灾备体系是否定期进行测试和维护以保证其可用性，等等。

企业应重视灾备计划，将其视为正式的信息科技项目，需要有完备的管理体系、应用架构、组织规划、技术应用、风险管理、业务影响分析、应急响应等信息科技战略规划的必备元素，才能真正发挥灾备的作用，因为缺少了以上任何一环，一旦发生意外事件，是很难保证业务能在短时间内恢复正常的，灾备计划也就成了一纸空谈。大型机构或有足够能力的企业，可以按照"两地三中心"的标准规划自身的灾备体系。

由于现实可操作性的原因，大部分企业不可能开展完备的灾备演练，但这并不意味着可以忽略该项工作。企业可根据自身的资源情况，选择范围较小的灾备演练，例如应用系统级别演练、桌面演练、沙盘演练等。从内部审计的视角来看，此领域的检查重点是灾难恢复策略的制定和灾备系统的维护更新，关注点包括：灾难恢复等级划分，根据突发事件的等级高低制定相应的恢复策略；资源成本与风险应对措施的平衡，根据关键业务的优先级规划所需资源的投入，并制定不同的灾难恢复策略；不同策略对应不同技术方案，严格论证和验证技术方案，正确安装和充分测试备份系统；明确定义恢复过程的流程任务、操作步骤、所需的数据和资源，参与演练的人员根据恢复计划在指定的地点、时间完成规定的流程和操作；最后根据业务系统的恢复点目标、恢复量目标恢复业务运营。

8. 新技术应用风险管理

在内部审计数据化核心能力的建设过程中，企业内部审计人员应该主动关注信息科技创新领域，例如新技术在应用中会遇到哪些风险，应该如何衡量企业引入新技术的实际效果。在近十几年出现的技术中，逐渐发展成熟的有云计算（底层基础架构）、大数据（底层信息支撑）、物联网（中间层链路融合）、人工智能（高级算法应用）等，较为新颖的有量子机器学习、生成式 AI、数据编织、区块链、数字货币、差分隐私计算、同态加密、元宇宙等。

在各类新技术中，大数据与云计算的应用程度相对较高。当前，云计算已成为大至国家政府、小至各行各业的数字化转型基础，如云服务器、云存储、云网络等；大数据一般用于进行分析决策、预判预警等，从而助力商业运作。在虚拟化技术发展成熟的背景下，大部分传统的科技应用可"云化"。这时内部审计人员需要了解新技术对企业的影响，在使用新技术之前先制定对应的管理流程，例如参照行业标准制定企业适用的云安全策略、云服务规范、云计算审计标准等。

特别需要指出的是，传统企业的工作模式已发生改变。例如，远程办公方式逐渐普遍，原有的集中办公模式变成混合办公模式，这对信息科技管理来说是个严峻的考验。同样，这对内部审计工作也是个巨大的挑战。例如，该如何评价远程办公系统的有效性、可靠性、安全性。

此外，还有 AR/VR、虚拟货币、元宇宙等新技术。新技术、新概念层出不穷，这需要我们保持一种包容的心态，对创新科技持续关注，积极拥抱新浪潮，借助创新技术为企业创新发展提供原动力。

6.8 信息安全保护能力

内部审计的数字化转型必然涉及对信息系统的审计工作。那么，信息系统审计如何开展才能达到数字化转型的目的呢？在回答这个问题之前，需要先弄清楚 IT 审计和 IT 安全审计的区别。IT 审计一般包括 IT 应用控制⊖和 IT 一般控制⊜。信息系统审计的常规工作内容包括 IT 治理、系统获取、系统维护、操作系统和数据库系统及应用系统的特权管理。查看信息安全（可用性、机密性、完整性）是查验上述范围的一个要求。而 IT 安全审计则重点审查信息系统的安全性，与 IT 审计在工作内容的侧重点上有所不同。

信息安全的终极目标是保障信息系统的三种属性——机密性、完整性和可用性（简称 C.I.A.）得到满足，在国家安全的层面加入可控性和可审查性（审计基本要素）。在对信息系统进行安全性审查的过程中，应重点围绕以上几点开展。信息系统记录的数据及围绕其开展的商业活动必须在安全保障方面有充分的可控性。企业所制定的安全策略和系统操作过程既要符合国家的法律法规与行业监管机构的要求，又要满足自身业务的发展需要。以下从这五个方面简单探讨企业应如何为其信息资产提供足够的安全保障。企业信息安全保护重点如图 6-5 所示。

1. 确保信息不暴露

无论是主动的暴露还是被动的暴露，数据防护问题一直是各行业机构的重中之重。实行有效的访问控制策略是防止数据泄露的最佳途径。它不仅能有效防止非授权用户对数据资源的非法访问与使用，还能确保已授权用户或系统进程的正常访问与使用。此外，为了保护数据的机密性，必须采取合适的加密机制，企业可根据业务特点选择不同的加解密算法。例如，某些业务的实时性要求较高，可采用对称加密算法，保证系统运行的高效和业务的快速响应；企业机密信息的加密保存可采用非对称加密（密钥的安全等级和强度较高）。

⊖ 信息技术应用控制（IT Application Control，ITAC），侧重企业内部控制运作。
⊜ 信息技术一般控制（IT General Control，ITGC），侧重企业的 IT 治理。

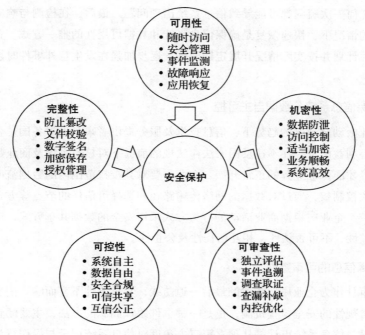

图 6-5　企业信息安全保护重点

2. 确保数据的完整且不被非法篡改

据统计，大多数的安全事件，如非法篡改发生在企业内部。非法篡改包括有意篡改和无意篡改，其中有意篡改即遭受内部或外部攻击而引起的数据修改，无意篡改即内部流程不完善或者操作不当导致的数据修改。数据完整性保护是从技术角度最大限度地防止对数据未授权的非法篡改和破坏的一种机制。一般先使用不可逆函数（一种离散数学理论，只能正向求解，不能反向逆推，例如散列函数，又称哈希函数）对数据进行特殊运算，得出一串消息摘要，然后对消息摘要进行数字签名，对其进行验证即可得知数据是否完整。该机制通常应用在企业数据库的使用过程中，并与访问控制机制及数字签名机制结合使用以保证数据完整性。

3. 确保信息随时可访问

在愈发严峻的网络安全环境下，数据访问的可用性越来越重要。信息系统或数据的可用性保证很大程度上取决于企业对安全事件的检测、响应与恢复能力。首先，企业应建立健全的安全事件检测机制，包括网络安全管理策略、常规的病毒查杀、系统升级和补丁管理等。其次，对于安全事件应制定清晰高效的响应流程。安全无小事，任何一次疏漏都可能导致信息系统出现问题。最后，在检测与响应不能达到理想效果的情况下，快速恢复是确保信息系统和数据可用性的唯一方式。企业需制订业务连续性计划并按实际情况开展定期演练，逐步加强在发生意外事件时恢复业务的能力。

4. 确保信息系统及数据自主可控

在商业活动全球化的趋势下，信息技术及服务提供者来自世界各国。企业需要从自身的核心利益出发，在不违反国家法律法规的前提下对核心系统及商业数据拥有绝对控制权，才能保证业务的正常开展。企业需要对其授权范围内的数据流向和处理方式拥有最大控制权，通过对数据的网络传输路径和选择可信任的节点等方式对信息流向进行管控。企业应根据商业活动的行为方式采用安全的数据共享方式，确保对共享数据的完整性、不可否认性、相互信任性及公正性。

5. 保障信息的可审查性

内部审计作为企业风险防范的最后一道防线，其重要性不言而喻。信息系统审计既是一种常规性的安全检查机制，也是一种事件跟踪溯源的方法，主要涵盖事前和事后两个阶段。信息系统审计是从独立第三方角度对信息系统记录与操作行为进行的一系列评估和检查，目的是验证信息系统风险控制措施的合理性和有效性，确保现行操作和流程与规章制度及整体信息科技策略的协调。有效的审计可以帮助机构充分评估风险损失量，发现问题所在并提供切实可行的解决方案，帮助组织纠正错误。信息系统审计的独立性可以确保问题发现的全面性和客观性，因此大部分企业设立了相对独立的内部审计部门。源于权威性的信息系统审计发现，很多难以解决的安全问题能得到处理，某些安全策略和解决方案只能借助审计的力量推动。因此，保证信息系统的可审查性是企业信息安全保护的一道重要防线。

6.9 创新管理能力

创新是企业发展的永恒动力，在企业数字化转型中产生了新的商业模式、业务协作和管理优化等，内部审计也需要与企业的创新步伐保持一致。内部审计首先需要全面理解企业创新的策略和重要举措，以及伴随而来的难以全面预期的风险。内部审计需要明确创新活动带来的风险，也需要理解企业创新对内部审计部门提出的要求和挑战。

首先，内部审计的创新能力表现在内部审计部门有明确的数字化转型目标和定位，并对新技术进行评估以找到最适合企业的技术组合。其次，内部审计的创新能力表现在高效地打造数字化的创新文化。最后，内部审计的创新能力还表现在能够及时寻找到适合新技术的评估方法。

1. 明确数字化转型的目标和定位

内部审计部门需要有明确的数字化转型的目标和定位，评价内部审计部门以科技为根基的部门定位是否实施到位。内部审计部门可以采用以下方法明确其数字化转型的目标和定位。

1）组织是否使用或计划使用新科技，如区块链、人工智能或机器人？

2）内部审计部门是否具有为该新科技提供风险控制建议的能力？

3）内部审计部门是否采用了协作、数据提取、分析和可视化技术？

4）内部审计部门是否将科技技能和技术蓝图作为其战略计划的一部分？

2. 打造数字化创新文化

越来越多的实践证明，那些成功进行创新的企业普遍具有愿意接受风险、项目管理灵活、团队组织敏捷、愿意授权和支持员工培训、协同和协作文化、致力于打破部门壁垒以及能够快速决策和应对挑战的特质，这些特质是企业投入创新活动和完成数字化转型必不可少的要素。普华永道思略特开展的一项针对2200多名高级管理层和经理的变革管理计划调查显示，如果公司的变革转型与公司文化相适应，则员工进行持续变革的可能性会增加两倍以上。

组织的敏捷性、合作制、创新力和时效性是打造数字化创新文化的关键影响因素，根据普华永道的观点和方法，结合我们的理解，企业可以从如下方面开展实践：

（1）制定总体创新策略　围绕业务创新和科技创新两条基本路线，从制度创新、管理创新入手制定创新策略，逐步形成企业的创新文化。企业的高级管理层应该作为先驱，充分发挥数字化的领导力，推动总体策略下的创新机制建设。

（2）成立创新敏捷小组　如今越来越多的企业开始探索和实施敏捷小组机制，并且已经具有许多成功的案例。常见小组分类形式有业务规划敏捷小组、产品创新敏捷小组、信息系统开发敏捷小组、数据模型设计敏捷小组、审计检查敏捷小组等。企业管理层应该支持建立跨部门的创新敏捷小组，鼓励员工创新和合作，向企业底层注入创新基因。

（3）利用数据分析创新　数据分析能使新的趋势、发展、创新方法和技术创新为企业管理层与分析人员所用。企业可以利用数据分析训练科学的创新和设计思维，帮助跟踪趋势，革新流程并明确与企业相关的战略目标。

（4）设置数字创新激励 很少有企业为创新设置激励，因而无法激发创新活力。科学、公平的激励机制是帮助企业有效达成创新目标的方法之一。适用方法有设立数字化创新奖励基金、进行数字化创新考核、采用排名机制等。

（5）创建卓越创新中心 许多创新和创造来自实验室，企业可以通过独立或合作的方式创建创新实验室，打造卓越创新中心，通过文化、流程、技能与管理的手段让整个企业随时可以实验和测试新概念，再将新概念转化为现实。

（6）塑造创新行为准则 企业应塑造与数字化新型能力相匹配的创新文化，把数字化转型战略、愿景和使命转化为全体员工自上而下和自下而上的价值观与行为准则，并利用数字化的工具宣贯创新行为准则、巩固数字化转型成果。

3. 寻找适合新技术的评估方法

在对新技术进行评估以找到最适合企业的评估方法方面，内部审计不需要立刻就掌握最新的预测或智能自动化技术。但是，它需要制定科技与人才的投资发展策略，将内部审计数字化从发展推入变革。就像我们作为消费者，跳过几代科技更迭而直接接触最新的技术，可能我们无法利用新的科技去解决问题一样，内部审计部门也需要通过不同角度去思考新的解决问题的办法，而不是小步缓慢发展，这样才可以推动科技与人才发展的进步。内部审计部门需要增强数据提取的能力来提高工作效率，其发展的方式是让员工参加更多 ERP 系统和数据平台的培训，这样员工可以自行高效快速地提取想要的数据。而变革的方式则是编一个机器人程序去提取数据，或者用机器人程序直接提取数据并填入工作底稿相应的位置来启动测试程序。

聚焦如何使用最佳的办法解决问题会让内部审计部门飞跃发展。内部审计部门需要对员工进行培训吗？可以用自动化技术来解决吗？能否让数字化卓越中心来协助？如果内部审计人员选择了其中一种方法，那么从原来工作中释放出来的时间、精力和资源是不是就能用来处理更复杂、更具挑战的风险？一个经过深思熟虑的策略可以将内部审计部门向科技引领的未来推进，并融合科技及人才共同达成内部审计的工作目标。

根据普华永道发布的《2018 年内部审计行业状况研究》，直接从业务或财务系统中提取数据并将其作为企业治理、风险及合规管理和信息安全管理的能力，使得内部审计部门在获取所需数据方面不但充分而且有效。超过 80% 领先企业的内部审计部门在数据提取方面非常在行。内部审计部门在利益相关者面前表现出的对公司系统的熟悉度证明了它们对于企业的付出和投入。光学字符识别及其他能够处理非结构化或半结构化数据的技术也是值得应用的技术，能够提升企业内部审计部门的工作效率。例如，通过应用光学字符识别技术及自动化测试机器人对合同条款进行审核，减少人力资源在辨别其与标准模板差异及检索相关审批记录等类型的重复性工作投入。根据普华永道的调查，那些拥有高水平数据提取能力的内部审计部门在企业中更受重视。接近 70% 善于运用数据提取技术的内部审计部门被认为更加重视并擅长招聘、培训和分配合适的人才，而这一比例比仅掌握基本数据提取能力的部门高 1/3。

6.10　内部审计文化构建能力

文化建设是企业长期发展的动力和源泉，成功的企业都离不开企业家的价值观和文化灌输。风险控制是每一个人的职责，应将风控融入企业文化里。风险管理往往分散在割裂的流程环节里，由于业务部门的目标和工作不同，往往会带来对风险管理的脱节。企业需要培养员工识别和应对的能力，无论是日常工作还是重要决策，逐步建立风险的"本能"反应，并逐步建立整合的指标体系以促进在风险控制及业绩表现中的动态平衡。

1. 数字化内部审计文化适应性

内部审计职能的数字化能力建设，既要加强"硬件"投入，更要注重"软件"的建设，这种"软件"建设极其显著地体现在企业内部审计文化建设能力上。内部审计数字化能力长期价值的发挥需要数字化审计文化的氛围发挥作用，在技术、方法、硬件上的投入只能实现速赢。企业人员的数字化水平，对新技术、新应用的好奇心，主动学习能力和勇于尝试的精神，将是企业保持长期竞争力的重要一环。

普华永道也在几年前开始进行自身的数字化转型，提高数字化服务的能力，它推出了数字化适应性（Digital Fitness）项目，致力于提升全体工作人员的数字化能力。数字化适应性项目包括一系列的线上培训，提供人工智能、大数据分析、区块链等当时的新技术的基础培训。同时，开发了 Digital Fitness App，给员工的数字化适应性程度做评估，以持续管理员工适应性的提升工作。这个 App 用年轻人最常用的数字化工具来做数字化培训，可以提升员工参与培训及分享的便利性。这款 App 后续还将进一步商业化，有偿提供给其他机构和企业使用。这既是生动、简单的数字化转型产品的例子，也让数字化适应性项目给企业贡献了更大的商业价值。数字化适应性可以作为数字化内部审计文化的重要指标，为内部审计文化能力建设提供方法和实践。普华永道发布的 *Elevating internal audit's rove: The digitally fit function: 2019 State of the Interal Audit Profession Study* 研究报告，提出了可以从以下五个维度评估内部审计职能的数字化适应性。

1）愿景和路线图：内部审计职能根据企业的数字化愿景制定自己的目标和实施路线图。

2）工作机制：内部审计职能具备必要的能力和工具，与其他风控职能共同协作。

3）业务运作：内部审计职能是否借助新技术不断提高工作效率。

4）服务模式：内部审计职能是否提供创新服务以支持数字化程度高的企业，能否用数字化的方式给决策者提供数据和分析。

5）利益相关者的共同参与：内部审计人员积极与利益相关者共创数字化的举措。

普华永道报告基于对近千家企业所做的各维度上的数字化适应性如图 6-6 所示。可以看到，领先者在数字化适应性上具备更好的愿景、更强的组织能力、更先进的工作机制等要素。领先者可在数字化转型中更快速地前行，更有信心做出风险决策并管理实施风险，以及获取更高的回报。

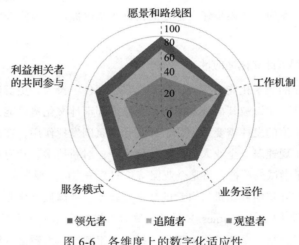

图 6-6 各维度上的数字化适应性

2.内部审计文化的构建

企业内部审计文化的基因，需要在战略及领导力、责任及监督、人员及沟通、风险管理机制四个层面共同建立。

（1）战略及领导力 企业管理者所制定的高层基调和他们对风险的理解与分析，通过深入浅出的实例在组织内传输。并且以身作则对风险及控制的尊重和重视，能让企业的风险文化深入人心。在向董事会报告和汇报内部审计成果时，运用智能化、互联互通的方式汇报重点事项，是管理层对数字化文化重视的展现。

（2）责任及监督 风险控制不仅是风控、内部审计部门的责任，更是每一个部门及人员的共同职责。企业应定义"风险所有人"及其对风险负责的事项，通过考评结合，促进风险管理水平的提升。当一线最接近客户和市场的员工都被鼓舞起来，把理解和关注风险作为职责之一，并积极在企业内部有效沟通，就已经把风险防线前置到了风险的源头了。

（3）人员及沟通　企业应该招聘或培养充足的能够胜任风险管理工作的人员，并建立各项沟通机制，正式或非正式地持续进行风险和控制的宣贯与培训。例如在企业的战略研讨会、部门例会及项目会议上，将风控作为常规议题，久而久之，风控就变成企业的共同语言了。

（4）风险管理机制　风险评估、控制设计、控制的自我评价都是构成风险管理机制的要素。现在很多企业都开展内部控制、操作风险和合规管理的"三合一"工作，把这些管理目标和要求有机地融入员工工作的每一个环节，高效地进行管理。

内部审计数字化转型之大数据审计与人工智能审计

内部审计的数字化转型采用新兴审计理念，引进领先的审计方法，利用新兴技术对传统的信息化审计和计算机辅助审计进行重构与优化，以提高审计工作的独立性、客观性、全面性和准确性。在众多转型方向中，最重要的是大数据审计和人工智能审计。

从狭义的角度来看，大数据审计和人工智能审计强调审计程序执行时的数据采集、数据分析、自动审计等领域的操作；而从广义的角度来看，大数据审计和人工智能审计是一个完整的框架体系，包括但不限于大数据审计和人工智能审计的组织架构、政策制度、人才管理、策略方法、操作流程、系统工具、结果应用与绩效评价。

本部分包括大数据审计和人工智能审计两大块内容，分别从审计概述、发展演变、审计方法及审计系统和工具建设四个方面来阐述如何利用大数据和人工智能来实施内部审计的数字化转型。

大数据审计

内部审计是通过科学、合规的方式方法采集有效的数据来做分析，进而得出审计结论的过程。从这个定义来看，可以说数据是内部审计活动的核心要素。数据存在于内部审计生命周期的全过程。

顾名思义，大数据审计就是利用大数据技术采集大数据、进行大数据分析，得出相应审计结论的审计方式，包括大数据审计的定义、方法、流程、人才、工具和信息系统等内容。海量的数据中隐藏着各种有价值的审计信息，内部审计人员通过对这些数据进行分析，能够快速有效地发现审计线索、积累审计证据、判断审计问题。大数据审计已经成为当今内部审计数字化转型中最为重要的领域，是各企业和各内部审计人员实施内部审计转型的基础。

7.1 大数据审计和数字化审计概述

在数字化时代，对于内部审计具体活动而言，其相关的审计思想、方法、工具或者审计项目都无可避免地与大数据紧密关联。从一般数据分析到大数据分析，或者从一般数据审计到大数据审计，其背后体现出各种新形势的审计内容和审计要求的变化。

对于内部审计机构和内部审计人员来说，熟悉与掌握大数据审计的原理、方法和工具，将其应用于具体的审计项目之中，并应用大数据审计思想来改造传统审计思维是当前十分紧迫的重要任务。本节内容简要介绍了与大数据审计和数字化审计相关的概念及程序。

7.1.1　大数据的基本介绍

1. 大数据

大数据（Big Data）主要是指海量不同种类的数据。从应用层面来说，大数据分析就是运用特定的计算机工具对海量数据进行设计、获取、存储、处理和分析的全过程。

大数据的主要类型包括政务大数据（如税务数据）、互联网大数据（如电商购物数据）、企业大数据（银行账户交易数据）、社会大数据（如公共交通数据）、个人大数据（如个人征信数据）和自然大数据（如气象数据）。

大数据具有 4V 的特点，分别是数量大、速度快、多样性和有价值，具体如图 7-1 所示。预计 2025 年，我国的各类型有效数据量将增至 48.6ZB，占全球数据总量的 27.8%。如此大量、多样的数据势必需要高速的网络和高算力的计算机进行处理，其背后隐藏着巨大的应用价值。

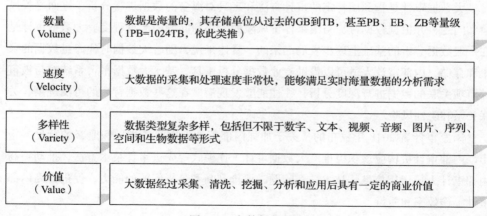

数量 （Volume）	数据是海量的，其存储单位从过去的GB到TB，甚至PB、EB、ZB等量级（1PB=1024TB，依此类推）
速度 （Velocity）	大数据的采集和处理速度非常快，能够满足实时海量数据的分析需求
多样性 （Variety）	数据类型复杂多样，包括但不限于数字、文本、视频、音频、图片、序列、空间和生物数据等形式
价值 （Value）	大数据经过采集、清洗、挖掘、分析和应用后具有一定的商业价值

图 7-1　大数据的特点

2. 大数据挖掘分析

大数据挖掘分析是指基于数学和统计学原理，应用特定的工具和算法对数据进行分析并挖掘其商业价值和科研价值的体系过程。常见的大数据挖掘分析方法如下：

1）关联分析：从一组数据中，基于设定的规则查找数据之间的相关关系或预测可能出现的情况。它的经典案例有超市购物篮分析。

2）分类分析：分类是最为重要的数据分析方式，它试图找出描述并区分数据类别的模型，以便使用模型预测给定数据所属的数据类。常见的分类方法有决策树归纳、贝叶斯分类、基于特定规则的分类、支持向量机、K-近邻算法、遗传算法。

3）聚类分析："物以群分，人以类聚"这句话通俗地表达了聚类分析的基本思想。聚类分析是把大量数据依据其特征划分为不同子集的过程。常见的聚类分析方法有K-均值聚类、K-中心点聚类、基于层次的聚类、基于密度的聚类、基于概率的聚类。

4）演变分析：描述时间序列数据随时间变化的规律或趋势，并对其建模。常见的演变分析方法有时间序列趋势分析、周期模式匹配等。

5）异常检测：数据集中往往包含一些特别的数据，其行为和模式与一般的数据不同，这些数据被称为"异常数据"。对异常数据的分析称为"异常分析"，例如可疑金融交易检测、欺诈识别、网络入侵检测等。

7.1.2 大数据审计及其程序

1. 大数据审计

大数据审计是指利用特定的审计方法和工具对海量的数据进行分析，进而寻找风险和问题，并根据数据特征与结果评价风险的大小和问题的严重程度。大数据审计是在一般数据分析的基础上逐步发展起来的。具体来说，随着大数据时代海量数据的采集和存储，内部审计人员可以借助专业数据分析工具，基于大数据平台系统对与被审计事项关联的数据进行深度分析，往往能够发现潜藏在这些数据背后的可疑迹象、关联关系和隐性风险。

国家审计署2018年发布的《关于加强内部审计工作业务指导和监督的意见》指出，内部审计机构应该积极推广大数据审计工作模式等先进审计技术方法，推动提高内部审计人员运用信息化技术核查问题、评价判断和分析问题的能力，促进提高内部审计工作效率和质量。

大数据审计的常见方法就是大数据分析和挖掘，具体方式包括数据比较分析、数据描述性分析、分类分析、关联分析、聚类分析、序列模式分析、异常检查和偏离检测等。

2. 数字化审计

数字化审计是指在数字思维的指导下，利用数字技术和数字工具，基于内部审计的方法论和流程开展专业的审计工作。它与大数据审计的差别是，大数据审计侧重于从海量数据中发现问题，而数字化审计是指利用数字化的方法和手段来执行标准审计。

在传统审计中，利用内部审计系统中的规则模型来对风险进行预警，利用指标来对风险进行监控，这里的审计系统、规则模型和指标都可以理解为数字化审计工具。

在数字化审计中，利用网络爬虫技术爬取互联网上的海量信息进行分析，利用RPA并结合OCR技术对费用报销单进行自动核对，利用Python对数据库中的销售数据进行多维分析或对销售报告、风险报告、授信报告进行文本分析，利用R语言构建预测模型对员工行为风险进行监控，利用SAS构建的分类模型对机构风险进行分类，利用BI系统对客户服务数据进行智能分析，利用遥感设备对农业领域的客户风险进行分析，利用可视化看板对信息系统建设流程进行合规性监控，等等，这些都是数字化审计时代所提倡的数字化审计方式。

关于数字化审计体系，刘高原、张永强在《基于系统论的企业内部数字化审计体系研究》一文中，提出了数字化审计体系，将其划分为三个层次：第一层是数字化审计体系分系统，包括作业分系统、管理分系统、支撑保障分系统，涵盖作业、管理和相关支撑保障的所有内容；第二层是子系统，由若干紧密联系、相互作用的要素组成，并具有一定的独立性；第三层是要素，是系统最基础的部分。数字化审计体系如图7-2所示。

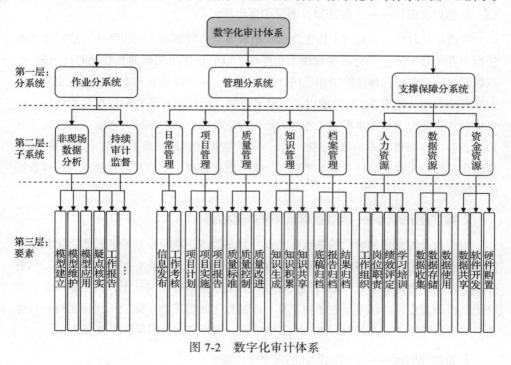

图 7-2　数字化审计体系

──────────

⊖　SAS，Statistical Analysis System，统计分析系统。

3. 大数据审计的程序

传统内部审计的基本程序：审计计划→审计执行→审计报告→问题整改→审计跟踪。大数据分析的基本程序：目标分析→数据采集→数据分析→结果判定→持续优化。结合两者来看，大数据审计的程序可以设计为总体数据审计计划→目标分析→数据采集→数据分析→结果判定→审计报告→问题整改→持续优化。

7.2 大数据审计的发展演变

数据审计并不是一个新鲜的词，内部审计自诞生之初就开始使用数据进行审计或者直接对各种数据进行审计，可以说内部审计与数据相伴相生。在进入信息化时代、数字经济时代和智能化时代后，借助于数字技术、数据分析软件和大数据信息系统等，大数据审计犹如初升的太阳焕发出万丈光芒，给广大内部审计人员带来了新的审计模式，赋予了内部审计新的生命。本节内容简要介绍大数据审计的发展演变情况。

1. 信息化时代——大数据审计萌芽和逐步壮大

在信息化时代，企业的工作重点是利用服务器、数据库、应用系统等信息化技术进行业务与管理的电子化转型和线上化操作，以信息化为基础的互联网时代到来后，以数据沟通为枢纽，移动终端和应用让远程办公、移动办公和动态办公成为现实，极大地将劳动力从固定 PC 端解放出来，形成更加灵活的信息处理和信息沟通机制。信息化和互联网为企业逐步积累了各种类型的海量数据，内部审计可以通过信息化工具采集企业内部数据库中的数据进行分析，评价数据背后所隐藏的问题、风险和价值。信息化时代的大数据审计主要集中在二维表单数据领域，对图片、视频或音频等数据的涉猎较少。

2. 数字经济时代——大数据审计迎来高速发展

当前社会的主题和时代的热点都离不开数字经济，政府也鼓励通过数字化转型打造数字经济。在数字经济时代，利用大数据分析开展审计工作、变革审计方法、创造数据审计工作是内部审计领域的最大特点。在大数据审计的基础上，为了紧随企业数字化转型的脚步，内部审计也加快了其自身的数字转型工作，除表单式数据外，其他类型的数据开始进入内部审计部门的工作领域，成为其大数据审计的重要载体。

3. 智能化时代——大数据审计引领审计风骚

当前我国已经步入第四次产业革命和新服务型社会，与之相伴的是网络化、信息化和数字化的高度融合，促成以智能化为发展主题的新时代特征。以大数据、云计算、AI、物联网、区块链和 5G 通信技术为基础，推动形成万物互联的数字化社会，并逐渐向智能化社会演变，打破传统硬件之间存在的界限，实现人与人、人与机器设备、机器设备与机器设备间的智能沟通，构建消费互联网、工业互联网、智能金融、智能家居、智慧社区和智慧城市。在这样的大背景下，大数据审计开始向人工智能审计转变，审计数据分析的对象也从表单式数据拓展到图片、音频、视频、生物数据等数据。未来机器实现自动化、智能化审计，进而取代人工审计成为可能。

7.3　大数据审计和数字化审计方法

建设大数据审计和开展数字化审计的关键是对数据的科学与高效的采集、保管、分析和应用。企业可以从内部审计数字旅程出发，开展内部审计数据治理，执行内部审计数据分析，建设内部审计数字看板，利用数据建模助力内部审计活动，等等。本节主要介绍大数据审计和数字化内部审计的建设方法。

7.3.1　内部审计数字旅程

1. 内部审计数字旅程的定义和分类

数字旅程是指一个宏观或微观的企业管理或操作活动中，数字的产生、流转直至消亡的生命周期过程。内部审计数字旅程是指在鉴证、监督或咨询活动中，从审计计划开始至审计目标达成的流程中，以风险与价值导向的各种审计数据的产生、流转和消亡的全生命周期过程。内部审计数字旅程对数据的完整性和准确性要求一般高于其他领域的相关要求。

按照不同类型的审计活动或审计对象的特征，内部审计数字旅程可以划分为如下类型：

（1）按照审计活动类型划分

1）鉴证活动的数字旅程。本项是指鉴证式审计项目中，审计计划、审前分析、执行审计、审计报告、审计跟踪、质量控制等活动中被审计数据的提取、核实、分析和应用的旅程。

2）监督活动的数字旅程。本项是指审计监督项目中，设计监督方案、开发监督指标、执行监督、监督报告、问题跟踪和问题解决等活动中监督数据的提取、核实、分析和应用的旅程。

3）咨询活动的数字旅程。本项是指审计咨询项目中，确认咨询目标、设计咨询方案、执行咨询、咨询报告和问题解决等活动中咨询数据的提取、核实、分析和应用的旅程。

（2）按照审计对象划分

1）被审计事项的数字旅程。本项是指被审计的业务活动或管理活动的数字旅程。例如，一个信贷业务的数字旅程包括从客户营销、客户申请、业务受理、业务评估至资产保全、客户退出的全流程，一个保险业务的数字旅程包括从客户营销、投保、承保、核保至理赔、客户退出的全流程。

2）审计项目的数字旅程。本项是指按照内部审计标准作业流程，从审计计划、审前分析、制定明细方案、审计通知、执行审计至审计跟踪、质量评价完整闭环的数字旅程。

2. 内部审计数字旅程的建设

当前在内部审计领域，数字旅程的概念还未普及，内部审计数字旅程建设方法论尚未形成。在这样的背景之下，企业如果能够率先在市场上启动和完成内部审计数字旅程建设工作，无疑将抢占竞争高地，获得市场先机。

在非审计领域，数字旅程的思想和方法已经投入具体应用。例如，2017 年德国安联保险集团的全球数字工厂推出生命规划旅程（Life Onboarding Journey），分别在比利时和西班牙上线，这是一种生命旅程的良好实践。该生命规划旅程解决方案完全从用户角度出发，为用户提供个性化建议，帮助其完成对产品的规划购买。安联保险集团的生命规划旅程解决方案及实现过程如图 7-3 所示。

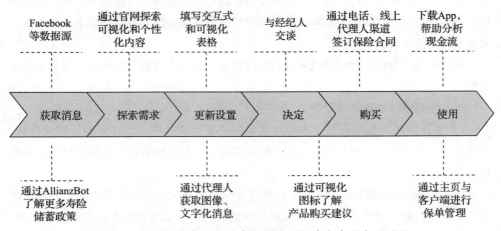

图 7-3　安联保险集团的生命规划旅程解决方案及实现过程

　　为此，具有领先思想和变革动力的首席审计官和内部审计人员，可以开始在企业内部推广以数字化内部审计为目标的数字旅程，研发内部审计数字旅程建设方法，并将其投产。我们认为内部审计数字旅程的建设方法主要包括以下几种：

　　1）以业务或管理流程为核心域识别内部审计数字旅程。该方法首先对业务和管理活动进行全生命周期流程的梳理，建立流程清册；其次根据流程清册，识别各环节的数据和信息流，通俗来讲，就是将数据流和信息流与流程环节进行关联；最后将数据流再次关联到信息系统，建立一个"流程 + 数据 + 系统"的数字旅程表。

　　2）以客户生命周期旅程为基础重构内部审计数字旅程。该方法首先主要聚焦于业务活动，以客户生命周期旅程为主线，从早前的业务战略、营销策略、营销执行、客户申请到最终的客户退出，建立一个旅程地图；其次根据旅程地图，详细标记出客户的旅行路径，识别出路径中的各种数据；最后将旅程地图中的数据关联到信息系统，由此得到一个数据旅程图。信贷业务和保险业务客户旅程的技术关联分析分别见表 7-1 和表 7-2。

表 7-1　信贷业务客户旅程的技术关联分析

项目	云计算	大数据	人工智能	区块链	物联网	5G 通信
产品设计	动态定价	产品设计 精准定价 产品和服务 目录 / 树		区块链信贷		
营销和获客		数据标签 客户画像 客户分类 精准营销 场景营销 分群经营	智能客服 智能移动展业 智能柜面 柜面智能机器人		产品管理 智能网点	智能柜面 智能网点
调查	高承载能力	大数据风险扫描 数据核保 反欺诈 数据策略和规则筛查 名单筛查 押品估值	智能身份验证 自动资料识别 智能核保 智能双录 智能财报数据核实 评级模型 自动调查报告	唯一性验证 客户信息共享		
审查审批		知识图谱 关联分析 反欺诈	自动审批 智能风险决策 自动额度计算 自动审查报告			

（续）

项目	云计算	大数据	人工智能	区块链	物联网	5G 通信
授信执行			放款条件核查 自动合同审核 资金用途筛查 自动征信核查			
贷后管理		智能风险预警 自动名单监控 押品重估值	智能语音回访 智能视频回访 自动贷后检查 报告 自动风险分类		信用监控 抵质押物 监控	信用追踪 抵质押物追踪 5G 消息银行
资产保全		逾期迁移分析 舆情扫描 诉讼分析	催收模型			5G 催收

表 7-2　保险业务客户旅程的技术关联分析

项目	云计算	大数据	人工智能	区块链	物联网	5G 通信
产品设计	动态定价	产品设计 精准定价 产品和服 务目录 / 树				
营销和 获客		客户画像 精准营销 交叉销售 分群经营	智能客服 智能保顾 智能保险展 业工具 柜面智能机 器人 智能柜面		产品管理 健康监控 智能网点	健康追踪 智能柜面 智能网点
承保核保	高承载能力	数据核保 反欺诈	智能身份验证 自动资料识别 智能核保 智能双录 RPA 机器人	唯一性验证 客户信息共享		
理赔		关联分析 反欺诈	智能理赔 智能核赔 图像定损 声纹反欺诈	自动理赔 反欺诈联盟 标的溯源		
质检和 监控		产品监控 员工违规 行为监控 合作方违 规监控	智能质检 RPA 机器人 合作方名单 筛查			
回访			智能语音回访 智能视频回访			5G 电话中心 5G 保险

（续）

项目	云计算	大数据	人工智能	区块链	物联网	5G 通信
客户服务		精准宣传教育	自动预警投诉预测客户投诉情绪分析			
客户保护		数据安全和保护大数据消保审计	自动消保策略规则审查智能消费者评级智能产品评级投诉任务智能派单			

3）以大数据管理流程为切入点设计内部审计数字旅程。该方法首先基于信息流模型，例如此处的信息可以是大数据，以大数据作为核心主体，设计和管理数据从产生到销毁的过程；其次，识别出数据在各类信息系统和数据库中的信息流向与存储位置；最后建立数据生态图，并在该图中标记信息系统和数据库。

7.3.2　内部审计数据治理

数字化时代的内部审计对于大数据和小数据有着迫切的需求，充分利用各种数据是推动内部审计数字化转型最关键的方式。内部审计的"客观性"要求被采集与分析的数据是完整和准确的，而数据治理是提高数据完整性和准确性的最基础的方法。

数据治理的目的是确保数据的全面性、完整性、一致性、可获得性、准确性和安全性。企业内部审计部门必须制定管理内部审计数据和信息质量的政策、流程，重构内部审计信息系统的设计和实施方案，提高内部审计数据的数量和质量。

与一般数据治理一样，内部审计数据治理也是一套包含策略、原则、标准、组织和职责、人员、政策制度、管理流程、工具方法和信息系统的框架，通过工作规划、治理机制、治理专题、治理对象和数据的开发运维来实现。内部审计数据治理的短期目标是提高数据质量，最终目标是创造数据价值。

内部审计数据治理与其他领域的数据治理一样，遵循统一的标准方法，主要包括以下四个措施。

1. 数据治理架构

内部审计数据治理的架构在不同的方法论中具有一定差异，适合各家企业的方法也不一样。从企业整体层面来看，数据治理架构是一套确保实现数据目标的，包含策略、组织和人员、制度和流程、方法、信息系统和审计监督的完整体系；从具体运行角度来看，数据治理架构包含数据的识别和评估、数据分类、数据全景和数据条目管理、数据质量控制、数据安全和保护、数据合规和风险、数据考核和数据审计等内容。

2. 开展数据管理

内部审计数据管理是指对数据的采集、接收、筛选、存储、传输、共享、处理、保管、备份、恢复和安全保护的过程。数据管理的目的是实现数据完整准确、数据安全、数据应用、数据资产增值、风险管理、隐私保护，以提高数据的可信度和增加数据资产的价值。数据管理可以从如下几步入手：一是对企业现有的数据和预期未来可得的数据进行梳理，识别数据资产；二是对数据治理和管理相关的政策制度、管理层偏好和期望、企业整体业务战略和局部数据战略、信息系统概况等进行分析并识别数据问题，制订完善的计划并提出有效的措施；三是数据基础 IT 设施建设，包括但不限于元数据管理、基础数据库建设、数据集市升级、大数据平台建设等；四是数据关联图谱建设，打造统一视图和数据资产知识图谱；五是数据资产管理，建立数据资源目录和资产清单。

3. 数据质量控制

关于数据质量控制的方法非常多，企业应基于自身所处的环境、具备的能力和享有的资源来确定一个恰当的方法。一般来说，较为通用的数据质量控制方法包括但不限于：一是数据标准的建设；二是数据分类分级管理；三是历史数据的质量分析和改进，从完整性、准确性、一致性、及时性等四个要素的角度评估数据的质量（此处我们认为广义的质量包含数据的价值）；四是设计一套数据采集和清洗方法，并严格落实；五是对数据质量的具体执行工作进行考核和问责，严格按照既定质量控制规范进行管理和操作的行为应受到激励，反之应受到处罚。数据质量的四要素如图 7-4 所示。

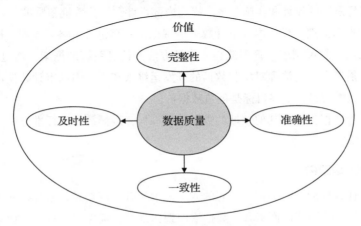

图 7-4　数据质量的四要素

4. 数据价值管理

要实现数据价值，首先需要采取数据治理架构、数据管理和数据质量控制三大措施打好基础，除此之外，还可以采取如下行动：建立内部审计数据统一视图和专项视图；打破数据孤岛，建立集中的新一代审计数据集市；建立安全可控的数据安全管理体系，开展大数据安全控制和数据隐私保护；建立一个先进的审计大数据平台，作为实现数据价值的载体；开展数据资产管理，将内部审计数据视为企业重要资产并建立一套数据资产管理体系；建立数据价值管理体系，该体系至少包括数据价值的定义、识别、评估、分类、计算、应用、反馈、报告和披露等内容。

综上，加强内部审计数据治理，必须：基于合规、高效的原则来打通、整合和利用企业内外部的跨业务、跨组织、跨渠道、跨产品、跨系统的数据信息；持续推荐和优化数据标准化建设，打造新形势下的数据集市、数据池、数据湖甚至数据海洋；完善现有数据质量控制体系，落实数据质量和信息安全的责任追究机制；培育和引进大数据审计人才。

7.3.3　内部审计数据分析

1. 问题分析

当前内部审计一般会建立内部审计信息系统或平台，该系统或平台的后台建立一个内部审计数据库，从企业集中的数据库及部分重要信息系统获取数据，并将数据经过简单的汇总、分类、加工后传输至内部审计系统数据库。这种系统一般获取的数据均为结构化数据，对非结构化数据几乎没有采取有关措施进行获取和应用。

即使是在结构化数据的挖掘领域，大多数企业的内部审计人员也缺乏相应的知识和技能。当前内部审计人员中掌握概率论和统计学知识、数据分析与挖掘编程语言、数据挖掘算法以及数据分析与挖掘工具的比例均极低。

由于数据治理不完善、数据接口不科学、数据质量有问题、信息安全风险大及数据人才不充足等，内部审计部门获取充分、准确、全面的内外部数据的难度较大，缺少数据使得内部审计开展数据挖掘工作缺乏坚实的基础。

大数据分析包括分类分析、关联分析、聚类分析、序列模式分析、异常检查、偏离检测等二级领域。实践中，部分领先企业的内部审计部门应用了一些分类分析方法或聚类分析方法，其他方法一般较少使用。

2. 解决方案

1）探索和建设大数据审计平台、云审计平台、审计数据库。内部审计可以基于现有的企业内部数据库和数据集市，结合部门合法合规获取的外部数据，开展初期的大数据审计平台建设。利用大数据审计平台开展基础数据建模分析、中度统计分析挖掘和深度机器学习。此外，重视大数据审计平台的可视化建设，直观、完整、准确、实时、动态地展现审计过程和成果。

2）打造内部审计数据湖。数据湖是基于大数据的发展要求，在数据库、数据集市、数据池的基础上演变发展，在近些年才兴起的一个新概念。数据湖是指一个存储企业各类原始数据的大型仓库，它将这些数据分类存储到不同的数据池，并对数据池中的数据做一定的标准化处理，以便更好地进行存取、处理、分析及传输。以往内部审计通常会借助内部审计信息系统打造一个数据集市，主要存储企业内部的一些结构化数据。然而在大数据时代，内部审计基于提升组织价值的目标，势必需要转变审计思维，拓展审计领域，而基于大数据的审计就是其中的一个发展方向。这样一来，发展大数据审计、建立内部审计数据湖、海纳各种有用的数据、提高数据质量成为内部审计数据分析的一个发展趋势。

3）传统数据挖掘。传统数据一般是指结构化数据，是相对容易获取和分析的一种数据。内部审计可以借鉴客户管理、营销管理和风险管理领域的传统数据挖掘方法，对内部审计传统数据进行分析，挖掘其潜在的风险。

4）文本数据挖掘。对于内部审计应用文本数据挖掘，可以从授信调查报告的情感分析、授信调查报告的重复性分析等入手。

5）合法利用通用网络爬虫和聚焦网络爬虫，获取内部审计系统和企业内部数据库之外的互联网公开数据信息，对这些数据信息进行分析，寻找业内最新的监管信息、行业热点、异常点和风险点，或者利用其验证某些审计结论。

6）将数据分析融入常规的现场和非现场审计流程中。当下一些审计项目以访谈和抽查档案为主，很少开展数据分析。实际上，可以利用数据分析来进行风险评估、审计抽样、异常点查询、审计证据收集等，如果在内部审计报告中通过数据可视化来描述审计问题，还有增光添彩的效果。

7.3.4　内部审计数字看板

数字看板和数字驾驶舱具有很高的相似性，两者都是设计、采集、分析和展示各种类型数据的绝对数量、比率、关联关系、分布情况、变化情况等的方法。内部审计数字看板的建设和应用思路主要包括两个方面。

1. 数字看板指标的建设

具体实践中，企业内部审计部门可以这样操作：首先，对现有的审计对象进行一次专项梳理分析，提取出可以进一步进行数字化改造的关键审计对象，并映射到独立的审计项目中去；然后，针对该审计对象的重要风险开发并提炼定量指标，具体来说，可以按照操作风险中 KRI 的方法论和信息系统中 GQ(I)M 方法论等开发指标来进行；最后，为指标设计一套运行方案，最好是选中一两个项目开展试点，利用穿行测试的工作原理对利用指标开展自动化审计进行试验。

例如，经济责任审计是非常适合进行数字化再造的领域，因为这种以经济为基础，以风险、合规、廉洁自律等为辅的审计所需的信息许多来自本身具备良好数据基础的企业信息系统。设计一套涵盖 3～5 种类型的经济责任标准化指标体系，利用计算机技术和大数据思维对这些指标进行数字化改造，则在得到各种指标的数字化结果后，可以更加轻松、准确地量化经济责任，从而提升审计工作的科学性和客观性。此外，利用数字化的经济责任审计信息，可以为企业的各级领导干部进行精准画像。

例如，某商业银行针对 IT 项目管理建立了健康监测数字看板，从范围管理、进度管理、成本管理、问题管理、质量管理等维度开发了相关的统计指标和指数，开展 24h 动态监测。IT 项目健康监测指标结构如图 7-5 所示。

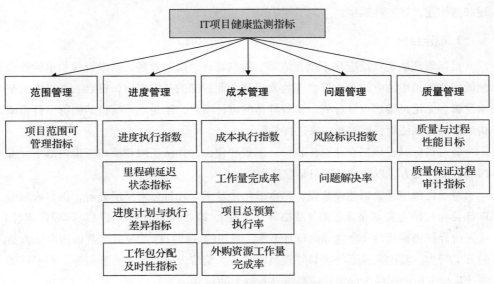

图 7-5　IT 项目健康监测指标结构

2. 数字看板指标的应用

数字看板的各项指标主要用于审计分析、工作评价、审计监督和绩效考核。以工作评价为例，它本身能够与内部审计核心职能中的评价职能呼应，利用数字看板指标进行评价活动代表了数字化内部审计中评价工作的一种数字化转型方式。在数字看板指标完成设计开发并投入看板运行后，我们可以通过如下步骤开始具体的评价活动：

首先，设计和筹划评价的工作计划及方案，明确相关的评价策略、评价范围、评价主体、评价周期和评价指标等；其次，通过采集、确认和分析各项指标数据、信息或其他相关资料，按照商定的评价过程开展评价，针对评价结果确定后续计划、行动；再次，对初步得到的指标结果进行审核确认，并评价目标达成情况；最后，编写一份数字化报告并提交给审计管理层和公司管理层进行决策分析。

7.3.5　内部审计数据建模

内部审计数据建模是一项具有很大难度的专业性工作，需要基于科学的方法论和程序的指导来实现。一般来说，在该工作中确定了审计目标之后，内部审计人员需要开展科学、严谨的业务和管理分析，准确地识别影响审计目标实现的关键成功要素，再识别出数据分析的要点，进而建立模型。根据行业实践，当前内部审计模型主要包括规则模型、指标模型和统计模型三种。下面我们以主流的"风险导向审计"为例阐述如何构建上述三种模型。

1. 确定目标

目标管理法是广泛应用于企业战略、组织管理、风险管理、技术管理和审计管理领域的一种通用的方法，它符合事物发展和企业管理的基本规律，符合人类思维的基本逻辑。无论是编制审计计划、执行具体的审计项目，还是本处所指的内部审计模型构建，均可以使用目标管理法来进行分析。

确定目标时要依据企业总体目标、愿景和使命，并从正向和反向考虑内部审计部门的资源、能力，以防确定的目标脱离实际。

对于内部审计数据建模来说，基本思路是基于审计目标来层层分解，例如宏观的审计目标是助力实现企业战略（战略导向审计）、改善风险管理水平（风险导向审计）或评价合规遵循程度（合规导向审计）等，微观的审计目标是规范经营机构内部人员的日常行为、监控信息系统项目管理风险或评估消费者权益保护的能力等。在不同的审计目标下所构建的内部审计模型将具有较大的差异。

2. 确定关键成功要素

本步骤的核心是在目标导向下，识别影响目标实现的关键成功领域中的关键成功要素。关键领域一般划分为治理领域、业务领域、职能领域，特殊需求下可以将技术领域、数字化领域等单独剥离另行处理。关键成功要素包括但不限于组织架构、人才、资金、流程、风险和技术。具体执行过程中可以参考监管和行业内现有的成熟体系，也可以个性化地重新设计符合本企业实际情况的新体系。基于企业内部控制理论，企业的一种关键成功要素划分见表 7-3。

表 7-3 企业的关键成功要素划分

内控要素	要素分解	主要内容
内部环境	公司治理	董事会及其委员会的设置和运行、监事会及其委员会的设置和运行、高管层的责任
	政策与目标管理	使命和愿景、企业战略、运营策略、核心政策管理、经营计划和目标
	授权管理	授权及其附属的权限管理，是内控的核心手段，至少包括授权和转授权，以及由此衍生出的很多常规授权、专项授权、特别授权、临时授权等
	组织架构	组织架构的设计和调整是企业管理的重要组成部分，它是企业经营运转的基础，合适的组织架构有助于提高生产效率，减少运营成本，控制经营风险
	企业文化	高级管理层的风格、营销文化、风险文化、创新、合规风险、员工行为准则、企业品牌与服务
	人力资源	人力资源计划、人才招聘培训、岗位设计、员工管理、薪酬福利、绩效考核、人力资本、人力资源转型
风险识别评估及管理	风险识别与评估	通过各自调查、检查、分析、测试、评价等识别风险并评估风险的大小、成因、影响等
	风险管理	全面风险管理、信用风险、操作风险、市场风险、合规风险、流动性风险、法律与合规风险、声誉与舆情风险
	风险报告	全面风险管理报告、信用风险报告、操作风险报告、市场风险报告、流动性风险管理报告、洗钱风险管理报告
运行控制		产品管理、营销管理、流程管理、采购管理、财务管理、资金业务、授信业务、国际业务、中间业务、渠道管理、柜台运营、安全保卫、行政办公、后勤管理、信息技术、信息系统、外包管理、应急与处置
信息交流与沟通	信息交流沟通	自上而下和自下而上的沟通、内部和内外部沟通、会议、督办、保密、宣导宣传、培训、诚信举报、投诉、报告
	文件控制	制度管理、公文管理、合同管理、证照管理、印刷品管理
	记录与档案控制	企业应当以书面或者其他适当的形式，妥善保存内部控制建立与实施过程中的相关记录或者资料，确保内部控制建立与实施过程的可验证性 新形势下，记录和档案已经不局限于传统的纸质文件和电子文档，还包括许多结构化和非结构化数据
	统计	信息统计、数据统计。在数字化和金融科技浪潮下，信息统计和数据统计具有十分重要的意义，不仅是管理决策分析的前提，也是经营预测和风险研判的强力抓手

（续）

内控要素	要素分解	主要内容
检查监督与持续改进	独立审计	内部审计是一种独立和客观的鉴证、监督、评价与咨询活动，这里特指鉴证、监督和评价
	事后监督	事前操作、事中审查、事后监督
	检查管理	风险检查、合规检查、纪检检查
	绩效考核	经营考核或者绩效考核是内部控制的关键手段之一，具有非常好的控制效果
	违规处置和改进措施	投诉、案件问责、违规处理、改进措施
	管理评价	管理评估、内控评估。当前很多金融机构并未单独开展管理评估项目，更多是一些局部化、零散化的管理评估；内控评估是企业施行审计监督和内控合规的重要工作，一般包括年度全面内控评估和非年度专项内控评估

3. 确定存在的风险或问题

对于内部审计部门来说，准确地识别风险和问题是一项颇具挑战性的工作，仅仅基于专家的经验是无法满足新时代的内部审计工作需求的，但现实却是许多机构的内部审计人员只会使用专家判断法。为了解决该问题，经过综合和分析后，我们认为可以应用在风险或问题识别上的方法主要包括以下几种：

1）专家判断法。由富有经验的领导、业务骨干进行人工判断并设置风险点。

2）监管制度法。从国家法律法规，人民银行、银监会、外管局的发文中，查出重点监管指标、对象、流程、风险等。比如，中国人民银行发布的"金融行业网络安全等级保护实施指引"系列⊖行业标准。

3）业务分析法。根据业务活动的操作和处理逻辑结构和关系来识别风险。

4）案例分析法。从已发生的内部风险事件、外部风险事件案例中分析风险点；从企业内部损失数据、外部损失数据中分析、归纳风险点（如事件名称、时间、单位、损失金额、业务类型等）。

5）数据分析法。基于大量数据或小量数据的分析，寻找数据之间的勾稽关系和关联关系，从数据的产生至消亡的过程中识别出关键环节的问题点。

6）测试法。风险测试是对辨识出的风险及其特征进行明确的定义描述，分析和描述测试风险发生可能性的高低，测试风险发生的条件等。风险测试包括纸上测试、

⊖ "金融行业网络安全等级保护实施指引"系列的行业标准共包含六个部分，分别为基础和术语、基本要求、岗位能力要求和评价指引、培训指引、审计要求、审计指引。

全面运行测试、穿行测试、回归测试、压力测试等。

7）风险与控制自我评估法（RCSA）。以流程为实施对象，通过定期识别与评估业务范围内潜在的风险及目前具备的控制措施，了解业务范围内所面对的风险事件的风险暴露分布、控制失效的原因，据此采取有效的应对措施，将操作风险暴露控制在能够忍受的范围之内。

8）情景演练/情景分析法。在模拟的、逼真的假定情景下进行各种业务处理，对处理过程中出现的风险情况进行记录、分析和评估，将合适的风险设置成风险点。

9）外部风险清单法。借助风险主体的外部力量，利用外界的风险信息和资料识别风险，引用市面上具有前瞻性又符合自身特征的风险清单。

10）内部风险清单分析法。采用专业人员设计好的表格或问卷来识别风险，主要分析风险主体面临的风险因素。

11）Bow-tie 模型分析法。又称为"蝴蝶结分析法"，主要用于风险评估、风险管理及事故调查分析、风险审计等。可以帮助人们更好地理解风险的成因、风险事件、风险的后果，以及何时何地如何控制风险。

12）综合分析法。该方法可以综合上述各类方法中的多种，以集成思维综合分析存在的风险或问题。

除上述方法外，还可以选用财务指标分解法、绩效指标分解法、因果分析法、决策树分析法、关键风险指标法（KRI）、业务影响分析法（BIA）、数学模型/模拟法（如蒙特卡洛模拟）。

4. 构建模型

内部审计数据模型包括规则模型、指标模型和统计模型三大类型。无论是哪一种模型的构建，基本都遵循统一的模型构建思路。以指标模型为例，其构建思路如下：

指标模型主要设计和运行针对特定审计对象的定量指标。指标设计角度，可以按照风险维度、价值维度、统计维度进行设计，也可以按照监管指标、内部管理指标和其他指标进行设计。

例如按照风险维度，我们知道风险包括风险成因、风险事件和风险结果三个先后过程，风险指标也可以来源于这三个过程。但是从防范风险的角度来看，应该以风险成因过程的风险指标为主。一项风险事件的发生可能有多种成因，但关键成因往往只有几种。风险指标管理是对引起风险事件发生的关键成因指标进行管理的方法。具体操作步骤如下：

1）分析风险成因，从中找出关键成因。风险成因的分析方法有鱼骨图分析法、Bow-tie 分析法等。

2）关键风险指标主要是定量指标，因此需要将关键成因量化，确定其度量，分析确定导致风险事件发生或极有可能发生时该成因的具体数值。

3）以该具体数值为基础，以发出风险预警信息为目的，确定关键风险指标的单级或多级预警阈值。

4）建立分级预警管理体系，开发风险预警系统，即当关键成因数值达到关键风险指标时，发出风险预警信息。

5）制定出现风险预警信息时应采取的风险控制措施，制定出重大风险时的应急处置流程和应急预案。

6）监测关键成因数值的变化，一旦出现预警则实施风险控制措施或者启动风险应急预案。

该方法既可以管理单项风险的多个关键成因指标，也可以管理影响企业主要目标的多个主要风险。使用该方法，要求风险关键成因分析准确，且易量化、易统计、易监测。

5. 验证模型

对于初步设计完成的规则模型、指标模型或统计模型，需要采用统计学、经济学、管理学和业务逻辑来进行科学性、合理性、准确性等验证。

6. 应用模型

模型构建完毕后按照事先设定的流程完成模型的投产上线，应用模型开展审计监测分析、预警监控和风险预测等。

7. 调整模型

模型上线投产后需要进行运行监控，及时发现模型存在的问题，根据模型的运行情况和问题反馈持续调整与优化模型。

7.3.6 内部审计的数据分析人才

企业内部审计部门应该及时招募与培训掌握核心数据编程和分析工具的审计骨干。内部审计人员可以充分运用 Excel、SPSS、Stata、Python、R、SAS、lingo 等软件开展内部审计数据的描述性统计分析、关联分析、分类分析、聚类分析、模糊评价和线性规划等。例如可以利用采集的信贷业务数据、员工行为数据进行回归分析，寻找这些数据与信贷业务最终信贷表现之间的关系，进而开发有关分析模型进行风险预测。实践中，这种案例已经出现在少数领先企业中。

企业可以按照金融科技和大数据的实施情况对内部审计项目进行分类。传统上内部审计一般将项目分类为现场审计、非现场审计，或者业务类审计、管理类审计、经济责任类审计等，这些分类方式均基于传统的理念，没有结合数字化、大数据思维。新形势下，可以考虑将项目类型划分为常规现场审计项目（现场为主，非现场为辅）、数据审计项目（利用大数据分析方法开展检查，不再进行现场档案检查，其中还可以包括对企业数字化转型和数字化建设的审计）、常规监测分析项目（非现场为主，现场为辅，利用内部审计信息化系统和非现场的方法开展远程、动态、实时监测检查）。

7.4　大数据审计系统和工具建设

归根结底，数字化转型的各种思想和举措需要相关的系统工具来进行落地实施，否则一切只是空中楼阁，光有理论，没有操作。可靠的内部审计数据中心和大数据审计系统是内部审计数字化转型最基础也是最核心的组件，是必须重点投资的对象。本节主要介绍可支持大数据审计落地的数据中心、监控预警中心、统计模型、BI 中心和大数据审计系统。

7.4.1　内部审计数据中心

以往在内部审计信息系统构建过程中，底层已经建设了一个内部审计数据集市，其构建方式一般是：从企业数据仓库或信息系统抽取数据，从外部第三方接入数据，手工录入数据和导入文件文档。在将原始数据采集到内部审计数据集市之前或之后，会对部分数据进行加工，形成基于审计需要的新报表和新视图。部分具有大数据能力的内部审计部门还会通过网络爬虫技术从互联网上获取数据，以丰富内部审计数据集市的数据来源。

内部审计数据集市至少应包括企业内部管理基础数据、业务数据、财务数据、管理数据、监管数据、社会数据和第三方数据。

内部审计数据中心可以部署在本地或者云服务上，其中部署在云服务上的可称为内部审计云数据集市。

想要打造一个融合标准化和异构化数据的新内部审计数据集市，可以在现有结构化内部审计数据库的基础上，根据企业整体的数字化转型和建设计划，考虑内部审计的资源投入和效益创造，充分论证后同步建设非结构化内部审计数据库。建设时，可以先从非结构化数据治理、统一数据标准、提高数据质量入手，然后对非结构化数据进行标签化处理，最后开发内部审计模型，进行数据挖掘，例如使用文本分析、视频分析等技术开展专项审计分析。

7.4.2 内部审计大数据监控预警中心

1. 规则监控

实践中，部分企业将规则也纳入内部审计模型的范畴，它们是审计监测分析最为常用的一种工具。本模块一般需识别和记录与需求相关的内外部政策、法规、行业标准、业务逻辑上的规则，且注明必须严格遵循这些规则。业务规则可能涉及事实规则、约束规则、触发规则、推理规则、运算规则。

以业务规则中的信贷业务规则举例，一般会根据内外部政策、法规、行业标准、业务逻辑，从风险、价值和统计三个维度来设计指标。示例指标如信贷资金用于缴纳银行承兑汇票业务中的保证金、信贷资金用于发放委托贷款、贷款还款资金来源于本行或他行信贷资金、贷款到期前客户大额资金流出且余额不足以支付贷款本息等。

2. 指标监控

利用内部审计数字看板所建立的各种指标，内部审计可以开展24h动态的目标监控、价值监控或风险监控等。指标监控的第一级落脚点可以是数字看板，第二级落脚点可以是审计管理系统，第三级落脚点可以是大数据审计系统。指标监控模块的核心是具体的指标和指标监控系统，前者是监控的基本要素，后者是监控的实现工具。

从指标设定来看，不同类型的企业具有不同的审计目的，最终被列入监控预警中心的指标可能具有很大的差异，这种差异是很正常的。有些企业的内部审计部门不会使用监管指标或者中、后台职能部门已经监控的指标，而有些企业的内部审计部门则会从全面监控的角度出发投产覆盖前、中、后台各项经营活动的指标。总而言之，若想发挥出内部审计的价值，增进内部审计部门对于企业整体经营情况的了解，指标应尽可能覆盖更多的领域。部分商业银行内部审计监控指标示例见表7-4。

表 7-4 商业银行内部审计监控指标示例

指标类型	指标示例
总体风险	资本充足率
	经济资本净回报率
	净资产收益率

（续）

指标类型	指标示例
信用风险	不良贷款率
	拨备覆盖率
	杠杆率
	单一最大客户贷款总额占资本净额的比例
	单一最大集团客户授信总额占资本净额的比例
	信用风险非预期损失限额
市场风险	交易账户 VaR（Value at Risk）
	利率风险敏感度
	银行账户人民币利率风险压力测试损失限额
流动性风险	存贷比率
	流动性比例
	流动性覆盖率
	净稳定资金比率
操作风险	监管处罚次数
	监管处罚金额
	操作风险非预期损失限额
	重要业务系统中断恢复时间目标（Recovery Time Objective，RTO）
声誉风险	客户投诉事件数量
	重大舆情事件数量
	互联网负面信息报道数量
审计风险	审计项目数及其问题提出数
	审计项目质量得分
	审计提出问题整改率

从监控系统来看，在内部审计系统中单独开发监控模块，也可以共享企业统一的监控平台。值得强调的是，指标监控系统应充分应用内部审计数字看板、审计 BI 中心和审计 AI 中心的资源及能力。

3. 模型监控

此处的模型监控主要是指利用大数据统计分析和机器学习技术开发的智能模型来对特定的风险对象进行监控分析。例如：某公司曾经利用统计学习技术开发了一个针对销售人员的合规性监控模型，将系统实时采集和更新的数据输入模型，可以直接得到一种合规风险的分类结果；另一公司利用深度神经网络模型构建的金融可疑交易监控模型，能够在传统的规则判断和关联关系识别方法的基础上发现更深层次的可疑交易。

4. 内部审计大数据监控预警中心建设

内部审计大数据监控预警中心是内部审计数字化信息系统建设的重要组成部分之一，也是内部审计执行审计计划、风险分析、非现场审计等工作的重要数字化工具。从功能层面来看，该系统可以从数据层、操作层、模型层、应用层、视图层来进行构建。内部审计大数据监控预警中心如图 7-6 所示。

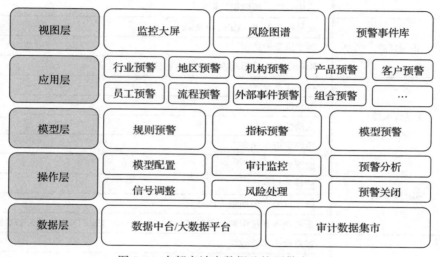

图 7-6　内部审计大数据监控预警中心

一是数据层，基于已有的数据中台或大数据平台，构建内部审计数据集市，划分数据领域，并且按照规则、指标和模型确定响应的数据标准、口径、采集、加工和应用的要求。

二是操作层，主要提供设计和触发预警时，系统自动或人工手动操作的处理功能，包括配置各类预警模型、扫描数据进行监控、开展多维度预警分析判断、设置预警信号并支持根据预警分析情况调整信号等级、根据预警情况开展专项风险处理，以及当预警结束时自动或手动关闭预警。

三是模型层，支持规则预警、指标预警和模型预警。

四是应用层，根据内部审计自身职能的差异，对行业、地区、机构、产品、客户、员工、流程、外部事件等对象开展预警，以及开展各类对象之间的组合预警。

五是视图层，提供数字化、可视化和自动化的监控大屏，支持关联风险间的图谱展示，建立预警事件库。

7.4.3　内部审计数据分析模型构建

　　世界上的许多事物、现象或联系可以用一个数学函数来表达或近似表达，这是统计建模的底层原理。审计数据分析模型主要包括规则模型、指标模型和统计模型，本节主要讲述统计模型。统计模型可以划分为参数统计模型和非参数统计模型两大类型，它在风险管理、营销管理、催收管理和客户管理等领域都有着广泛的应用。例如，商业银行针对借款人的信用等级评定主要采用的是逻辑回归模型，又如某公司曾使用逻辑回归模型开发了一个针对营销人员合规性管理的预测模型。内部审计的模型体系如图 7-7 所示。

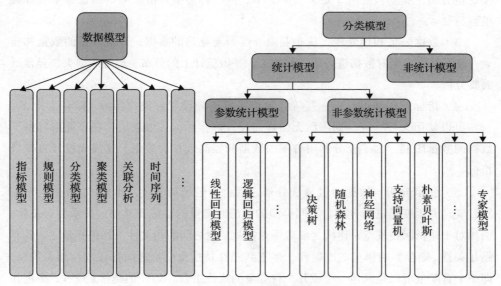

图 7-7　内部审计的模型体系

　　按照统计学习算法，可以使用分类、聚类、关联分析等来构建模型。常见的分类算法有逻辑回归、决策树、随机森林、k- 近邻、朴素贝叶斯、神经网络、支持向量机等。常见的聚类算法有 K-Means 聚类算法、均值偏移聚类算法、层次聚类算法、DBSCAN 聚类算法、高斯混合模型（GMM）的期望最大化（EM）聚类和神经网络聚类算法等。常见的关联分析方法有 Apriori 算法和 FP-growth 算法等。

　　统计学习算法在企业管理活动中应用较多，例如当前反洗钱管理基于数据挖掘分析的可疑交易识别方法有数据分类和预测法、聚类分析法、关联分析法、时间序列分析法、数据流挖掘法等。

　　我们认为在数字化转型的初期，内部审计在使用统计学习算法建立模型时应着重定位在风险管理这个领域，通俗来讲就是基于内部审计的视角和需求来开发风险模型，用于预测潜在的高风险领域，如机构、业务、产品、员工和系统等。内部审计使用一般分类算法（如逻辑回归、随机森林等）构建大数据统计模型的主要步骤如下：

（1）审计目标分析　此阶段需要确定审计建模的商业目标，分析建模的可行性，对于复杂的建模，可以将其作为一个专项项目并设置项目计划及实施方案。

（2）业务分析　对建模对象进行业务上的分析。例如评价某个风险的高或者低，某个机构表现得好或者差，对因变量 Y 进行定义。假设通过构造一些因子来进行定性及定量分析，我们假定将 Y 定义为高、中、低三种类型，由此可以构造一个三分类模型。

（3）数据采集和预处理　从企业内外部采集充足的数据，分析数据的数量和质量，若满足要求则对数据进行清洗和加工，并做统计上的分布、趋势、缺失、异常等简要分析。

（4）指标挖掘和设计　一些统计建模需要事先设置好决策指标（即自变量 X），一些可以使用大数据混合训练而无须提前设计好指标。一般来说，在企业内部由于数据的数量限制，为了充分利用有限的数据和提高模型的效果，建议先设计自变量指标。

（5）变量分析　数据经过清洗处理之后，通过统计软件（如 SAS、R、Python）对自变量和因变量进行分析，不同类型的算法对变量的特征及其相关关系会有差异。例如对于逻辑回归模型，建模之前需要先检验变量之间的相关性，如果变量之间具有强相关性，则会影响模型的准确性。多重共线性是指自变量之间存在线性相关关系，即一个自变量可以是其他一个或几个自变量的线性组合。VIF[⊖]值越接近于 1，多重共线性越轻，反之越重。通常以 10 作为判断边界。当 VIF＜10 时，不存在多重共线性；当 10≤VIF＜100 时，存在较重的多重共线性；当 VIF≥100 时，存在严重的多重共线性。

（6）模型构建　使用统计软件对数据集进行划分，一般可以划分为训练集、测试集和验证集。设定合适的训练参数后，由统计软件自行计算，得到初步的模型结果。

（7）模型分析、校准和评价　通过混淆矩阵、KS、AUC、Accuracy、Precision、F1、Recall、PSI、CSI、基尼系数等指标对模型开展统计学上的评价，达到一定标准的模型才能被确定初步有效。

　　⊖　VIF，Variance Inflation Factor，方差膨胀系数。

例如，KS 检验主要是验证模型对因变量 Y 的区分能力，KS 取值范围是 $[0,1]$。通常来说，KS 值越大，表明正负样本区分的程度越好。但并非所有情况都是 KS 值越高越好，在模型构建初期，KS 值基本要在 0.3 以上。后续模型监测期间，如果 KS 值持续下降，就要考虑原因是什么，是市场发生了变化，还是客群发生了偏移，模型不够稳定，或者模型内的某个特征变量发生了重大变化。

由于模型一旦投入使用，会对业务或管理活动决策分析产生较大的影响，如果模型不够准确，会增大模型误判风险，因此得到初步模型后，还需对其进行校准。

（8）模型运行、应用和监控　内部审计部门需要设计审计模型投产、变更与跟踪评价的组织体系和内控体系。与信息系统的投产一样，模型的投产需进行恰当的授权、测试和审批，确保模型投产的内部控制有效。主管部门应充分识别、分析、评估重要模型的投产及变更风险。

在模型正式投产运行后，应对其进行监控和评价。实践中，模型运行的评价包括统计学上的评价和业务上的评价。统计学上的评价指标如 PSI/CSI 等，业务上的评价指标需要根据具体的模型性质来确定，例如某对象的命中率、覆盖率、转化率等。

7.4.4　内部审计大数据 BI 中心

内部审计人员需要学会利用 BI 工具来进行数据分析，并将数据分析的结果应用于内部审计活动中。例如：在风险监测时，可以使用 BI 工具中的数字驾驶舱对被审计对象和被审计内容进行动态监控；在进行内部审计经营分析时，可以使用 BI 工具中的数字看板实现管理报表和分析指标的自动化统计与可视化展示。

可以通过在内部审计管理系统或者统一数据分析系统里开发 BI 工具来打造内部审计大数据 BI 中心，其核心任务包括以下四个方面。

1. 内部审计大数据标签和画像体系建设

内部审计部门应基于商业目标和审计目标分析，着手对现有的内部审计数据集市进行清理，并按照数据治理的方法对所需要的数据信息进行标签化处理。根据不同的逻辑来看，常见大数据标签分类和内部审计画像体系如图 7-8 所示。

内部审计所需的标签是严格基于内部审计活动的类型和特点开发的，主要的开发方法如下：首先，在内部审计部门成立标签建设小组，由具备商业数据分析、数据治理和业务分析的内部审计专家或内部审计骨干主导标签的梳理和初步分析；其次，开始执行具体的标签研发工作；再次，对初步设计的标签进行试运行；最后，通过持续循环的管理机制对标签进行调整和优化。

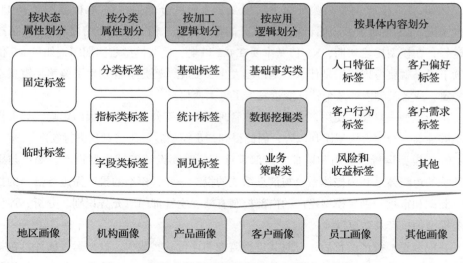

图 7-8 常见大数据标签分类和内部审计画像体系

上述四个活动中的具体标签研发工作可以有两种基本思路：第一种是采集数据→数据清洗→挖掘并设计标签→验证标签；第二种是设计标签或指标→采集数据→数据清洗→验证和筛选标签。这两种思路的核心差异是前者以数据为基础识别、挖掘和设计标签，后者先设计标签再采集数据进行验证。

标签构建完毕后，内部审计部门可以使用标签进行特定对象的内部审计画像，例如对各地区经营情况的画像、对分支机构的画像、对特定业务产品的画像、对特定客户的画像、对内部员工的画像等。数据画像的构建有成熟的技术来实现，本身不是难点。内部审计部门应该根据自身职能定位、审计能力、审计资源情况选择构建恰当的画像类型，并且还要注意企业统一资源的配置和复用，防范内部各部门以竖井方式建设各种画像，从而造成企业资源的浪费。

2. 内部审计大数据 BI 指标体系建设

指标体系建设的方法与审计数字看板中的指标建设方法类似，甚至两者的指标可以同步共用。我们以企业软件质量审计指标建设为例来简要说明该类指标的开发过程。

首先，明确指标设计开发的总体方法和原则。指标开发的方法论很多，此处我们使用综合商业分析法，通过对审计目标、监管合规、行业标准、同业实践、现有痛点和管理层期望进行综合分析，基于科学性、准确性、成本性、落地性和定量性等原则，对开发的指标进行基础分类。例如软件质量管理的行业标准有许多模型和指引，如 Boehm 模型、McCall 模型和 ISO/IEC 25010 系统 / 软件质量模型等。ISO/IEC 25010 系统 / 软件质量模型结构如图 7-9 所示。

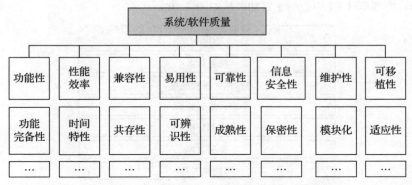

图 7-9　ISO/IEC 25010 系统 / 软件质量模型结构

其次，选取目标管理、价值管理、风险管理、质量管理中的一种作为指标设计出发点，开发相关指标，并详细记录指标开发过程。例如假设选定风险管理后，后续的指标开发就将以风险管理为主轴进行，如此得到的一般是偏风险类的指标。本处我们选择质量管理作为设计出发点。

再次，利用 ISO/IEC 25010 系统 / 软件质量模型将软件指标分解到各个领域，并根据模型的"质量特征—质量自特征—度量因子"结构特性，识别各个领域的质量特征、自特征，进而得到度量因子。

最后，基于度量因子，直接挖掘和设计出指标，包括定性指标和定量指标，其中定性指标由模型中的"功能性、性能效率……"及其对应的"功能完备性、时间特性……"来构造，定量指标也可以在此基础上开发。定性指标的示例如下：是否完整描述了产品（职能）概述、总体业务规则、该产品（职能）所包含的业务流程、业务流程下所包含的业务功能、业务功能所涉及的信息项。定量指标的示例如下：软件功能点数量、软件缺陷数量、软件功能点实现率、软件缺陷修复比率。

3. 内部审计大数据 BI 报表体系建设

BI 中心的报表开发主要有两种方式：第一种是直接采购 BI 系统供应商的现有报表体系，第二种是基于内部审计的内部需求开发个性化的报表。报表开发在信息系统建设方面已经是十分成熟的领域，此处不过多介绍。

4. 内部审计大数据 BI 中心建设

如前所述，内部审计大数据 BI 中心主要基于标签功能对审计对象进行标签化处理，再利用数据分析和挖掘技术进行大数据分析，同时支持商业化审计报表分析、文本分析，还可以通过设计和开发各种数据指标来进行监控评价，并通过可视化工具进行展示。内部审计 BI 中心的主要功能域如图 7-10 所示。

图 7-10　内部审计 BI 中心的主要功能域

7.4.5　大数据审计系统

要实现大数据审计必须打造一个大数据审计系统，将其作为内部审计数据中心、数据审计操作平台和数字化内部审计管理平台。一种常见的大数据审计系统的逻辑架构由六个核心层面组成，具体如图 7-11 所示。

图 7-11　大数据审计系统的架构

1. 存储层

基于人工智能海量数据训练的要求，其存储部分可以采用分布式的数据库，HDFS 和 HBase 是较为常见的分布式文件或数据存储形式。谈及存储必须提及 Hadoop，这是一个能够对大量数据进行分布式处理的软件框架。Hadoop 框架最核心的设计是 HDFS 和 MapReduce。HDFS 为海量的数据提供了存储，而 MapReduce 则为海量的数据提供了计算。

HDFS 是 Hadoop 分布式文件存储系统，它能提供高吞吐量的数据访问，非常适合大规模数据集上的应用。HBase 是一个基于 HDFS 开发的面向列（面向列族）的分布式数据库，主要用于超大规模的数据集存储，从而实现对超大规模数据的实时随机访问。

2. 源数据层

源数据层主要存储各种类型的数据，总体可以被划分为结构化数据和非结构化数据。结构化数据也称作行数据，是由二维表结构来表达和实现逻辑的数据，严格地遵循数据格式与长度规范，主要通过关系型数据库（不具备数据和 IT 基础的读者可以将其近似理解为 Excel 表单中的那种数据）进行存储和管理。其他数据，如文本、报表、图片、音频和视频等则被称作非结构化数据。

3. 数据转化层

数据转化层用于将各种前端系统或者数据库中的数据经过采集、传输和加工等处理，转化为内部审计可用的审计数据，构建内部审计数据集市。

4. 内部审计数据集市

企业的数据集市一般很多，例如客户数据集市、风险数据集市、采购数据集市等，这些数据集市都是为了满足某种管理需要而将具有对应特点的数据汇总起来构建的专项"数据库"。

与数据库、数据湖等概念不同，内部审计数据集市是为了满足内部审计部门或者内部审计人员的需求，按照其所定义的多维的方式进行存储的数据集。内部审计数据集市为内部审计人员开展数据分析、数据挖掘提供了数据来源，是大数据审计系统中的数据资源中心和数据资产库。

5. 审计数据计算层

MapReduce 是一种计算框架或者分布式并行计算的编程模型，它利用分治的思想，将一个计算量很大的作业分成多个任务，每个任务完成其中一小部分，然后将结果合并到一起。例如在 Hadoop 分布式数据框架中，MapReduce 为其中海量的数据提供了计算。具体来说，MapReduce 分成 Map 和 Reduce 两个计算阶段，然后每个阶段由许多 Task 来完成计算。

Spark 是轻量的、基于内存计算的开源集群计算平台。Spark 采用了与 MapReduce 类似的编程模型，为适应不同应用场景，Spark 存在多种运行模式，各运行模式的差异主要在于资源的申请和管理。

6. 审计应用层

审计应用层是指利用大数据技术的各种审计活动，包括但不限于审计计划、风险评估、审计分析、监测预警、案件防范、纪检检查和研究咨询。

在上述六大核心组件基础上，大数据审计系统还可以通过分布式写作和集群控制的方式进行运营管理。

此外，可以打造数字化云审计平台，基于该平台搭建一个新的内部审计生态池，利用云计算、边缘计算的强大计算和存储能力，提高审计的效率。

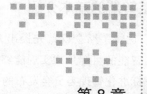

第 8 章 *Chapter 8*

人工智能审计

人工智能审计是建立在信息化审计、数字化审计基础上的更加高级的审计形式，它采用人工智能技术实施自动化和智能化审计，与大数据审计一样对底层数据的依赖程度很高，可以说是大数据审计的进化版本。

人工智能审计使用机器学习模型、机器人流程自动化、智能语音语义分析、文本分析、图片分析、视频分析等技术，可以实现自动执行审计程序、智能监控、自动预警、自动分类、智能画像、语音检查、文本检查、视频检查。

人工智能技术的恰当运用能够大大减少内部审计人员的重复性工作，提高单位审计产能，发现传统人工内部审计较难发现的问题，是实现内部审计数字化转型的重要方式。

8.1　人工智能和人工智能审计概述

当前最火的技术无疑是人工智能。有人说未来 30 年人工智能都将是持续的热点，且代表着新兴管理思想、新兴商业模式和新兴信息技术的一种融合。传统内部审计是需要投入大量的人力以手工的方式进行各类审计活动的，可以粗浅地理解为人工智能审计就是在合理的规划和管控下利用机器自动作业来取代人类手工作业，这种审计特点和人工智能特点共同决定了人工智能技术在内部审计工作中大有可为。本节主要介绍人工智能的相关概念、人工智能审计技术及其程序。

8.1.1 人工智能的基本介绍

1956 年，达特茅斯会议首先提出人工智能（Artificial Intelligence，AI）的概念，并确定了人工智能的目标是"实现能够像人类一样利用知识去解决问题的机器"。

中国国家标准化管理委员会发布的《人工智能标准化白皮书（2018 版）》指出：人工智能是利用数字计算机或者数字计算机控制的机器模拟、延伸和扩展人的智能，感知环境、获取知识并使用知识获得最佳结果的理论、方法、技术及应用系统。

人工智能是指由人类制造出来的机器或者系统所具备类似人类的思维和行为的智能，它的主要研究领域包括认知建模、知识学习、机器感知、机器思维、机器学习、机器推理及应用、机器行为和智能系统等。

人工智能相关的知识涉及数学和统计学、计算机、机器学习框架、大数据以及问题求解、逻辑推理、智能规划、知识图谱、机器学习和分布式人工智能等方面。

人工智能是在大数据和高性能计算的基础上逐步发展壮大的一个十分热门且具有广阔应用前景的领域。从当前的研究和应用来看，人工智能的四大关键领域是计算机视觉、自然语言处理、机器学习和人机交互，它在相关行业的典型应用有智能移动设备、智能语音机器人、智能流程操作机器人、智能风险审批模型、智能投顾或保顾、智能预测模型、智慧财务、智慧合规和智能审计稽核等。

例如，根据《中国工商银行股份有限公司 2020 年度报告》，中国工商银行已经全面建成自主可控、同业领先的企业级人工智能技术体系，打造"看、听、想、说、做"五大人工智能核心能力，建成一站式人工智能建模工作站，利用人脸、声纹、虹膜等多种生物特征识别能力，实现机器学习、光学字符识别（OCR）、机器人流程自动化（Rabotic Process Automation，RPA）、知识图谱等主流人工智能技术的广泛应用。

8.1.2 人工智能审计及其程序

1. 人工智能审计的常见方法

（1）统计学习　生产生活中，我们听得比较多的是"机器学习"这个名词，而"统计学习"则听得较少，但是实际上统计学习与一般的机器学习极为相似。统计学习也称为统计机器学习，是关于计算机基于数据构建概率统计模型并运用模型对数据进行预测与分析的一门学科。由此看来，统计学习很类似于机器学习的概念，但是机器学习更强调使机器通过对数据进行学习而获得一种知识或能力，是更趋近人工智能的概念，而统计学习更强调理论上的数理统计分析和挖掘。

统计学习由监督学习、非监督学习、半监督学习和强化学习等组成。它的方法都是由模型、策略和算法三要素构成的，可以简单地表示为：方法＝模型＋策略＋算法。其中，在监督学习过程中，模型就是所要学习的条件概率分布或决策函数。

统计学习和机器学习一样，需要对数据进行处理，数据的类型主要包括各种数字、文字、图像、视频、音频数据以及它们的组合。

统计学习对数据的预测与分析是通过构建概率统计模型实现的。统计学习的结果主要有两种情况，分别是决策函数和概率分布模型。

（2）机器学习建模　利用大数据进行机器学习，可以构建多种模型，如客户营销模型、客户分类模型、客户画像、业务推荐模型、信用评级模型、审批决策模型、反欺诈分析、零售申请评分卡、零售行为评分卡、零售催收评分卡、贷后风险预警模型、债券预警模型、可疑金融交易监测模型、量化投资模型等。例如在监督学习中，与统计学习一样，通过机器学习得到的模型一般也是条件概率分布和决策函数这两种形式。

（3）RPA　基于操作流程节点，通过事先设计、开发配置和运行一定的规则，RPA 可以模拟人的操作处理，进行复制、粘贴、点击、输入等操作，协助人类完成大量 "流程较固定、规则较明确、重复性较高、附加值较低" 的工作。当前 RPA 是企业数字化转型和人工智能应用的热门方向之一。

我们甚至可以将遍布各地的银行自动取款机（ATM）、个人贷款的自动审批引擎理解为早期的 RPA。当前 RPA 在金融机构中已经有了一定的应用场景和案例。例如，一些商业银行已经开始利用 RPA 技术来进行客户自动化服务、个人贷款的审批决策、信用卡审批、房屋抵押贷款的抵押品查询、自动征信查询、自动联网核查、银行账户自动开户、自动对账、财务费用报销、发票核验、联网核查、洗钱风险监测等。

（4）自然语言处理　自然语言处理（Natural Language Processing，NLP）是当今计算机和人工智能领域的热点方向，它以语言为对象，利用计算机技术来分析、理解和处理自然语言。自然语言处理主要应用于机器翻译、舆情监测、自动摘要、观点提取、文本分类、问题回答、文本语义对比、语音识别、OCR 等领域。

（5）光学字符识别（OCR）技术　该技术可以对图片格式的文件进行扫描、分析和识别，获取文字及版面信息并翻译成计算机文字。常见的应用形式有 OCR 文本字符识别、OCR 人脸识别、OCR 图像识别等。

（6）自动语音识别和处理　自动语音识别和处理能够将存储的语音转成数字信息，进而转化为可供进一步分析的文字，再对这些文字进行语义解析和文本分析。

（7）知识图谱　知识图谱（Knowledge Graph）最早由 Google 公司在 2012 年提出并用于互联网信息检索。它通过将应用数学、图形学、信息可视化技术、信息科学等学科的理论和方法与计量学引文分析、共现分析等方法结合，并利用可视化的图谱形象地展示某一事物的关键结构、历史演变、前沿趋势及整体框架，最后用可视化技术描述知识资源及其载体，挖掘、分析、构建、绘制和显示知识及它们之间的相互联系。知识图谱是当前大数据分析领域的热点之一，在企业风险管理、客户管理等领域有着广泛的应用。

2. 人工智能审计的程序

完成人工智能审计工具或系统的开发之后，内部审计可以使用其开展特定的审计活动，包括单一项目或单一项目中的某些特定的审计工作。

当执行单一项目时，审计程序仍然基于标准的审计程序进行，只不过由人工的方式变成了自动的方式。结合当前的审计智能工具和技术，全自动化的审计项目很难落地实施。

当执行单一项目中的某些特定审计工作时，人工智能审计的程序一般是目标设定→数据采集→数据分析→结果判定→持续优化。这个程序和大数据审计其实非常接近，主要是由内部审计本身采集数据和分析数据这一本质特点所决定的。在单一项目的某些特定审计工作中采用人工智能技术和工具，应该是当前和未来一段时间内人工智能审计的主流。

8.2　人工智能审计的发展演变

虽然人工智能自提出至今已有半个多世纪之久，但是它用于内部审计活动还是最近 10 年的事情。由于内部审计本身审计导向的演变、人工智能技术的局限、内部审计信息化建设尚未彻底完成等原因，内部审计中的人工智能成分并不高。不过随着人工智能技术的逐步成熟、内部审计信息化建设基本完成和大数据审计逐步推广，人工智能审计迎来快速发展期。

企业内部审计部门应该做好人工智能审计的研究和规划，恰当地引进相关的方法和技术，确保自身不脱离时代发展进程。本节简要介绍人工智能审计的发展历史、实践和应用。

1. 人工智能审计的发展历史

人工智能用于内部审计活动远晚于人工智能自身的发展，在介绍人工智能审计的发展历史前，我们先看一下人工智能的简要发展演变。

20 世纪 50 年代，图灵发表了划时代的关于人工智能的论文并提出了图灵测试，标志着人工智能的初步诞生。1956 年达特茅斯会议确定了人工智能领域，标志着人工智能正式诞生。

20 世纪 50—70 年代，在达特茅斯会议之后人工智能沿着符号逻辑和认知神经网络继续发展，并出现了定理证明系统、通用问题求解器、感知器，这是人工智能发展史上的第一次热潮。

20 世纪 80 年代，人工智能继续快速发展，专家知识库系统、机器学习、神经网络和语义网络分析，奠定了当今人工智能主要领域的基础，这是人工智能发展史上的第二次热潮。

20 世纪 90 年代，统计机器学习、概率推理、大数据与云计算、深度学习和强化学习等开始崭露头角并进入快速发展阶段，这是人工智能发展史上的第三次热潮。

当前人工智能技术仍在快速发展，在自然语言语音处理、计算机视觉、文本分析、智能机器人、智能搜索和推荐等领域发挥着重要作用。零售、金融、健康、教育、农业、工业制造、艺术、专业顾问等行业也越来越多地引进 AI 进行销售管理、风险管理、健康管理、客服管理、创作管理等工作。

在人工智能进入第三次热潮以来，随着 AI+ 技术在各个领域的应用，"智能审计"出现并持续发展。在这个过程中，计算机辅助审计可以说是人工智能审计的前奏，具有部分智能审计的思路和特点。

（1）计算机辅助审计技术（CAAT）　CAAT 是指审计人员在审计管理和审计执行过程中，借助特定计算机工具来完成某些审计程序和任务的一种审计技术。常见的 CAAT 工具有 Office 软件、ACL 等专业审计软件、SQL 等数据库处理软件、MATLAB 等数值计算软件、SAS 等统计分析软件、Tableau 等数据可视化软件。

计算机辅助审计的出发点是审计人员利用计算机工具执行特定的审计任务，例如数据的采集和检索、数据的核对和分析等，在发展过程中逐渐形成了一些专业的审计软件或审计系统，能够对常规现场审计项目和非现场审计监测提供信息化支持。但是鉴于审计信息化和数字化的限制，利用人工智能技术来自动化开展一些审计活动还不是 CAAT 的特定定位。

（2）人工智能审计（AI 审计）　大数据和机器学习技术的发展与应用，为 AI 审计注入了新的生命和活力。AI 审计主要是基于大量数据，利用机器学习算法完成审计内容（如数字、文本、语言和图形）的采集、处理和分析的过程。

2. 人工智能审计的实践和应用

中国许多领先机构的内部审计部门在数字化、信息化、科技化、智能化上取得了不错的成绩，举例如下。

（1）中国人民银行内部审计数字化和智能化转型　中国人民银行将内部审计信息化体系建设作为推动内部审计数字化和信息化转型、深化内部审计智能化建设、提升绩效的重要突破口。中国人民银行提出"五位一体"的框架体系，建设具有前瞻性、可靠性、适用性、安全性、可扩展性、可持续性的内部审计信息化体系，促进审计业务与信息技术的深度融合，建设一个门户、两大系统、三大平台即"1＋2＋3"工程。其中，一个门户是指内部审计工作门户，两大系统是指内部审计业务综合管理系统和计算机辅助审计管理系统，三大平台是指审计依据管理平台、审计整改管理平台、风险识别预警管理平台。同时进行数据整合，打造审计大数据平台，利用计算机辅助系统、ACL、Python 等工具获取数据、开展数据分析和执行审计判断，以有效提升审计的效能，提高内部审计的价值。

（2）国家外汇管理局内部审计数字化转型　国家外汇管理局（简称外管局）的这项工作通过三个阶段来实施：过渡阶段，建立和测试新的内部审计信息化系统；训练阶段，打造数字化转型的核心，即基于机器学习算法的大数据分析能力；应用阶段，全面推动数字化内部审计流程建设，并保持对新理念和新技术的关注。例如，外管局以经常项目货物贸易外汇管理为优先试点，设计了 8 个方向的宏观监测指标和 17 个方向的微观监测指标。

（3）中国银行审计信息化和智能化建设　中国银行于 2018 年制订了审计科技化建设三年规划，重点实施了审计工作信息化平台（AWIP）和审计智能分析平台（AIAP）两大平台建设。通过打造内部审计数据库、建设数据分析挖掘体系、搭建非现场监测预警体系，建立多元化审计网络。通过这些手段，实现内部系统有机整合、数据信息高效流转、新兴技术充分应用、大数据深度挖掘的局面，实现内部审计操作的智能化和内部审计管理的自动化，为内部审计数字化转型奠定基础，推动内部审计科技化应用。

（4）中国平安保险集团全面推进 AI＋稽核　中国平安保险集团耗时一年打造"AI＋稽核：平安盾 SAAS 云平台"，该平台荣获深圳市 2019 年度金融创新奖一等奖。其研发团队运用自然语言处理、人脸识别、机器学习等技术，搭建了包含"数据＋模型＋系统"的智能风险监测、排查、处置等全流程一体化的系统平台，实现了对金融风险的实时监测、精准预警、智能排查及快速处置。平台借助人工智能技术精准监测风险并辅助风险处置，大大缩短了风险响应及处置时间，较传统内部审计缩短 50％ 以上，提高了内部审计人员的工作效率。该平台是我国大数据及人工智能应用于金融犯罪风险监测领域的领先代表。

（5）中国移动通信集团智能审计实践　中国移动通信集团利用其自身的数据和

信息化基础，提出构建"全息交互智慧审计体系"，先后研发和投产了合同智能审计、凭证智能审计、数据智能审计建模、审计机器人自动化作业等产品。在数据集市层面，打造生产系统结构化数据集、生产系统非结构化数据集、现场采集数据集、审计结果数据集；在算法层面，利用自然语言处理、图文识别、机器学习、RPA 等技术打造人工智能算法平台；在实务操作层面，形成现场操作平台和远程操作平台交互式作业。其中，数据智能部分采用了监督学习、无监督学习、强化学习等方法。

（6）南京银行智能审计技术与实践　南京银行内部审计部以"大数据思维"和"审计专家思维"为基础，开发智能审计系统，对大数据进行采集、转化和分析。该团队首先运用网络爬虫技术从互联网采集有关数据，再对数据进行整合重构，设计可视化的数据挖掘功能，进而开发内部审计模型，使得审计方式从"现场单兵作战"向"非现场智能化"转变，审计视角从"识别单业务条线风险"向"全面识别关联风险"转变，审计价值从"静态时点评价"向"动态趋势评价和事前预防"转变。

第三方服务公司也积极投入到行业的变革和创造中，各大审计公司、咨询公司和 IT 公司推出了新的变革理念、工具和服务项目。例如，德勤提出了智慧审计的七大工具，分别是网络爬虫、知识图谱、复杂数据分析、自然语言处理、自动语音识别、文字识别、机器人流程自动化。

虽然人工智能在内部审计工作中有着巨大的应用前景，但是与外部审计比较起来，内部审计采用人工智能审计方式的难度更大。这是因为外部审计聚焦于数字化程度已经较高的财务报告审计，而内部审计的审计领域涉及企业管理的方方面面，其中很多领域的数字化程度本身并不高，而人工智能审计对数字化的依赖度很高，这限制了其在内部审计工作中的发展和应用。

8.3　人工智能审计方法

人工智能审计的方法是指开发一些智能程序、模型或工具，并利用其来执行特定的审计活动。本节先总体介绍人工智能审计存在的问题并提出初步解决方案，然后从 AI 自动数据采集和查询、AI 数据建模分析机器人，再到非结构化数据的处理、RPA 和内部审计报告自动化实现，介绍常见的人工智能审计形式和应用。

8.3.1　人工智能审计的总体方法分析

当前人工智能火爆全球，许多领先企业持续加大对人工智能研发的投入，使得一些日常认知中与科技关联度并不密切的职能部门也开始进行人工智能职能探索。据了解，一些内部审计部门也在积极探索人工智能在审计工作中的运用，但是迟迟找不到切入口和突破点。

机器人流程自动化（RPA）是当下一种热门的技术或工具，在财务会计等领域已经取得了许多成果，但是在内部审计领域目前尚未有成熟的案例。一些企业也通过外部调研的方式了解如何利用 RPA 技术来改造内部审计工作，但是未有明确的思路。

自然语言处理、光学字符识别、自动语音识别和处理这些在其他领域已经有着丰富实践案例的技术在内部审计领域的应用非常少见，许多内部审计人员在此方面的概念和认知还缺乏基础。

机器学习是人工智能领域的热点，并且在企业客户管理、营销管理、风险管理等领域积累了较为丰富的实践。但是在内部审计领域，能够很好地应用机器学习的企业非常少，有关的成熟案例也非常少见。

当今企业的掌握人工智能技术的内部审计人才十分稀少，这些专业人才的缺失直接导致了内部审计部门无法研发、引进和运用人工智能来变革及创新内部审计。

为了解决上述问题，可以从如下方面着手：

（1）机器学习　内部审计引进人工智能可以先从机器学习入手。机器学习是当今内部审计进行人工智能应用的最为常见的方向，并且积累的了一定的实践案例。简单来讲，机器学习就是计算机或机器来模仿人类的学习思维和学习能力，是基于各类数据，运用数学和计算算法等方法，获得知识和技能的行为。内部审计应用机器学习可以进行关联分析、分类分析和聚类分析等，进而识别预测风险。例如：利用 K-Means 算法可以通过比较不同分支机构的数据，寻找存在异常经营信息的机构；利用逻辑回归算法可以构建企业债券风险预警模型；利用关联规则可以寻找员工行为风险的影响因子等。

（2）RPA　内部审计有两种应用 RPA 技术的思路。第一种思路是利用 RPA 技术助力内部审计核心监测体系建设，具体来说是内部审计部门自行设计基于自身职能和价值创造的核心指标，再利用 RPA 技术自动提取数据、进行计算，反馈监测结果。第二种思路是利用 RPA 技术来采集数据，例如采集政府网站上的有关政策信息、监管信息、处罚信息、工商信息，从企业的内部网站上采集企业内部信息和数据（如非结构化数据），对采集的数据进行匹配比对分析，等等。一旦引入和使用 RPA 技术，还应该根据 RPA 来调整优化和变革现有的操作流程。

（3）NLP　内部审计可以利用 NLP 技术对企业的非结构化数据进行挖掘分析。

例如，可以采集商业银行各个时期的信贷业务贷前调查、贷中审查审批、贷后检查，利用 NLP 技术进行解析和挖掘，将目标信息转化为可进行分析的数据，再寻找其中的风险信息、异常信息，以用于审计取证、风险预警、行为评价等。

（4）OCR 技术　内部审计可以利用 OCR 技术对图片格式的非结构化文件进行扫描、分析和识别，再进行数据分析和审计核查。例如进行财务费用开支审计时，实践中许多企业仍是通过内部审计人员手工逐笔检查报销凭证，效率低且效果差。如果通过 OCR 技术提取增值税发票上的科目、物品或服务信息、发票开具方、印章的文字信息后，对其进行分析，挖掘异常报销，可以大大提高效率和效果。

（5）自动语音识别和处理　内部审计可以利用自动语音识别和处理技术，将企业内部存储的语音转变为数字信息和文字信息，再进行数据挖掘和分析，进而寻找风险点和异常点。实践中，我们常常看到内部审计人员在检查商业银行理财业务的销售档案时，会抽查销售录音，然后内部审计人员人工逐步复听录音内容。这种审计方法十分低效，审计覆盖面极低，投入的人工和时间成本巨大。如果通过自动语音识别和处理技术，就能用计算机辅助的形式迅速完成大范围的录音核查。

此外，2017 年 12 月，国际内部审计师协会发布《全球视角和见解：人工智能审计框架》，提出了人工智能审计的框架性规定。该框架所指的人工智能审计并不是利用人工智能技术和工具来开展审计项目，而是对"人工智能"这一对象开展确认或咨询服务。该框架提出人工智能审计包括人工智能的战略审计、人工智能的治理审计和人工智能的人员因素审计，覆盖 AI 能力、网络安全能力、数据架构和基础设施建设、数据质量、绩效衡量、人工智能相关的伦理学以及 AI 黑匣子等多个方面。因此，领先机构的内部审计部门可以先行一步，选择人工智能的一个恰当领域作为试点开展确认或咨询服务。毫无疑问，这是具有一定难度的，但也是极具价值的。

8.3.2　人工智能自动数据采集和查询

1. 数据采集机器人

数据采集机器人可以通过执行内部审计人员的采集指令，基于内部审计人员设定的采集规则，自动采集相关数据并将其保存在特定的存储位置。它的特点是低代码或零代码开发，无须改变企业原有的业务、技术和数据架构，操作便捷并且工作效率高。

内部审计人员可以通过部署类似的机器人来完成对各种情景下数据的采集，以释放审计资源，同时避免传统数据采集方式带来的数据泄露和数据篡改等风险。

2. 自动爬取数据 RPA

内部审计部门可以开展外部调研分析、审计执行或研究活动，如果能采集到大量的外部信息，无疑会给内部审计活动输入更丰富的素材，可以在一定程度上提高审计分析的全面性和先进性。通过人工互联网检索的方式往往效率低，投入大量的时间和精力也未必能达到预期的效果。

自动爬取数据 RPA 是一种简单可实现的自动化工具，通过执行 RPA 或者在审计系统中植入该 RPA，内部审计人员无须编程，通过菜单式操作即可完成网络信息爬取。

3. 自动查询数据 RPA

内部审计部门在执行具体的审计活动时，一般都需要查询大量的数据做审前分析、预警监控和核实特定的审计问题。当前实践中，一般通过内部审计系统中的 SQL 程序菜单式地查询已有内部审计数据集市中的数据，或者以 IT 部门数据查询服务单的形式提交数据采集需求。

自动查询数据 RPA 比内部审计系统中的 SQL 程序更加智能和先进，能够覆盖多种场景、多种形式和多种展示的查询情况。比如，IT 部门数据查询服务单的形式可以大大减少信息沟通、时间等待和数据核实等问题，大大提高查询效率，并且使内部审计人员掌握数据分析的主动权，更符合数字化内部审计的要求。

8.3.3 人工智能数据建模分析机器人

人工智能数据建模是一项高难度的工作，需要掌握数据、统计学、计算机编程和特定业务领域的知识，受限于只有极少的内部审计人员具备 AI 数据建模的知识技能，该项技术仅在极少的内部审计部门有实践。

事实上，由模型需求部门（如业务部门、内部审计部门、风险部门、营销管理部门）自行基于自己的业务目标和业务逻辑开展数据建模是最科学、最有效的方式之一。如何弥补模型需求部门在数据、统计学、计算机编程等领域知识技能上的欠缺？一种办法是让模型需求部门选择部分骨干员工学习这些知识，另一种办法则是使用 AI 自动化的数据建模分析机器人。

低代码和零代码开发是人工智能领域一个蓬勃发展的新兴领域，有着良好的应用前景。AI 自动化数据建模分析机器人就采用了低代码和零代码开发的理念与方法，使未掌握数学、统计学和计算机编程的人员也可以自己创建模型。

8.3.4　文本、图片、语音和视频处理

1. 自动文本分析

企业在日常经营管理中积累了许多文本数据，这些数据是内部审计数据分析的重要素材来源。长期以来，内部审计的非现场检查和现场检查一般会抽取一定比例的文本或档案资料样本进行人工检查，审计覆盖面一般较小，审计时长较长，审计人员产出较低。

内部审计可以采用自动文本分析技术对海量的文本执行自动化分析，以改进上述问题。具体来说自动化文本分析技术可以分为三种：第一种，设定分析规则，由文本分析算法按照规则抓取相关的风险或问题数据；第二种，通过机器学习算法对文本进行专项分析，例如情感分析、关键特征分析等；第三种，设定相关规则识别文本内容之间的关系，进而识别风险或绩效。

2. OCR

OCR 技术可以对图片文件进行扫描、分析和识别，获取文字及版面信息并翻译成计算机文字。企业在数字化转型过程中，会生产图片数据，内部审计活动必然需要针对图片数据做分析，而一般的内部审计软件和工具很难对图片数据进行分析，此时便可以借助于 OCR 技术完成图片数据的解码和转化，再用于一般分析。

OCR 技术在企业里已经有了广泛的应用，例如 OCR 人脸识别、OCR 身份证识别和 OCR 发票识别等。将 OCR 技术与特定的业务场景结合可以实现业务活动的数字化，例如泰康在线基于"OCR + 自动理算"技术推出的线上"一键理赔"服务。

3. 自动语音检查

在传统的营销业务审计、客户服务审计或消费者权益保护审计等项目中，内部审计人员需要抽取语音文件来检查营销过程的合规性或客户权益保护规范的遵循情况等，这种审计形式很难在规定时间内完成足够多样本的检查，并且重听语音的过程十分痛苦，审计效率普遍较低。借助于人工智能中的语音处理技术，自动语音智能质检信息系统能够将内部审计人员从繁杂枯燥的手工质检工作中解放出来，大大提高审计检查的效率和效果。

内部审计部门可以通过构建语音检测系统来完成上述工作，一种较好的实现方式是：首先，按照审计实务要求在系统中设置好抽样规则，系统根据抽样规则自动抽取相关的语音样本；其次，由系统内置的程序对语音进行分析处理，识别异常情况，还可以根据分析结果对该样本的合规性表现进行等级评定；最后，将系统识别出的异常

样本标记并推荐给内部审计人员，由内部审计人员进一步进行人工核定。

例如，华夏银行信用卡中心自 2019 年上线智能质检系统，先后对客户服务相关的挂失、销卡、分期营销等业务场景开展全方位、多维度监控，覆盖客户服务生命周期关键环节、高风险业务及价值营销等领域。该系统自动质检专项业务平均覆盖率达80%，专项质检效率提升 16 倍，准确率可达 90%。借助于自动语音质检系统，仅需3 名语音分析人员即可完成过往近 80 名质检人员的工作量，每年节约的人工质检成本可折合约 900 万元。同理，内部审计人员在开展类似的语音专项审计时，可以借助该系统执行审计程序，无疑将大大提高审计效率，还可以提升审计结果的准确性和客观性。

又如微众银行将 NLP 技术应用到语音交互领域。在"电话核身"场景中，微众银行运用机器学习的算法，通过机器人完成对话与核对，并为不同风险等级的客户制定不同的身份核验策略。在服务质量控制方面，过去在针对电话银行的服务进行语音质检时一般采用人工抽检的方式进行，检查覆盖比例很低，而应用 NLP 技术后，微众银行可以做到对电话语音的 100% 检查。

4. 自动视频核查

与图片一样，内部审计也面临对视频数据进行检查分析的需求，此时可以借助人工智能技术开发智能质检工具，利用 AI 技术对视频文件进行处理，核查视频数据是否完整、严谨、安全、合规。

总体来看，利用 AI 技术对图片、音频和视频进行分析与处理的逻辑结构如图 8-1 所示。

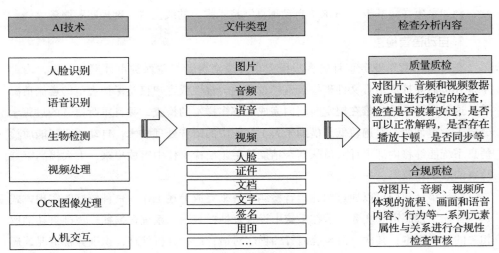

图 8-1　图片、音频和视频自动核查逻辑结构

8.3.5　审计流程机器人

1. 流程机器人简介

RPA 技术大约在 21 世纪初开始应用在企业日常管理和操作活动中，但是应用的领域和范围十分狭小。从 2010 年开始，随着 RPA 技术的不断发展，其应用推广到一些自动化的高频次手工工作之中，例如财务报销领域的发票核验。2015 年之后，已有许多甲方和乙方企业开始布局 RPA 市场，一些领先金融机构、咨询公司、金融科技公司、人工智能创业企业开始研发与推广 RPA 相关的解决方案和信息系统。2020 年左右，国内一批领先企业开始在年报等信息披露和宣传材料中声称其已经开始落地相关 RPA 技术。

要更好地理解 RPA，可以从如下四个方面着手：

1）商业银行自动柜员机。该机器一般称为 ATM，它利用计算机软件、硬件设备和网络等模仿传统人工柜台存取款、查询等操作，可以取代人工操作实现与客户的信息交互并完成存取款和查询的任务。ATM 虽然不是严格意义上的 RPA，但是它的设计出发点和工作思路与 RPA 并无本质差异，两者都通过相关的系统和控制程序取代人工完成一些高频的操作，只是 ATM 同时需要软件和硬件支持，而 RPA 更加侧重软件。

2）商业银行贷款审批模型。传统上，信贷业务一般是以借款人递交申请材料，审批人员人工判断分析、出具审批结论的形式来完成贷款审批。但是，如今越来越多的贷款，特别是零售贷款通过审批模型（或决策引擎）来实现自动化和智能化的审批决策。贷款审批模型通过事先设定的风控模型和决策程序，对输入模型的信息进行自动化计算和分析，并自动给出审批是否通过的结论和拟定借款人授信额度。虽然很少有人将贷款审批模型（或决策引擎）纳入 RPA 范畴，但我们认为它本质上是一个智能审批机器人，是 RPA 的一种较好的应用示例。

3）联网核查流程机器人。商业银行在受理客户的账户开立申请时，需要查询和确认客户的身份信息。在大批量的借记卡开卡业务中，如果通过人工一次性处理上万个客户的联网核查，工作量无疑是巨大的。这种查询属于高频次低技术含量的机械式操作。此时，可以开发一个联网核查流程机器人，该机器人可以自动获取申请人的身份证号码数据，再自动进入公安部网站查询和比对身份信息。同理，信贷业务中的借款人征信信息查询也可以通过同类 RPA 机器人完成，且更智能的征信查询 RPA 机器人还可以对征信报告完成自动化解析。

4）增值税发票核验机器人。在许多企业中，在处理财务费用报销时，报销操作人员一般需要人工验证增值税发票的真实性。通过 RPA 机器人可以自动提取发票中的关键信息，如名称、纳税人识别号、发票号码、交易金额，再自动登录税务管理平台查询和比对发票信息，出具发票真伪的结论。

2. 审计流程机器人的应用

应用 RPA 来执行内部审计活动的主要原因包括但不限于：其一，内部审计活动遵循特定、标准、严格的内部审计规则和程序，与 RPA 任务一样，是一种非常强调规则和流程的作业活动；其二，内部审计的执行需要采集和分析大量的数据，与 RPA 一样需要依赖足量的结构化数据分析（当前的 RPA 在处理非结构化数据上还存在一些不足）；其三，一些内部审计活动为了提高结论的客观性，需要抽取大量的样本进行反复检查，与 RPA 适合处理大量重复务的特点非常匹配。

尽管 RPA 能够帮助内部审计在取代高频重复性的工作上发挥出重要作用，但存在的两个典型现实问题是：RPA 程序本身的技术可靠性不足，可供 RPA 改造的内部审计活动不足。由于内部审计和外部审计的审计内容具有极大的差异，前者很少执行财务报表和财务数据审计，而后者则以财务报表和财务数据审计为核心。RPA 在财务管理和财务报表审计中有一定的用武之地，因此 RPA 在向外部审计推广的过程中取得了一定的成效，但它在向企业内部审计部门推广的过程中却碰到了众多的问题和阻力。内部审计的审计内容千差万别，内部审计的审计环境亦各不相同，标准化程度远低于外部审计。

RPA 在内部审计变革中起着重要的作用，那么企业该如何引进和应用 RPA 来执行内部审计活动，充分发挥 RPA 的价值呢？我们认为可以从以下方面着手。

1）市场信息调查检索 RPA。内部审计人员可以将 RPA 程序植入审计管理信息系统的"调查分析"模块中，通过 RPA 程序自动化爬取互联网上相关的信息和数据，进而为审计调查分析提供大量的素材。

2）内部数据库信息检索 RPA。事先设定信息查询规则，编写程序，由 RPA 执行查询程序，将结果返回至指定的信息存储位置。

3）特定审计程序执行 RPA。例如财务费用报销审计中的发票核验 RPA，员工异常行为排查审计中的员工投资经商办企业核查 RPA，信贷合规性审计中的信贷资金回流核查 RPA。

8.3.6 审计报告自动化实现

内部审计准则中所称的审计报告是指内部审计人员根据审计计划对被审计单位实

施必要的审计程序后，就被审计事项做出审计结论，提出审计意见和审计建议的书面文件。这种报告定义可理解为狭义的、严肃的报告。此外，内部审计还可以出具其他报告，如调查报告、调研报告、咨询报告、研究报告等。

从行业实践来看，审计报告一般包括用于记录审核项目结果的审计项目报告，用于审计分析、管理决策的专项分析报告。

审计报告数字化的核心是实现报告的自动化。实现该目标的方法有：一是根据报告性质和特点设计出标准化、参数化的报告模板，并通过信息系统开发出来；二是由于报告需要采集很多定性和定量的信息，因此要做报告的数据治理，具体来说，对于定性信息要事先设定格式和内容要求，对于定量信息可以按照常规数据治理方法进行优化；三是借鉴监管科技所使用的报告自动化技术，在恰当的时点采集数据，形成所需的各种最终报告。

在监管科技中，监管报告的自动化技术是重要的组成部分。审计报告的自动化实现，完全可以借助监管报告自动化的方法和工具。此外，经营分析报告、财务报告、客户管理报告、营销管理报告和风险管理报告中的自动化技术也可以作为审计报告自动化实现的参考。

8.4　人工智能审计系统和工具建设

与传统的内部审计系统和大数据审计系统一样，人工智能审计系统也包含存储、数据、技术、计算、应用和输出等必要内容，但是该系统更加强调存储、数据和计算的概念，这些是人工智能技术所需要的特定要求的部分，同时技术层面所使用的技术也不同于传统内部审计系统和大数据审计系统。

从关键组件来看，人工智能审计系统由五层组件构成，其架构如图 8-2 所示，分别是数据层、计算层、技术层、应用层和输出层。

1. 数据层

与大数据审计系统一样，人工智能审计系统数据层主要存储各种类型的数据，包括结构化数据和非结构化数据。

2. 计算层

计算层主要是由各种计算组件，如 CPU/GPU、ASIC、FPGA、计算服务器等构成。其中计算机的中央处理器（Central Processing Unit，CPU）作为计算机系统的运算和控制核心，是信息处理、程序运行的最终执行单元。图形处理器（Graphics Processing

Unit，GPU）非常适合计算量大的图像和图形相关的运算工作，它的计算容量大于CPU，但是不如CPU智能。专用集成电路（Application Specific Integrated Circuit，ASIC）是指应特定用户要求和特定电子系统的需要而设计、制造的芯片，是计算所需的核心硬件之一。现场可编程门阵列（Field Programmable Gate Array，FPGA）是一种高性能计算芯片，例如复杂AI模型或者深度学习模型使用FPGA能够提高硬件的计算能力。

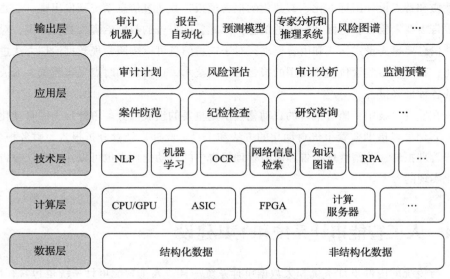

图 8-2　人工智能审计系统的架构

3. 技术层

技术层是指可以在内部审计领域发挥使用价值的人工智能技术，例如NLP、机器学习、OCR、网络信息检索、知识图谱和RPA等。

4. 应用层

应用层是指利用人工智能技术的各种内部审计活动，包括但不限于审计计划、风险评估、审计分析、监测预警、案件防范、纪检检查和研究咨询。

5. 输出层

输出层是指人工智能技术在内部审计领域的具体应用产出物，例如审计机器人、审计报告自动化、审计预警模型、审计专家分析和推理系统、审计风险图谱等。

第四部分 *Part 4*

内部审计实务

　　内部审计绝不是一种理论型活动，而是一种极其强调和重视实务操作的活动，它深刻地体现了"实践是检验真理的唯一标准"。内部审计的实务按照其主体职能可以划分为鉴证活动实务、监督活动实务、评价活动实务和咨询活动实务。在这四类活动中，前三类更接近传统意义上的"审计"，最后一类更接近"管理咨询"。内部审计按照企业管理的领域又可以分为业务审计、管理审计和技术审计。

　　根据上述两种内部审计活动的划分方式，本部分选取银行业金融机构和类银行业金融机构中最为常见的零售信贷业务审计和公司信贷业务审计作为业务审计的代表，选取信息科技和数字技术紧密相关的信息安全和隐私保护审计作为技术审计的代表，选取数字化转型审计作为管理审计的代表，选取内部审计咨询业务开展作为咨询活动的代表来进行内部审计实务示例介绍。通过理论和实践的结合，具体阐述内部审计的原理、过程和结果。

　　内部审计的实务操作在各个行业中具有较大的相似性，因此本部分的内部审计实务内容不仅适用于金融行业，也适用于其他行业。特别是最后三章内容，在内容构思和布局上并未限定于某个具体的行业。

第 9 章

零售信贷业务审计

零售信贷业务是银行业金融机构和类银行金融机构（如消费金融公司、互联网金融公司、金融科技公司等可以经营信贷业务的企业）最为核心的业务。对于以防范业务风险、创造业务价值的内部审计来说，零售信贷业务自然是其重要的审计对象。本章首先介绍零售信贷业务的基本知识、业务发展情况、审计重点工作领域、存在的问题和改进方向，然后给出该业务的审计示例，充分体现理论和实践结合，为各类相关企事业单位的审计人员、风险管理人员和信贷业务人员提供参考。

9.1 零售信贷概述

零售信贷是一个与个人信贷较为近似的概念，其主体是面向个人的一种贷款形式，与之相对应的是公司贷款。通过对贷款五要素的不同配置，可以得到不同种类的零售贷款。零售信贷是银行业金融机构中最为丰富的业务种类之一，也是与人们密切相关的一种金融产品。本节主要介绍零售信贷的基本概念、分类和审计流程。

9.1.1 零售信贷简介

零售信贷可以近似理解为个人贷款，后者是指贷款人向符合条件的自然人发放的用于个人消费、生产经营等用途的人民币和外币贷款，此外部分概念里认为小微企业贷款也属于零售贷款范畴。一般市场上常见的个人贷款分类如图 9-1 所示。

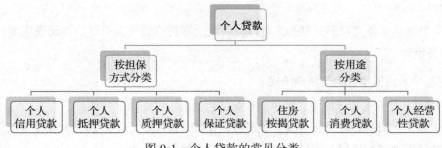

图 9-1 个人贷款的常见分类

按担保方式划分，个人贷款可以分为个人信用贷款、个人抵押贷款、个人质押贷款、个人保证贷款。

按用途划分，个人贷款可以分为住房按揭贷款、个人消费贷款、个人经营性贷款。

1）住房按揭贷款：即通常所说的房贷，由于具有期限长、利率低、强抵押等特征，风险暴露与其他个人贷款具有明显差异，一般单独归为一类。本质上它也是消费贷款。

2）个人消费贷款：由贷款机构向借款人发放的用于日常消费的贷款，如购车贷款、旅游贷款、耐用消费品贷款、装修贷款、医疗贷款、教育贷款等。

3）个人经营性贷款：由贷款机构向借款人发放的用于日常经营的贷款，如个人微型企业经营的贷款、个人创业贷款、个人购买经营设备贷款等。

此外，按是否可循环使用，个人贷款还可以划分为个人单笔单用贷款、个人循环使用贷款。其中，个人循环使用贷款是指由贷款机构审批后给予借款人一个授信额度和期限，借款人在该额度和期限内可以灵活循环使用的贷款。

9.1.2 零售信贷业务审计简介

1. 零售信贷业务审计的概念和分类

零售信贷业务审计是指由内部或外部审计机构基于特定的目标对特定范围内的个人贷款业务进行全面审计或专项审计，目的是评价其风险管理、内部控制或绩效目标的情况。零售信贷业务审计在不同的企业、不同的环境下具有不同的特点。

零售信贷业务审计的类型有很多种，常见的分类如下：

1）按照审计目的划分，可以分为合规审计、风险管理审计、资产质量审计及绩效审计等。

2）按业务品质划分，可以分为消费类贷款审计、经营类贷款审计、覆盖各类个贷产品的综合审计。

3）按照机构划分，可以分为分支行零售信贷业务审计、独立事业部零售信贷业务审计。

4）按照业务开展形式划分，可以分为线上零售信贷业务审计、传统线下零售信贷业务审计。

2. 个人贷款审计相关法律法规

零售信贷业务审计的主要法律法规标准包括但不限于以下几种：

1）《个人贷款管理暂行办法》（中国银行业监督管理委员会令 2010 年第 2 号）。

2）《商业银行授信工作尽职指引》（银监发〔2004〕51 号）。

3）《商业银行押品管理指引》（银监发〔2017〕16 号）。

4）《商业银行内部控制指引》（银监发〔2014〕40 号）。

5）《不良金融资产处置尽职指引》（银监发〔2005〕72 号）。

6）《关于规范整顿"现金贷"业务的通知》。

7）《商业银行互联网贷款管理暂行办法》（中国银行保险监督管理委员会令〔2020〕年第 9 号）。

8）《关于进一步规范商业银行互联网贷款业务的通知》（银保监办发〔2021〕24 号）。

9.1.3 零售信贷业务审计的操作流程

零售信贷业务的操作流程主要有三种：一是标准线下流程，包含贷前调查、信用评级、审查审批、放款、贷后管理和催收；二是线上 + 线下流程，这种流程一般涉及以互联网方式开展的抵押担保贷款，客户申请、调查、审查审批、放款、贷后均通过线上方式进行，在落实抵押担保手续时采用线下流程（部分金融企业已经着手将抵押手续办理进行线上化改造）；三是基于区块链平台的个人贷款，线上操作。零售信贷业务的标准操作流程如图 9-2 所示。

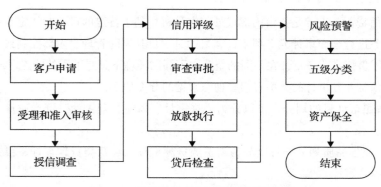

图 9-2 零售信贷业务的标准操作流程

零售信贷业务审计操作以现场审计和非现场审计两种流程为主。

现场审计方面，通过发起独立审计项目，制订审计方案，组建专业审计团队，发出正式审计通知来开展；在审计通知下达后一周左右，进驻被审计单位现场，通过访谈、询问、查阅资料、抽取档案、核查数据、测试系统、观察操作、贷后检查等方式来识别风险和漏洞，寻找被审计单位的经营成果，为全面、客观、公正地发表审计结论奠定基础。在结束现场审计工作离场前，需要和被审计单位管理层、业务骨干、项目对接人等召开审计沟通会议，对已发现的问题进行汇报和确认。

非现场审计方面，零售信贷业务审计人员可以通过开展非现场日常监测，在常规审计项目中加入非现场阶段，实施专项非现场审计项目。其中，非现场日常监测需要在审计系统中开发个人贷款合规性、风险性、效益性的监测模型和监测指标，以进行24 小时动态监测。在常规审计项目中的非现场审计工作重点服务于现场审计，侧重点在于异常点查找和风险区识别。专项非现场审计项目不应局限于抽取数据后做一些基于审计人员个人经验的判断，还应多做一些不依赖个人经验的统计分析。

9.2　零售信贷业务审计的发展情况

零售信贷业务审计的发展变化与内部审计的演化历程基本上保持一致，从早期的合规导向、内控导向、风险导向到战略导向等。我们认为，零售信贷业务这种强监管和审慎经营的业务应该坚持以合规导向、内控导向和风险导向的审计为主，而战略导向、绩效导向和科技导向的零售信贷业务审计并不是关键领域。

1. 合规导向的零售信贷业务审计

早期的零售信贷业务审计是以合规导向来进行的，特别在 2010 年银监会发布《个人贷款管理暂行办法》后，各家金融机构据此制定和完善了内部的零售信贷政策和操作制度，合规导向的零售信贷业务审计始终是首要任务。

合规导向的审计主要依据内外部政策制度开展以下工作：一是对授信业务办理的全过程进行资料检查和资金流向核查，以便评价操作合规性；二是识别虚假贷款、违规贷款和潜在不良贷款，并查找这些贷款业务办理过程中的舞弊、履职不到位等事项。

2. 内控导向的零售信贷业务审计

根据内部控制的框架，内部控制的目标除了确保合规性、财务报告准确性之外，还有运营有效性，因此零售信贷业务审计还需分析和评价运营维度，但这块在实践中往往缺少体系化的方法和工具，导致很容易被忽略。内部控制的五要素也是内控导向零售信贷业务审计的关注点，一些内部审计检查点的设计是基于五要素进行分解的，对比合规导向审计，嵌入了更多关于控制环境、风险评估、信息沟通和检查监督的内容，使得这种评价更具有全面性和系统性。

3. 风险导向的零售信贷业务审计

风险导向的零售信贷业务审计是当前审计的主流，这种审计思路符合"抓住主要矛盾"和"二八法则"的要求。通过审前风险评估锁定高风险领域和关键领域，将有限的审计人才和资源投入到这些重点审计对象上，能够以最小的成本覆盖最多的风险，体现了审计风险性和效益性的统一，同时也符合组织的利益诉求。

风险导向审计的思路包括但不限于如下几种情况：①以产品为维度，审计高风险产品，例如互联网助贷业务；②以机构为维度，审计高风险机构，例如业绩异常突出的分支机构；③以渠道为维度，审计高风险客户渠道，例如针对某开发商的个人住房按揭贷款；④以流程为维度，审计高风险操作流程，例如贷前调查阶段资料收集的完整性、合规性；⑤以逾期为维度，重点审计逾期贷款、风险资产或不良贷款。

9.3 零售信贷业务审计的重点工作领域

传统针对零售信贷业务的审计集中在贷前调查、贷中审核和贷后检查的流程合规性、授信合规性、资金用途、资产分类、资产处置等方面。新时期，随着金融科技和数字技术在零售信贷业务中的广泛应用，内部审计也开始针对零售信贷业务开展风控模型、金融科技和产品管理的相关审计。

9.3.1 零售信贷业务风控模型的审计

《商业银行资本管理办法（试行）》第一百一十九条规定，内部审计部门需要向董事会提交资本充足率管理审计报告、内部资本充足评估程序执行情况审计报告、资本计量高级方法管理审计报告。第一百二十条规定，商业银行采用资本计量高级方法的，内部审计部门还应评估资本计量高级方法的适用性和有效性，检查计量结果的可靠性和准确性，检查资本计量高级方法的验证政策和程序，评估验证工作的独立性和有效性。

出于各种原因，在传统的审计中内部审计很少参与信贷业务的风控模型审计，但理论上无论是出于监管政策的要求还是出于风险导向的目的，内部审计都应该恰当地开展对风控模型这一特殊领域的独立审计。

当前金融机构的零售信贷业务的风控模型与非零售内部评级模型在数据采集、建模方法、模型分类、模型应用等方面均具有较大的差异，比如零售金融风控模型会采集较多的第三方数据。内部审计可以选取零售信贷业务来试点风控模型审计工作，重点关注数据的采集和使用合规，模型建立、测试、应用和调整的内部控制，模型结果的可靠性和准确性。

9.3.2　零售信贷业务领域的金融科技审计

金融科技当前应用最广泛、成效最显著的领域就在零售金融板块，典型的例子有数字化的个人金融产品、科技化的个人金融服务、智能化的零售金融风控、精准化的零售金融营销、自动化的零售金融贷后，这些新兴的事物往往伴随着新的风险，同时带来新的机遇。内部审计部门开展独立客观的分析和评价能够为董事会和高级管理层进行决策提供更多的信息支持。

众所周知，消费互联网化和消费数字化是发展得较为成熟的板块，与此相对的是产业互联网化和产业数字化进展相对较慢。而在信贷领域，零售信贷业务也是互联网化和数字化应用较为成熟的板块。互联网化和数字化与金融科技相辅相成，金融科技是促进互联网化和数字化的重要手段，内部审计在互联网化和数字化时代，对零售信贷业务的金融科技开展审计势在必行，这将极大地解放内部审计的思维，并提升企业的风险管理水平。

因此零售信贷业务的审计，应该跳出基于传统贷款"三查"的档案检查和简要数据分析，切割出一部分人才和资源投入"零售信贷业务金融科技"领域，对由应用金融科技带来的个人贷款组织变革、数据合规、信息安全、欺诈风险、消费者权益、流程控制、模型效率、系统建设、反洗钱、资金用途和业务绩效等开展独立评价。

9.3.3　零售信贷业务领域的产品管理审计

随着互联网金融、金融科技和金融创新等概念的兴起和实践，零售信贷业务成为金融机构新产品管理的首要领域，主要表现在新产品战略、基于互联网模式的零售信贷业务新产品的设计和开发、零售信贷业务的新商业模式（如新的营销、新的渠道、新的风控、新的合作模式等）、新产品的生命周期管理等。

新产品管理是包含战略分析、市场分析、产品设计、产品开发、产品投产、产品全生命周期管理的过程，是不同于以信贷业务"三查"流程为基础的信贷管理。在实践中，以往金融机构很少以产品管理为核心对信贷业务开展审计，主要原因包括传统的审计思维很少关注产品开发、信贷业务流程风险审计长期占据主导地位、缺乏对新产品管理的专业人才、审计理论和舆论很少提及产品管理审计等。

新产品管理实际上是一个与企业战略密切相关的模块，是实现企业目标的核心动力之一，同时新产品管理的过程存在着众多风险。新时代内部审计基于战略导向和价值创造的理念，完全可以开展相关审计。由于零售贷款当前是金融机构最为活跃的新产品领域，伴随而生的合规风险、科技风险、隐私保护、信用风险、操作风险、战略风险等都是显而易见的，对此领域进行审计将成为新的热点。

9.4 零售信贷业务审计存在的问题

尽管零售信贷业务审计是十分典型和常见的审计活动类型，也已经积累了标准化的审计方法、流程，但是由于审计人才、审计技术等因素的差异，目前各类企业中的零售信贷业务审计还存在审计方法不规范、特定业务的洞察不够等问题。

1. 部分金融机构的审计方法不规范

零售信贷业务审计在金融机构中是一种十分基础的审计类型，是比较标准化和规范化的。但是在实践中，部分金融机构的审计团队缺乏专业的贷款审计人员，一些临时抽调和刚刚转型的内部审计人员缺乏必要的审计方法论与实操经验，常常导致一些项目对某些方法或程序的使用不规范。

目前有一个重要的问题是，许多零售信贷业务审计项目一般会进行审前分析和符合性测试，但是对于分析性测试和实质性测试则较少关注。除此之外，还有以下问题：一些机构的审计标准只有外部监管合规和内部政策制度，缺乏对领先实践的对标和建议；一些机构的审前数据分析工作较为简单，不能为现场审计展示更全面、更精准的高风险领域和异常点。

2. 对特定的个人贷款领域缺乏深入的洞察力

传统个人贷款的信贷要素、操作流程和业务规范都是相对比较简单的，因而往往给人造成一种错觉，即传统个人贷款（甚至包括新兴零售金融业务）的风险较低，重要性不足。实际上，不管是传统零售信贷业务还是新兴的零售金融，都潜藏着其特有的深层次风险。

近年来流行的互联网金融信贷、线上纯信用全自动贷款、助贷业务、第三方合作业务、区块链信贷等给个人贷款带来新的风险和交叉风险（如第三方合规、第三方信用、信息安全和数据泄露等），内部审计人员如果仍然根据传统的个人经营性贷款、个人消费贷款的风控理念和审计技术开展审计工作，极有可能发现不了这些业务的实质风险。

9.5　零售信贷业务的审计改进方向

零售信贷业务由于其典型性、重要性，以及客户多、数量大、频次高、金额低的业务特点，需要内部审计部门和内部审计人员持续不断地对其进行数字化内部审计改造，建立与之匹配的大数据审计方法、工具。内部审计人员可以先从一般审计方法着手推动审计方法的优化与改进，然后针对特定的零售信贷业务产品、场景开展专项研究和操作，提高其审计的广度和深度。

9.5.1　零售信贷业务一般审计方法

1. 掌握外部法律法规和内部审计制度

熟悉和掌握零售信贷业务的外部法律法规和内部授信管理、业务管理、授权管理的规定；调取和研究公司有关个人贷款业务的内部制度和操作指引；访谈授信管理部门、贷款业务部门、风险管理部门、计划财务部门等，了解业务流程、潜在问题和期望；调阅近年关于贷款业务的内部、外部检查报告，了解存在的问题及整改情况。

2. 掌握个人贷款业务设计、执行及其内部审计的外部趋势和领先实践

当前内部审计提升价值的一种重要方式是了解行业发展趋势和引进行业先进实践经验，并且以领先实践为基础提供切实可行的管理和操作建议。内部审计人员有必要事先了解国际和国内金融机构在零售信贷业务执行、业务管理、业务审计领域的优秀经验，以此来丰富内部审计的内涵，提高内部审计洞察力。

3. 调阅基本信贷资料、数据和信息，开展审前非现场数据分析

为了将有限的审计资源投入到高风险的领域，内部审计人员需要在现场检查工作开始前进行审前数据分析。每一个团队使用的数据分析技术和期望达到的审计目的不同，因此调取的数据种类也会有所差异，一般需要通过非现场审计系统按照尽可能细的维度调取总量、存量业务的明细数据，其中逾期贷款、问题贷款、不良贷款、异常变动贷款等是重点分析方向。

这是开展数字化内部审计的核心环节，大数据审计、人工智能审计可以"各显神通"，展示新兴审计方式和工具的能力。

4. 执行现场审计，开展合规性测试

合规性测试可以近似理解为符合性测试，它重点倾向于业务的合规性遵循情况，主要工作是审查与评价个人贷款法律法规和内部控制合规制度的健全性、执行的有效

性。具体来说，可理解为进行内控程序测试：一是通过询问等方式，了解公司贷款控制的环境及程序等；二是进行穿行测试，即抽取一定的具有代表性的信贷交易，并对其各控制点进行测试，审查其内部控制的设计和运行情况；三是进行控制测试。控制测试与内控评价的方法相似，目的是获取审计证据，证实公司内控制度的合理性和执行的有效性，具体包括设计有效性测试和执行有效性测试。

设计有效性测试即测试各项政策、制度、流程、方法、措施或工具的设计是否合理，能否有效发挥作用和控制风险；执行有效性测试即测试关键环节的内控执行的有效性，判断其在多个样本情况下是否能够按照既定的标准和要求进行操作与运行。

合规性测试结束后，依据测试结果确定下一步的审计重点，进行分析性测试和实质性测试。对内控制度健全有效的环节可降低抽查比例，反之则重点抽查。

5. 执行现场审计，开展数据分析性测试

中国内部审计协会发布的系列准则给出了分析程序的主要内容和方法，主要方法包括比较分析、比率分析、结构分析、趋势分析和回归分析等。

结合实践情况，一般的信贷质量审计可以从贷款发放的数量入手，对贷款风险分类结果进行汇总分析，这样一来就可以得到贷款的总体状况和结构，提示贷款内在风险，然后进行历史数据比较、同业比较和贷款投向结构分析，从贷款各要素及结构中寻找其运动规律并发现其中的差异，最后将这种差异作为审计重点，识别问题并获取审计证据。

1）比较分析。一是可以进行时期比较分析，审查贷款质量变化趋势，若贷款质量变化趋势与同期经济变化大体一致，则属正常；反之，要做进一步分析。二是进行行业比较分析，对同一组经营规模类似、性质相同的企业的贷款质量进行比较分析，看其经营业绩差距是否过大，若差距大，则分析成因。

2）比率分析。将企业的五级分类贷款，即正常、关注、次级、可疑、损失类贷款余额分别与全部贷款余额做比较，审查各类贷款的风险权重及分布。

3）结构分析。从定量的角度揭示企业不良贷款集中区，从而发现企业信贷管理的薄弱环节和高风险区域，分析维度可以是客户、行业、地区、产品等。具体来说，一是可以进行行业投向分析，揭示不良贷款行业分布；二是可以进行贷款品种构成分析，如对不同贷款类型或产品等进行分析，可发现不良贷款在各类贷款中的分布，进而确定贷款的高风险区。

4）趋势分析。根据对不同观察期限内各种维度的贷款指标数据的变化，分析潜在的演变趋势，为查找审计问题提供线索。

5）回归分析。利用统计数据分析方法，查找不同维度信贷业务的客户、债项、指标之间的关系，进而识别可疑点和风险点。

此模块也是数字化内部审计的重点领域，内部审计人员应充分利用审计大数据平台，提取充分的信贷业务数据，恰当地进行上述各种分析。

6. 执行现场审计，开展实质性测试

实质性测试是指在符合性测试的基础上，为取得直接证据而运用检查、盘点、观察、查询及函证、重新计算、分析性复核等方法，对被审计事项的真实性和合法性进行最终审查。

例如，对信贷业务质量的实质性测试，有赖于信贷管理内部控制的健全和有效控制程度。实质性测试的目的在于用取得的审计证据验证贷款的真实性和准确性。

1）编制贷款汇总表，反映贷款全貌，用来指导对贷款的实质性测试。

2）核对有关会计科目，审查贷款发放和金额的真实性。

3）核对贷款账户总账、分类账余额。检查会计总账、信贷部门台账，核查数据是否一致；核查借款合同、借据、会计账户，看所发生的贷款是否全部及时入账等；核查损失准备计提的准确性和及时性；核查贷款五级分类的准确性和及时性，评价资产质量；开展必要的现场贷后检查，核实贷款风险情况。

4）运用判断抽样技术，确认贷款的真实价值。实质性测试通常采用判断抽样方式进行，其抽样的规模需根据内部控制评价、合规性测试、分析性测试的结果来确定。例如，信贷资产质量审计的目的是确认贷款的真实性及其价值量，通过运用判断抽样技术，结合信贷风险预警、五级分类和损失预测技术，尽可能找出所有可能发生损失的贷款，确认其可能损失的程度。

合规性测试、分析性测试和实质性测试是内部审计执行程序中最为重要的三个环节，代表了内控合规审计、重点分析审计和深入实质审计，是审计过程中审计从广度向深度转化的表现，体现了在全面性、完整性的基础上抓住高风险和高价值领域的思想。

合规性测试一般采用人工检查方法或系统自动控制方法进行；分析性测试一般需要进行大量且专业的数据分析；实质性测试则在前两者的基础上进一步透过现象看本质，穿透到事物的底层了解、评估、判断最为真实和客观的问题。

9.5.2 零售信贷业务审计的重点关注事项

1. 一般零售信贷业务审计关注点

个人贷款与公司贷款相比具有贷款频次高、贷款金额低的特点。从风险控制的角

度来看，只要抓住两个核心点即可以把控其 80% 的风险。

一是抓住借款人的还款能力。还款能力是借款人贷款是否会出现逾期的最为关键的因素，通过对借款人的信用评级、收入证明、资产证明、债务、职业、是否有过"黄赌毒"等违法行为的核查，交叉评估其还款能力。

二是抓住真实的贷款用途。通过伪造贷款用途来申请贷款可以理解为骗贷行为，这种贷款一般风险较大，因为其目的极有可能是不正常、不合规的，往往意味着更高的违约风险。

2. 互联网助贷业务审计关注点

互联网金融企业（例如助贷机构）的尽职调查可以重点关注如下事项：

（1）创始人及核心股东的背景　目前主要有两大类互联网金融企业，一类是大企业和知名企业投资设立的；另一类是行业内个人合伙创业创立的，这部分人许多具有多次创业经历。对于后一类，可以调查创始人及关键合伙人的过往创业表现，以及在过往任职机构的任职表现。

（2）企业的业务流量或其他流量　互联网金融企业的业务流量，例如 App 下载量和使用量以及信贷申请量、拒绝量、逾期量、回收量等，在一定程度上是其生命线。在这里，最重要的是调查其动态流量数据，而不是某个时点的流量数据。例如对于某些数字信息科技公司，可以调查其每个月（一定要按月，颗粒度越细越好）信贷投放的各种流量数据。

（3）企业的现金流分析和预测　许多互联网金融企业，特别是创业期的企业，运营十分依赖投资机构注资，一旦融资出现问题，现金流不能得到及时补充，企业即可能倒闭。因此可以对该类企业做现金流预测分析，并考虑一定的压力条件。

（4）在与第三方合作的业务中加强信息安全审计　数据安全已经成为数字化时代极为重要的事项，通过线上或线下的方式与第三方机构开展合作信贷业务，大大增加了金融企业客户数据、业务数据、经营数据的泄露风险。如条件允许，可在内部审计项目中增加信息安全审计，以降低业务的操作风险和合规风险。

3. 互联网线上贷款的审计关注点

1）互联网线上贷款系统或 App 是否遭受外部攻击。对整个企业的网络安全和攻击开展独立审计，或者单独对贷款系统和 App 的开发与测试进行独立审查。实践中，内部审计部门可能会缺乏相应的信息安全和系统开发的专业人才。此时，可以联合信息科技部门的资深专家或员工联合组建审计团队，或者引入外部审计顾问团队。

2）信贷业务人员、借款人或客户中介渠道是否提供虚假信息申请贷款而未被识别。对互联网贷款业务的数据治理和日常管理、数据合规性、数据质量、数据测试等开展独立审查。

3）信贷业务人员是否利用职务便利修改贷款数据信息。对互联网贷款业务数据体系的内部控制有效性进行独立评价，具体来说，可以从数据内控体系设计、数据内控措施、案件防范、问责处罚、关键岗位风险等方面开展审查。

4. 某企业零售信贷业务审计操作示例

为了有效保障经营安全，进一步强化企业个人贷款业务风险控制，加强个人贷款工作内部监督，促进岗位责任落实，某企业于 2019 年开展了个人贷款专项审计，关注个人贷款制度建设、授信调查、审批、担保落实、放款支付审核、五级分类、贷款用途等。被审计机构包括个人金融部、授信审批部、风险管理部、资产保全部、各分行与支行。

（1）审查的产品　根据前期访谈业务部门和数据分析，将审查的个人贷款产品划分为三大类型。

1）传统个人贷款：以线下办理为主，通过信贷系统操作，包括抵押类贷款（×× 笔）、个人其他消费贷款（×× 笔）、个人其他经营性贷款（×× 笔）、商用一手房贷款（×× 笔）、住宅一手房贷款（×× 笔），共计发生 ×× 笔。

2）平台合作贷款：以线上办理为主，通过网贷系统操作，部分流程线下处理，包括担保机构合作类贷款（×× 笔）、保险公司合作类贷款（×× 笔）、助贷合作类贷款（×× 笔）、三农支持类贷款（×× 笔）、互联网线上贷款（×× 笔），共计发生×× 笔。

3）普惠金融贷款：主要通过第三方发放，包括借呗合作贷款、网商银行合作贷款、互联网委托贷款。（鉴于以往年度已对此部分业务开展内控评估，因此本次审计不考虑此部分内容。）

（2）审查流程　审查流程包括内部制度、授信调查、审查审批、担保落实、放款支付、贷后检查、五级分类、逾期管理。

（3）审查重点

重点一：审查借款人资料的真实性和合规性，审查借款人收入来源是否稳定，是否具备按时偿还本息的能力；审查借款人在其经营领域是否具有一定的从业经验和良好从业记录。对于个人经营性贷款，还可以关注经营实体的资产和负债情况、对外担保情况、最近一年的经营情况等。

重点二：核实和监控贷款用途，对于贷款用途应进行重点分析，特别是对于单笔放款金额较高的贷款，应关注其是否存在贷款资金回流现象。例如对于经营性贷款，审查贷款期限是否短于经营期限，贷款资金有无流入国家禁止的领域，贷款资金有无用于高利贷或流入担保公司等民间融资机构用于收取高额利息。

重点三：调取所有的借新还旧、展期或发生合同变更的贷款，检查发生上述情况的原因。

重点四：调取所有贷款五级分类情况，分析贷款五级分类的准确性。

重点五：获取不良贷款数据，根据贷款品种分析担保方式的结构，分析其偿付能力及其变化情况。

重点六：审查放款支付方式的合规性、系统控制情况以及放款审核流程设计是否存在控制缺陷，例如放款审核环节如何审查借款人签名的真实性和一致性，是否存在不恰当地受托支付给同一个收款账户的现象。

重点七：审查抵质押品的落实情况。例如对于经营性贷款，审查抵质押品是否真实、足额、有效；审查抵质押品评估报告的真实性和评估价格的合理性；审查担保人的担保资格和担保能力，担保意愿是否真实有效，审查抵质押品出入库控制是否有效。

重点八：审查不良贷款的核销处置情况，以及是否及时进行问责处罚。

（4）审计方法　内部审计小组在审计过程中实施了访谈、询问、数据分析、文档检查、现场观察、系统测试等必要的审计程序，必要时需要前往客户处做现场核查。

1）通过与管理层和骨干员工沟通，并查阅相关的政策和制度文档，了解个人贷款工作现状。

2）审查个人贷款内部制度的合理性和完善性，并审查个人贷款内部制度的执行情况。

3）分析与外部合作的业务模式，查找风险控制薄弱环节。

4）在下发审计通知之前调取 2018 年全企业的个人贷款业务清单（不含线上合作业务），并基于相关控制程序发生的频率及控制的相对重要性选取合适的样本，对关键控制措施进行抽样测试。

5）调取个人贷款总量、质量数据，按照期限、余额、信用等级、担保方式、贷款品种等进行分类和结构分析。

6）汇总并报告所发现的个人贷款控制缺陷和漏洞，对识别的缺陷和漏洞提出整改建议，并与被审计单位确认。

7）结合审计方案确定的审计事项，编制审计底稿。

8）撰写审计报告并汇报董事会和高级管理层。

9）跟进所发现的缺陷和漏洞的整改情况。

（5）审计抽样规则　在不考虑同质化控制的条件下，审计样本抽取规则示例见表 9-1。

表 9-1　审计样本抽取规则示例

序号	年度发生频次	样本个数
1	1000 以上	50
2	501～1000	40
3	201～500	30
4	101～200	20
5	51～100	15
6	16～50	10
7	15 及以下	8

（6）审计成员分工　该项目中，审计项目经理按照信贷产品、信贷管理和内部审计人员专业能力的匹配度对各内部审计人员构建了分工矩阵。审计项目组成员分工表示例见表 9-2。

表 9-2　审计项目组成员分工表示例

序号	产品	审计人姓名	擅长领域	具体分工
1	项目总负责人			
2	项目经理			
3	项目成员 1			
4	项目成员 2			
5	项目成员 3			
6	项目成员 4			
7	项目成员 5			

9.6　零售信贷业务审计示例

本节从审计理论出发，结合实践，选取商业银行内部审计项目中最为常见的零售信贷业务审计作为示例，从风险管理、信贷管理和业务操作的角度描述一个标准零售信贷业务审计项目的审计内容、业务风险及审计分析方法。

9.6.1　治理和管理

（1）审计个人贷款风险战略、策略和限额体系　内部审计人员可以关注商业银行是否制定了全面有效的个人贷款风险战略、策略和限额体系，并定期对其进行检视更新。领先银行的信贷政策和制度考虑风险与业绩的平衡，并结合数字化和科技化制定了涵盖治理和管理的规范，这些规范涵盖了业务经营战略、战术和文化，至少应包括信贷业务发展战略、业务线和产品描述、风险偏好和风险容忍度、风险限额。

具体来说，内部审计人员可以先获取最近 1～3 年的企业战略、信贷业务发展规划、年度授信政策、年度风险管理政策、风险限额指标及其维护的文件，然后审查这些文件的完整性、合规性，如果具备专业能力，还可以分析其科学性和有效性。

（2）审计个人贷款风险管理的政策　内部审计人员可以关注商业银行的政策是否全面，特别是涉及授信政策、风险缓释、风险监测和风险分类的政策。

具体来说：首先，获取最近 3 年的信贷风险政策、业务规划、关键信贷管理制度；其次，审查上述政策文件的完整性和合规性；最后，对最近 3 年的这些政策文件进行横向和纵向分析，分析其变化规律，查找异常点。

（3）审计培训管理机制及其实施情况　内部审计人员可以关注商业银行零售信贷风险管理培训是否不到位，例如对风险经理、审批人员和风险分类人员等培训不足。

具体来说：首先，访谈风险经理、审批人员和贷后管理人员，了解其培训教育情况，了解其专业胜任能力；其次，访谈培训管理的主管部门，了解其培训的思路、规划以及对培训工作存在问题的建议和意见；再次，获取最近 3 年内的培训记录文件，了解过往的培训内容、培训频次和培训效果等信息，分析培训工作存在的不足之处；最后，审查培训工作的有效性。

（4）审计履职调查和责任追究情况　内部审计人员可以关注商业银行是否建立了信贷资产质量向下迁徙责任追究机制及不良贷款问责履职调查和处罚机制。审计人员需要获取最新的信贷资产履职调查、风险评价和问责处罚制度，检查内容是否完整和准确。

（5）审计个人贷款"三查"机制　审计人员可以关注商业银行是否建立了个人贷款"三查"机制，该机制至少包含明确的职责、流程、规则、人员。

具体来说：首先，要认识到领先银行个人贷款业务的组织管控和人才体系至少包括组织架构，职责定义，岗位说明，授权体系，人才的引进、培养和考核，职业准则和违规处罚标准；其次，内部审计人员可以获取最近 3 年内的零售信贷业务组织架构、职责说明文件；再次，检查商业银行内负责个人贷款业务设计、规划、管理与执行的组织架构和职责、岗位体系和职责是否清晰、具体；最后，重点核查商业银行不相容职责、模糊职责、关键职责和容易被忽视的职责。

（6）审计零售信贷业务风险预警机制　内部审计人员可以关注商业银行风险预警

机制的设计、执行、应用情况，以及预警数据治理、数据质量、预警系统建设情况。

具体来说：首先，可以获取最新的贷后管理、风险预警制度，检查制度内容的合规性和科学性；其次，访谈贷后管理和风险预警人员，了解贷后管理、风险预警工作中存在的问题并分析这些问题；再次，查看预警系统内的预警指标、预警规则，测试系统内的预警操作的有效性；最后，评估预警数据与信息采集的完整性和准确性，以及信息系统建设的领先性和有效性。

（7）审计档案管理情况　内部审计人员可以关注商业银行是否建立了各项个人贷款的档案管理机制，其制度设计和档案管理执行是否存在显著问题。

具体来说：首先，获取最新的信贷档案管理制度，审查制度的合规性和科学性；其次，访谈档案管理人员，了解档案管理工作中存在的问题和解决这些问题的期望；再次，抽取部分机构的档案资料进行飞行检查，审查档案管理工作的执行有效性；最后，分析档案管理的应用成效，提出科学的改进建议。

9.6.2　政策和制度

（1）审计政策、制度、指标、操作规程　内部审计人员可以关注商业银行是否已按照监管要求建立健全个人贷款管理的各项政策、制度、指标、操作规程。领先银行的信贷政策和制度考虑了风险与业绩的平衡，并结合数字化和科技化设计了涵盖治理和管理的规范，一般包括制度、业务操作流程和规范，至少包括授信指引、管理制度和操作规程。领先银行针对主要贷款产品和关键操作步骤制定分项操作规程，例如个人贷款业务操作规程、个人贷款业务贷后操作规程、个人贷款业务风险评价和责任界定操作规程。

具体来说：首先，审计人员可以获取商业银行最近 3 年内的零售信贷业务政策、制度和操作规程；其次，检查个人贷款业务的经营战略、规划、制度、流程、风险指引、风险指标；最后，通过与合规标准进行对比，参考领先实践，评价上述内容的完整性、合规性和有效性。

（2）审计产品分类情况和产品清单　内部审计人员可以关注商业银行是否建立了统一标准的个人贷款产品分类规则并形成产品清单。

具体来说：首先，获取商业银行电子版本或系统内的零售信贷产品的分类表，审查其分类规则是否合理，产品条目是否完整准确；其次，确认商业银行是否建立了产品清单并定期进行维护；最后，审查商业银行产品清单的完整性，确认是否存在遗漏的产品。

（3）审计产品制度和操作规程　内部审计人员可以关注商业银行是否建立了适

用的产品制度和操作规程，特别是重要产品和复杂产品是否缺少产品说明书或操作规程。

具体来说：首先，获取商业银行各类信贷产品的管理制度和操作规程；其次，审查商业银行是否为主要产品、关键产品制定了产品制度或操作规程；再次，审查商业银行产品制度和操作规程内容的完整性与合规性；最后，审查商业银行产品说明书内容的完整性与合规性，确认已描述产品的信贷要素和业务规则。

（4）审计创新业务的合规性审查　内部审计人员可以关注商业银行对于具有创新性的个人贷款业务，其模式是否取得内部合规审核，特别是与第三方合作的业务是否经过了恰当评审和审核。

具体来说：首先，获取商业银行全量产品清单，了解产品的设计内容，根据已有标识或标准筛选出具有一定创新性的新产品；其次，获取商业银行已筛选出的创新产品的上线审核文件，查看其合规性描述和审核记录。

（5）审计职责分离情况　内部审计人员可以关注商业银行是否由于人员不足或内控缺失导致信贷业务流程中各岗位未执行严格的职责分离措施。

具体来说：首先，访谈商业银行信贷业务营销销售岗、审查审批岗和放款审核岗的工作人员，查阅现有生效的信贷业务管理制度，了解信贷业务全流程；其次，抽取部分信贷业务进行全流程穿行和执行测试，识别和确认是否存在职责未分离等缺陷。

9.6.3　贷前调查

（1）审计借款人资料的真实性和合规性　内部审计人员可以关注借款人资料的真实性和合规性，是否存在内、外部欺诈，如编造虚假信息资料、撰写虚假调查报告等情况。

具体来说：首先，了解商业银行信贷业务内、外部欺诈的常见类型和高风险领域；其次，抽取部分信贷业务档案，检查信贷申请资料、调查资料、审查资料、放款资料和贷后资料的合规性；最后，针对疑似造假资料进行小组内讨论，严谨地收集造假证据。

（2）审计借款人还款能力　内部审计人员可以关注借款人的收入来源是否稳定，是否具备按时偿还本息的能力。例如对于个人经营性贷款，可以关注经营实体的资产和负债情况、对外担保情况、最近一年的经营情况等。

领先银行建立了借款人合理的收入偿债比例控制机制，结合借款人收入、负债、支出、贷款用途、担保情况等因素，合理确定贷款金额和期限，确保借款人的每期还款额不超过其还款能力。

贷款风险评价应以分析借款人现金收入为基础，采取定量和定性的分析方法，全面、动态地进行贷款审查和风险评估。

领先银行在政策制度中明确规定了针对不同类型客户的还款能力评价和贷款金额测算方法；调查人员和审查人员需要分别在调查报告和审查报告中详细描述其还款能力评价和贷款金额测算的全过程，并且注重对证明材料的真实性核查，严禁采用虚假材料。

具体来说：首先，内部审计人员可以获取商业银行内部个人贷款管理制度，审查它是否制定了还款能力的标准，是否明确了贷款金额的测算方法，以及上述规定是否符合监管要求；其次，从产品种类、地区、经营机构和贷款金额维度，抽取一定比例的贷款并获取完整的信贷材料；再次，审查是否按照内部制度规定获取了充分的还款能力证明材料，贷款金额测算是否准确；最后，抽取其中的部分样本重新计算还款能力和贷款金额，与已有的样本记录进行比较。

（3）审计贷款用途的合规性和合理性 内部审计人员可以关注借款人是否提供了贷款用途证明，能否在一定程度上确保贷款用途合规，特别是额度较高的贷款用途是否合理。

具体来说：首先，了解信贷业务制度中对于贷款用途证明文件的规定，评价这种规定的合规性和潜在风险性；其次，抽取部分信贷业务档案进行检查，仔细分析贷款用途证明资料的完整性和合规性；最后，对于明显为虚假的用途证明材料应重点进行提示，对于疑似虚假的用途证明材料应展开进一步核查。

9.6.4 贷中审查

（1）审计偿债能力水平 内部审计人员可以关注商业银行是否建立了借款人合理的收入偿债比例控制机制，结合借款人收入、负债、支出、贷款用途、担保情况等因素，合理确定贷款金额和期限。

具体来说：首先，获取审计范围内的零售信贷产品的管理制度，检查是否针对不同产品、不同客群的特征明确了收入偿债的要求，是否明确了测算客户授信额度的方法；其次，抽取部分信贷档案，检查客户收入证明材料的完整性和合规性，按照已生效的管理制度审查客户的授信额度测算是否准确及贷款期限是否合理。

（2）审计信用评级和风险评级情况 内部审计人员可以关注商业银行是否建立了个人客户信用评级机制和贷款风险评价机制，以及其评级和评价结果是否适用于授信决策。

具体来说：首先，内部审计人员需要了解零售信贷业务客户的传统和创新的风控机制，了解《巴塞尔协议》中对于零售信贷业务客户分池和风险评级的规定，了解一般的风险决策模型的原理、开发流程和应用；其次，此处审计如果以较为简单的方式开展，可以审查零售信贷业务客户的信用评级管理制度的合规性，审查是否明确了客户的评级准入要求，审查模型维护的内控有效性等；最后，如果审计人员掌握了较为全面的大数据风险建模方法，可以进行更加深入的模型风险审计。

同时，内部审计人员也可以借助大数据审计技术和工具，从授信审查的角度来评估零售信贷业务审查审批工作的有效性，以及评估借款人的信用风险水平。

（3）审计贷款审批授权管理　内部审计人员可以关注商业银行的授权机制是否建立，权限分配是否合理，审批流程是否明确；确认是否存在越权或变相越权审批授信、用信，以及缺程序、逆程序或变相逆程序审批信贷业务的情况。

具体来说：首先，可以调取银行的审查审批权限表，确认覆盖了所有的审查审批机构、审批模式、岗位和各种业务，检查是否存在不合理的权限；其次，了解信息系统中权限设置的内控措施，检查信息系统中配置的权限是否与书面权限表一致；再次，抽取信贷系统内的电子或纸质档案，审查是否存在不恰当的审批，如超权限、无权限、逆程序、缺程序等；最后，审查特殊业务、边缘化业务、发生频次较低的业务、临时业务是否经过恰当的审批。

（4）审计关联人贷款审批情况　内部审计人员可以关注商业银行是否存在关联自然人办理贷款而未被识别和恰当审批的情况。

具体来说：首先，获取商业银行现有的关联自然人清单，如果资源充足，可以审查关联自然人名单的完整性和准确性；其次，在系统中抽取审计范围和审计期限内向关联自然人发放的贷款，审查是否经过了恰当的审批，审查是否符合关联交易的合规性要求。

（5）审计审查审批结论　内部审计人员可以关注审批人员发表的审查审批结论，如授信额度、定价要求、用途要求、担保要求、产品要求等是否明确具体。

具体来说：首先，抽取部分信贷业务样本，通过信息系统抓取其审查审批结论，评价其结论是否完整、清晰和具体；其次，在满足条件的情况下，内部审计人员可以抽取所有的审查审批报告进行文本分析，查找异常情况，例如同一审查审批人员办理业务的横向和纵向对比、是否大量复制审查审批报告内容；最后，可以视情况采用大数据挖掘与分析技术审查审批报告和结论的情感色彩等。

（6）审计委托贷款合规性　内部审计人员可以关注商业银行的委托贷款是否符合监管规定，委托人资质、委托人授权声明、委托资金来源、用途是否合理。

具体来说：首先，抽取审计范围和审计期限内所有的个人委托贷款，按照监管政策的要求，审查委托人资质、委托人授权声明、委托资金来源、用途是否合规和合理；其次，对于资金来源的审查，需要借助计算机辅助审计或大数据审计技术，通过最终委托资金的网络流向，结合电子或纸质档案综合判断委托资金的来源、用途。

（7）审计内部员工贷款利益输送情况　审计人员可以关注商业银行是否向内部员工发放了优于其他借款人条件的贷款，且这种优惠不合理。内部审计人员可以抽取审计范围和审计期限内所有向内部员工发放的贷款业务数据，将贷款价格与银行其他个人贷款的价格、同行业的市场价格进行对比，分析是否存在不合理、不公平的优惠。

9.6.5　授信执行

（1）审计合同签约情况　内部审计人员可以关注借款人在签约时是否签订了合适的书面合同和电子合同，如借款合同、担保合同等。首先，询问合同管理岗、放款审核岗的工作人员，了解现有信贷业务合同是否存在缺陷，并了解过往常见的合同签约问题；其次，查阅合同签约和放款审核管理制度，确认是否设计了针对合同签约和审核的内部控制措施；最后，抽取部分信贷业务档案，检查合同签约的完整性，检查合同的填写是否准确，并检查合同签约的审核记录是否完整。

（2）审计抵质押品的落实情况，抵质押品是否真实、足额、有效　内部审计人员首先可以获取商业银行最新的抵质押品管理制度，审查是否明确了可准入的抵质押品类型，并尽量穿透到底层抵质押品，是否明确了不同类型抵质押品的管理要求和操作要求；其次，审计范围和审计期限内的所有抵质押贷款数据，与抵质押品台账进行比对，查看是否存在差异；最后，对于存在差异的业务，进一步抽取信贷档案进行核查，确认是否落实了真实、足额和有效的抵质押担保。

（3）审计抵质押品评估报告的真实性和评估价格的合理性　首先，内部审计人员需要通过查阅相关资料，调取内部抵质押品管理制度，先行了解抵质押品评估的常见方式和评估方法，常见风险和市场上的评估模式；其次，了解商业银行当前采取的抵质押品估值方式，例如是内部评估还是外部评估，并获取抵质押品估值中介机构的清单，审查其合作是否经过恰当的审批；再次，抽取信贷业务样本，获取抵质押品估值档案，检查是否由经准入的中介机构出具，比较抵质押品估值金额和授信额度，计算抵质押率是否合规；最后，根据上述审计结果进一步判定高风险的业务，由内部审计人员选择适当的方法进行抵质押品价值重估，将重估结果与信贷业务估值报告中的价值进行对比，若出现较大差异则进一步核查原因。

（4）审计保证类贷款的双人作业情况　内部审计人员可以关注以保证方式担保的个人贷款，借款人是否由不少于两名信贷人员进行评估。首先，查阅现有的信贷业务担保管理制度或业务操作制度，确认是否对以保证方式办理贷款的经办人员的参与人数做出要求；其次，采集信贷系统里记录的该类型贷款的经办人员信息，确认是否是双人作业，对于不满足两人要求的，进一步抽取信贷档案进行核实；最后，询问不满足要求的业务经办人员，了解背后的原因，分析潜在的风险。

（5）审计担保人的担保资格和担保能力，以及担保意愿的有效性　首先，按照担保类型从信贷系统中采集业务数据，再按照不同的维度和方法进行数据分析，查找有问题或疑似存在问题的担保业务；其次，抽取信贷业务电子或纸质档案，秉持实质重于形式的原则，分析与评价担保的合规性和有效性；最后，审查是否存在连环担保、虚假担保、形式担保、隐形担保等情形。

（6）审计抵质押品出入库控制和保管的有效性　首先，查阅现有的抵质押品出入库管理制度，分析常见的风险点；其次，从信贷系统采集抵押贷款，进行数据分析，查找高风险业务；再次，从核心系统中采集抵质押品全套台账，审查数据的完整性和合规性；最后，查阅抵质押品出入库申请、审批，抵质押品盘点的档案，检查是否存在不规范行为，并观察抵质押品的物理保管状态，确认是否存在风险。

（7）审计违反信贷流程作业情况　内部审计人员可以关注零售信贷业务是否违反授权政策和信贷管理规定，未按照"先授信后用信"及"先抵押后放款"的要求办理信贷业务。

具体来说：首先，从信贷系统中采集审计范围和审计期限内的业务数据，对比放款日期和抵质押手续办理日期，查找先放款后授信的业务及先放款后办理抵质押手续的业务；其次，若存在相关的业务，进一步调阅原始信贷档案，核查最真实的情况；再次，询问业务办理人员，了解出现该类不合规情况的原因，分析业务办理人员提供的理由的合理性；最后，分析总体风险和个体风险的大小。

（8）审计应受托支付而未受托支付的情况　首先，需要了解一些特殊场景下的支付要求。例如，针对核心企业项下的多个供应商的付款是否可以采用自主支付方式；其次，从系统中采集审计范围和审计期限内所有自主支付的贷款，进行数据分析，筛选出高风险或具有可疑特征的贷款；再次，进一步结合专家经验进行人工分析，判定需要进行档案检查的样本；最后，抽取样本核查原始信贷资料，审查自主支付的合规性，包括但不限于是否存在通过变相处理（如分拆等行为）来规避受托支付的现象，是否满足自主支付条件，自主支付的证明材料是否齐全、有效，审查是否存在不恰当地受托支付给同一个收款账户的现象。

（9）审计放款操作情况　内部审计人员可以关注商业银行放款审核权限的设置和执行是否适当，是否存在关键资料不齐全而放款。首先，调取放款管理制度，审查制度中的放款岗位设置、权限配置是否恰当；其次，访谈放款审核人员，了解放款流程存在的主要问题；再次，抽取适当的信贷业务档案资料，检查放款审核记录是否完整，检查放款资料是否完整、资料填写是否规范；最后，审查放款审核环节是如何审查借款人签名的真实性、一致性的，是否存在假冒签名的情况。

9.6.6　贷后管理

（1）审计贷款用途和资金流向　内部审计人员可以关注商业银行是否对贷款用途做了后续的监控和检查，用途是否出现异常，例如有无流入国家禁止的领域，贷款资金有无用于放高利贷或者流入担保公司等民间融资机构用于收取高额利息。

领先银行基于严格的贷款用途来发放贷款。首先，在政策宣导上让借款公司深刻理解提供真实贷款用途的重要性，并要求其在申请表、合同协议中记录具体而非笼统的贷款用途；其次，在授信调查阶段强调对贷款用途进行穿透核查；再次，在审查审批阶段要求提供清晰和完整的贷款用途证明材料；最后，通过智能和人工的方式对信贷资金流向和贷款用途进行检查与监测。

在进行审计时可以重点关注以下几点：首先，获取内部个人贷款管理制度和贷后管理制度，检查其是否包含对用途和资金流向进行跟踪监控的规定，确认其是否符合监管要求；其次，从产品种类、地区、经营机构和贷款金额维度，抽取一定比例的贷款并获取完整信贷材料；再次，审查用途和资金流向追踪的记录，确认其完整性和合理性；最后，抽取其中的部分样本，使用内部审计手段进行用途和资金流向的合规性核查。

（2）审计借新还旧、展期或合同变更情况　内部审计人员可以关注商业银行发生借新还旧、展期或合同变更等情形的贷款，其理由是否充分，风险控制措施是否适当。首先，获取已有的信贷政策和管理制度，确认是否已包含借新还旧、展期、合同变更等情形的业务规定，审查这些规定的完整性和合规性；其次，抽取借新还旧贷款、展期贷款、合同变更贷款样本，检查是否按照已有的规定执行了内控措施。

（3）审计贷款五级分类的准确性　内部审计人员可以关注商业银行贷款五级分类是否准确，是否符合内外部分类政策，在借款人发生风险因素变化后，是否及时调整了分类。首先，通过信息系统抽取审计范围内的贷款五级分类业务数据，进行多维度数据分析，查找异常点；其次，审查在借款人的风险因素发生变化后，是否及时调整了分类，以及分类结果的准确性。

（4）审计贷款五级分类迁移和调整的情况　内部审计人员可以关注商业银行贷款五级分类迁移情况，查看是否存在应调整而未调整的情形。首先，可以对审计范围内和审计期限内的贷款五级分类迁徙情况进行数据分析，查找是否存在应调整而未调整的情形；其次，确认是否存在同一客户项下不同贷款五级分类结果不一致的情况，若存在，则进一步分析这种情况是否属于异常情况。

9.6.7 资产保全

（1）审计逾期管理情况 内部审计人员可以关注商业银行是否建立了逾期客户和逾期贷款的监控与跟进机制，当发生逾期后否对逾期客户和逾期贷款采取了及时的控制措施。

具体来说：首先，获取商业银行贷后管理、逾期管理和资产保全的相关政策与制度，了解现有的操作规定；其次，抽取部分逾期贷款，访谈其关联的业务营销人员、贷后管理或资产保全人员，了解现有逾期后工作中存在的问题；最后，此部分的审查一要看从机制设计上是否支持高效的保全工作，二要看实质上的逾期管理活动是否有效。

（2）审计不良贷款风险责任调查和处罚情况 内部审计人员可以关注商业银行是否对不良贷款的风险责任及时进行调查界定，并进行问责处罚。首先，由于零售信贷业务往往金额较低、业务分散，一些机构不重视对这类贷款出现不良后的履职调查和问责处罚；其次，内部审计人员应获取相关的履职调查和问责处罚制度，确认其是否有清晰明确的规定；最后，从系统中采集审计范围内和审计期限内的不良贷款，与履职调查和问责处罚数据进行比对，确认银行是否已及时完成相关工作。

第 10 章 *Chapter 10*

公司信贷业务审计

公司信贷是债务融资型金融机构的重要资产。信贷资产质量直接影响着此类金融机构的整体风险，因此公司信贷业务审计是金融机构内部审计中的重要一环。在公司信贷业务审计实践中，除了要重点关注信贷主体的信用风险，还要关注授信流程中的操作风险和可能引起抵质押品价值波动的市场风险。更重要的是，金融机构要检视信贷的风险管理制度是否可以有效地应对风险，在不影响业务开展的前提下把控核心风险。从更宏观的角度来说，还要检视金融机构的风险战略是否足以应对外部环境的挑战，促进自身的发展。

10.1　公司信贷业务审计概述

在我国以债务融资为主要融资手段的金融环境下，信贷是公司获取经营所需资金、金融机构实现盈利的重要手段。对公司信贷业务的风险审计，除了要关注融资项目本身的风险，更要关注公司整体的运营。在实践中，获得公司的全部运营信息并不容易。为了解决信贷双方的信息不对称问题，金融机构往往采取严格的尽职调查和风险管理措施。在区块链、大数据等新兴技术的帮助下，金融机构获取信息、消除信息不对称的能力正在稳步提升。信贷业务审计在审计科技和数字化转型的支持下将迎来全新的发展。

10.1.1 公司信贷简介

公司信贷又称为公司贷款，是指贷款人向符合条件的非自然人发放的用于企业日常经营、固定资产投资、特定项目运作等用途的人民币和外币贷款。常见的公司信贷分类如图 10-1 所示。

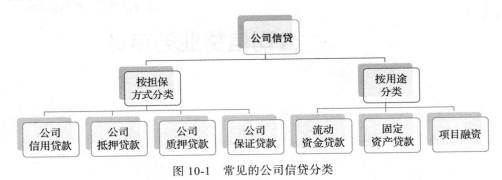

图 10-1 常见的公司信贷分类

按担保方式分类，公司信贷可以分为公司信用贷款、公司抵押贷款、公司质押贷款、公司保证贷款。按用途分类，公司信贷可以分为流动资金贷款、固定资产贷款、项目融资。

1）流动资金贷款是指贷款人向企（事）业法人或国家规定可以作为借款人的其他组织发放的用于借款人日常生产经营周转的本外币贷款。

2）固定资产贷款是指贷款人向企（事）业法人或国家规定可以作为借款人的其他组织发放的用于借款人固定资产投资的本外币贷款。

3）项目融资是指符合以下特征的贷款：

❑ 贷款用途通常是建造一个或一组大型生产装置、基础设施、房地产项目或其他项目，包括对在建或已建项目的再融资。

❑ 借款人通常是为建设、经营该项目或为该项目融资而专门组建的企事业法人，包括主要从事该项目建设、经营或融资的既有企（事）业法人。

❑ 还款资金来源主要是该项目产生的销售收入、补贴收入或其他收入，一般不具备其他还款来源。

10.1.2 公司信贷业务审计简介

信贷业务是重要的风险资产。在债务融资型金融机构的业务中，其占比较大，是此类金融机构经营收入的重要来源之一。因此，信贷资产的质量在很大程度上决定着金融机构整体的风险程度，甚至影响着金融机构的持续经营。由此可见，公司信贷业务审计是金融机构内部审计中的重要一环。

1. 公司信贷业务审计

作为针对公司信贷业务的内部审计，其目的是核查信贷业务的风险状况与合规情况，切实发挥内部审计作为金融机构第三道风险防线的作用，甄别出相应风险，并对其进行妥善处理。其关注重点包括金融机构的贷前、贷中和贷后工作是否尽职合规，对信贷资产的分析评估是否合理以及信贷资产的风险状况。因此，在具体的审计工作中，除了要对全套流程的合规性进行核查以外，还要对信贷本身和授信主体存在的风险进行再次评估。对于其中风险较高的信贷业务，要采取预警等应对措施，以确保信贷资产安全。

底层资产是公司信贷的非标准资产，对底层资产业务的审计，要运用穿透的方式，重点关注底层资产的风险状况。审计方法与公司信贷业务审计方法相似，除了需要关注信贷项目本身的背景、风控措施的落实情况等要素以外，还需要关注作为底层资产运营主体的授信公司整体的运营状况。

2. 针对信贷项目的风险判断

信贷风险评估是信贷业务审计中的重点。那么，该如何判断信贷项目的风险程度呢？首先，审核项目的背景和用途。根据调查报告的信息，结合网络与线下信息搜集等办法，判断信贷项目的合理性。例如，假设授信公司处于长期亏损状态，或是产品受欢迎度欠佳、市场需求萎缩，那么它再申请大规模新项目建设或产品扩产融资，就属于不合理范畴了。其次，检查项目资金的使用情况。通过查询企业流水，了解项目资金的使用是否与授信方案一致。如不一致，需要查明原因，了解资金被挪用到了何处，厘清挪用背后的逻辑，判断挪用行为是否会影响信贷项目的偿还。再次，检视融资项目的运营情况。如果公司申请信贷是为了建设新的产品线或扩建厂房等项目，那么可以检查其产品线或厂房的建设进度，通过公司与客户经理交谈的方式或现场调查的形式了解具体进展情况。如果进度不及预期，需要了解原因，判断原因的合理性，评估对于项目整体的影响。如果融资是用于公司日常经营，则需要了解公司的运营情况，判断其经营是否稳健。最后，检查回款情况。如回款不足或经常性晚于约定时间回款，需要调查原因，思考信贷项目整体运营情况是否存在问题，判断对于信贷项目偿还能力的影响。

3. 针对信贷主体的风险判断

该如何判断授信公司的风险程度呢？首先，可以通过调阅授信公司贷前、贷中、贷后资料，结合与经办人员访谈的方式了解公司的运营情况，包括公司所处行业的发展状况与周期情况、产业链上下游的合作情况、公司的生产情况、产品的销售情况、关键人员离职情况等，对公司运营的稳健性做出判断。其次，可以审核公司获得授信以后的财务报表，与自身三至五年的报表数据或竞争对手的报表数据做对比研究。如发现经营性收入大幅下滑或营业收入未变但经营性现金流大幅减少等异常情况，需要开展深入调研。可以综合运用人员访谈、网络信息搜集、现场调查等方式掌握情况，以对公司运营状况做出准确判断。最后，综合信息，对公司经营的风险程度做出评价，结合贷款五级分类标准，对信贷资产质量进行归类。

4. 公司信贷业务审计的其他要点

项目风险和授信主体风险是公司信贷业务审计的关键内容。在核实上述部分风险可控后，再结合针对操作风险等风险项的合规性检查，即可对信贷项目的整体风险做出评价。在信贷业务审计以外，为确保信贷风险管理体系适合当前业务的发展，信贷业务审计还需要审查分析信贷风险管理流程制度乃至风险管理相关的机构设置是否合理。审查分析方法如下：其一，可通过观察以往信贷项目发生风险的情况来追溯风控制度是否存在缺陷；其二，可访谈风险管理相关人员，了解他们对于风控体系的评价，从评价中总结风控体系需要改进之处；其三，可以研究相关的管理制度和流程，根据审计的信贷项目情况思考整个管控体系在项目实施中是否可以起到应有的作用，以及哪些环节需要改善。在完成对信贷风险体系的评估之后，内部审计人员根据实际情况给出相应的改善建议，审计实施环节即告完成。

公司信贷业务审计工作除了现场与非现场的审计以外，还包括审计整改和审计追踪。审计整改是指在审计环节结束以后，被审计对象根据信贷业务审计中发现的问题进行整改，并将整改情况反馈至内部审计部门验收。审计追踪是指追踪既往审计中发现而未改正的问题，核查是否根据审计意见整改到位。审计追踪可单独开展，也可在下一次审计实施环节合并开展，其意义是确保发现的问题得到纠正，以及通过查漏补缺避免该类型的问题再次发生。

5. 公司信贷业务审计相关的监管规章

公司信贷业务审计相关的监管规章如下：

❏《商业银行授权、授信管理暂行办法》(银发〔1996〕403号)。

❏《中国人民银行关于进一步加强房地产信贷业务管理的通知》(银发〔2003〕121号)。

❏《商业银行授信工作尽职指引》(银监发〔2004〕51号)。

- ❑《商业银行小企业授信工作尽职指引（试行）》(银监发〔2006〕69号)。
- ❑《银行开展小企业授信工作指导意见》(银监发〔2007〕53号)。
- ❑《贷款风险分类指引》(银监发〔2007〕54号)。
- ❑《固定资产贷款管理暂行办法》(中国银行业监督管理委员会令2009年第2号)。
- ❑《项目融资业务指引》(银监发〔2009〕71号)。
- ❑《流动资金贷款管理暂行办法》(中国银行业监督管理委员会令2010年第1号)。
- ❑《中国银监会办公厅关于印发"三个办法一个指引"有关指标口径及流贷受托支付标准的通知》(银监办发〔2011〕142号)。
- ❑《关于坚决制止地方以政府购买服务名义违法违规融资的通知》(财预〔2017〕87号)。
- ❑《商业银行委托贷款管理办法》(银监发〔2018〕2号)。

10.1.3　公司信贷业务审计的操作流程

公司信贷业务的现场审计流程包括审前分析与审计抽样、档案调取、现场审查与人员访谈、出具问题确认书和出具现场审计报告。审前分析是根据审计区域经济情况和风险特征对信贷资产进行整体性分析，并从行业、业务量占比、风险程度等维度筛选出重点关注的客户，按一定的抽样比例完成审计抽样。在抽样完成后，调取审计样本的全套信贷档案，包括贷前调查报告、信贷审批报告、放款档案、贷后检查报告及财务报表等基础资料以供现场审查。在现场审查过程中，需关注业务整体的合规性和信贷客户的风险情况，访谈业务相关人员，对业务进行合理性评估。在发现存在合规问题或风险问题的情况下，基于客观事实对问题进行描述，形成问题确认书。最后，将问题确认书归类汇总，形成涵盖信贷业务整体情况的现场审计报告。

公司信贷业务的非现场审计流程包括审前分析与审计抽样、信贷系统资料与电子档案调阅、非现场审查、出具问题确认书和出具非现场审计报告。非现场审计作为现场审计的重要补充手段，其审前分析一般着重于关注风险性高的信贷业务，包括使行业风险上升、政策合规风险上升、公司经营风险上升等情况的信贷业务。其抽样是从上述存在风险较高的业务中进行抽样，而非使用全面覆盖的抽样手段。在抽样完成后，内部审计人员通过查阅信贷系统存档和调阅电子档案对信贷业务进行审查。如对业务存在疑问，可使用线上的方式与业务相关人员进行沟通，以获取全面信息。在审查完成后，针对存在问题的业务出具问题确认书，对存在重大风险隐患的业务及时发起预警。最后将问题确认书归类汇总，形成涵盖信贷业务整体情况的非现场审计报告。

信贷业务现场和非现场审计流程如图10-2所示。

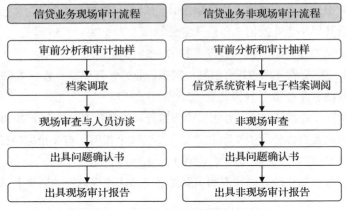

图 10-2 信贷业务现场和非现场审计流程

10.2 公司信贷业务审计的发展情况

近年来，随着先进管理理念的输入，我国公司的治理水平逐渐提升。对于内部审计和内部控制的认识和重视程度在不断提高，审计理念和内涵也在不断变化。在实践中，公司信贷业务审计在理念、方式等方面都有了新的发展。

1. 公司信贷业务审计发展趋势

公司信贷业务审计近年来在发展中呈现出几个特点。审计理念上，从审查纠错转变为更加全面的信贷风险管理，从风险控制升级为内部咨询服务。审计重点由企业信用风险上升为信贷风险管控体系，管理方式由事后监督逐渐向事中与事前管控延伸、向审计预防的方向演进。审计方式上，非现场审查的比例逐渐提升。审计手段上，传统的审计技术与 IT 技术的结合日益紧密，大数据分析与人工智能逐步被应用在公司信贷业务审计的实践中，大数据与人工智能将将成为公司信贷业务审计与信贷风险管理工作的利器。

2. 公司信贷业务审计发展变化详情

（1）审计理念的变化 审计理念由侧重业务异常点的识别审查发展为全流程的信贷风险管理和内部控制检查。在审计中检视公司整体的风险程度和业务全流程的开展情况，审视内部风险控制机制是否有效。审计工作导向由单一的风险管控发展为风险管理叠加内部咨询服务，更侧重于宏观。除关注项目风险本身外，还注重从更好地实现信贷风险管理的角度对风险控制手段、流程管理合理性等方面提出建议，帮助经营部门与风险管理部门完善风险控制。

（2）审计重点与管理方式的变化　审计重点由重点关注信用风险扩展为对信贷风险控制体系的整体审视，以更广的视角检视风险控制体系的有效性与适用性，从整体角度对信贷风险控制体系做出评价，提出建议。管理方式由后置型风险筛查逐步延伸为信贷业务开展过程中的审查，从而在很大程度上避免后置型审查无法实现过程干预的情况，以更有效地实施针对信贷业务的风险控制。在一些审计实践中，信贷业务审计从重点信贷业务开展的前期调查阶段就介入并且全流程参与信贷过程，这样做的益处是可大幅降低操作风险，且可减少内部审计人员与项目经办人员之间的信息不对称，利于信贷业务内部审计人员实施过程评估与控制，提升对信贷相关风险的把控能力。

具体来说，即在重点信贷业务的贷前调查和贷中审查阶段参与项目尽职调查，与业务经办人员一同搜集信息，考察企业。在实施过程中，除对信贷业务本身进行评价以外，也对信贷项目整体流程设计乃至业务人员的履职情况进行综合评估，并提出改进建议。

（3）审计方式的变化　在审计方式上，传统信贷业务审计依赖现场审计，但现场审计对于时间和人力资源的占用较多，极为消耗内部资源。随着 IT 技术手段在审计工作中的广泛应用，非现场审计作为一种对资源需求较少、以线上操作为载体的"轻审计"模式，受到越来越多的公司青睐。虽然在一定程度上受限于机构系统建设的完善程度和线上数据的完整程度，但非现场审计可以根据需求更灵活、更高频地开展，这一优势已使它成为主流审计手段之一，在实践中被越来越频繁地应用。特别是随着大数据和人工智能技术的发展，远程审计拥有了数据获取、挖掘和数据筛查的手段，这大大延长了审计触角，提高了审计的效率和精准定位能力，使得非现场审计更加精确也更具可行性。

（4）审计手段的变化　在审计手段上，IT 筛查手段与内部审计工作结合紧密，主要应用在审前筛查与审计抽样环节，根据既往审计问题的规律制成的内部审计模型可以帮助内部审计人员快速筛查可疑业务并定位问题。现阶段，传统的 IT 手段正在进行智能化升级。随着大数据与人工智能的迅速发展，基于人工智能算法的大数据分析技术将逐渐在内部审计风险管理领域进入应用环节，它可辅助内部审计部门实施更加精准的风险筛查与风险预警，这是信贷业务审计技术未来最重要的发展方向之一。

10.3　公司信贷业务审计的重点工作领域

与其他类型的内部审计相似，公司信贷业务审计当下存在着与金融科技的结合、理念与方式的变化等业界探讨较多的热点。这些热点均与公司信贷业务审计发展的方向相关，引起了从业人士的广泛关注与讨论。

10.3.1 公司信贷业务审计的金融科技化

1. 金融科技与公司信贷风控结合

基于云计算、区块链、大数据和人工智能的金融科技无疑是当下金融领域最热门的话题之一。大数据与人工智能技术在应用领域的发展日臻成熟，与行业需求逐渐深度融合，为金融业带来了深远变革。在对公信贷业务领域，由于存在公司相关的大量数据分析需求，在开展风险管理与审计工作时使用传统方法耗时耗力，存在升级需求。仅公司流水一项，每家公司的记录可能有成百上千条，在记录中定位疑点存在一定困难。为解决信贷业务中的上述痛点，部分领先金融机构与金融科技公司研发出了智能信贷管理和智能风控工具。

这些智能工具内置人工智能风控算法，金融机构在自身庞大的业务数据支持下，可通过不断输入业务真实数据训练风控算法，来提升风控算法的准确度。随着技术的不断完善，未来智能风控与智能审计工具将大范围地推广和应用，并且会随着业务需求的变化不断迭代升级。未来风控算法与工具将会更高频地应用在包括信贷业务审计在内的金融机构风险管理工作中。

2. 金融科技在风控与审计中的应用案例

（1）金融科技在审计机构中的应用案例　这里以两款智能信贷产品为例，简要说明其功能和作用。毕马威是金融科技领域的先行试水者之一，为金融机构的数字化转型提供咨询服务。它研发出的人工智能信贷业务审计工具针对的是贷前、贷后的海量文档和大量数据的处理与分析需求。毕马威研发团队通过使用自然语言处理技术和运用多种人工智能算法的大数据处理技术，来完成对网络、系统与电子档案等内外部海量数据的高效筛选，从而实现对信贷文档的高效分类、自动化摘要、深度挖掘风险相关信息，提取其中的关键信息并进行可视化陈列，提高数据搜集与筛查效率，辅助决策。该工具可以提升信贷工作的效率，有效延伸风险管理的触角，让信贷业务审计更好地为信贷管理与风险管理服务。

（2）金融科技在银行信贷领域的应用案例　国内各家银行也是金融科技浪潮的积极参与方。作为大型的传统金融机构，银行的业务运营会产生巨量信息，人力与运营成本也较高，因此拥有较高意愿开展金融科技改革，以深入挖掘数据价值、提升业务效率、降低营运成本。兴业银行为解决信贷领域贷前调查、贷中审查与贷后管理中的客户和银行之间信息不对称的问题，开发出了"黄金眼"智能风控产品，该产品使用爬虫程序和搜索引擎获取客户外部相关的行为信息，将其与行内财务数据等信息相结合，从而全方位分析评估企业的风险程度，除贷前辅助判断以外，该系统也通过信息深度挖掘功能作用于贷中的审查工作，并可通过算法实现有效预测，在贷后侦测到异动时及时发起预警。审计审查工作也可通过该风控产品开展全量风险审查，从而有效扩大风控与审计的覆盖范围。

（3）金融科技应用实践总结　智能信贷与智能风控产品可以显著提高传统金融机构处理信贷业务的效率，通过将资深风控人员经验与人工智能技术结合的风险审查方式也可提高风险判断的准确性和可靠性。金融科技目前仍然在蓬勃发展，相信在不久的将来会为信贷业务与信贷业务审计带来更多的智能化工具，为这些领域带来深刻变革。

10.3.2　公司信贷业务审计的其他热点趋势

作为金融机构主要内部审计类型之一的公司信贷业务审计已经发展多年，在审计方法等维度都已经相对成熟。除了金融科技趋势以外，近年来在实践中被探讨得最多的是公司信贷业务审计的审计侧重点和审计方式。其热点趋势如下。

1. 对内部控制的关注度上升

第一个热点趋势是对于内部控制关注度的上升。由于内部审计工作愈加注重业务和公司整体的运营，内部控制也在内部审计工作中得到了更多的关注和重视，它在审计工作中被给予的比例正在逐渐提升。对内部信贷业务审计而言，它的内部控制工作更加侧重于对整体信贷风险控制体系的审视，在审视中考察过程控制的有效性、体系合理性等方面。在实践中，完成审视评估后，内部审计部门会实施合理的干预手段把控制体系调整到最佳状态，以发挥风险防控的最佳效能，形成有效的风险管理屏障。

2. 关于审计轻型化的探索

第二个热点趋势是非现场审计等轻型审计方式应用的探索。如前所述，利用电子档案和业务系统信息开展的非现场审计作为现场审计的有益补充，具备占用资源少、开展灵活、效率高等特点，越来越受青睐，被更多地运用在包括公司信贷业务审计在内的审计工作中。特别是在大数据和智能风控技术发展迅猛的当下，非现场审计借助技术支持可以达到更好的远程审计效果，减少被审计方、授信客户与内部审计部门之间的信息不对称。在这样的背景下，如何完善非现场公司信贷业务审计方法，尽可能地发挥其审计功效，轻型化而不失精准性，达到更高频使用的目的是业界探讨的方向之一。

3. 关于新兴技术带来变革的探讨

前文已提到过，大数据和人工智能技术具备传统审计不能比拟的优点，它们在内部信贷业务审计中的运用会越来越广泛。在新技术的应用层面，各家机构尚处于理论探讨或试水阶段，关于新技术将如何改变现有的审计架构存在诸多探讨。预计随着人工智能技术的广泛应用，内部审计人员的大量工作负载会被分担。不过与其他新兴技术相似，人工智能大概率不会完全替代人工，人类经验和思维方式依然具有宝贵价值。在可预见的未来，包括内部信贷业务审计在内的审计工作会以人类智慧与人工智能紧密结合的方式开展，结合专业人士的经验判断和算法的高效与高覆盖广度，形成有效的风险筛查网络。

10.4 公司信贷业务审计存在的问题

由于内外部环境等制约因素的存在，包括公司信贷业务审计在内的内部审计工作虽然在长期发展中已有了长足的进步，但仍存在一些问题和不足，例如审计的独立性不足、管理机制不完善、从业人员素质参差不齐等。

10.4.1 公司信贷业务审计独立性、理念与管理的不足

1. 公司信贷业务审计独立性问题

审计的独立性既是公司治理发展的一大课题，也是影响审计工作的一大因素。虽然内部审计部门实行独立集中管理已成为主流，分支审计机构不再归属子公司等经营机构管辖，审计条线直接对董事会或监事会负责，在公司治理结构层面相较过去更加优化，但由于历史习惯、公司治理发展水平等方面的原因，公司管理层依然对内部审计拥有较强的影响力，而管理层存在业务压力和业绩需求，往往会出于自身利益考虑干预内部审计工作，从而影响内部审计的独立性。信贷业务作为金融机构的重要资产业务，对于经营业绩会产生较大影响，所以针对信贷业务的审计也会在一定程度上受到管理层意志的影响。

2. 审计流程的缺陷

内部审计作为金融机构的最后一道风险防线，具有后置监督的特性，这就意味着在发现信贷融资风险后，风险已形成，此时能实施的有效风险控制手段不多，仅能发起风险预警，知会风险管理或资产保全部门介入调查。流程上无法在业务开展前阻止风险引入，也无法在业务进展过程中进行识别纠偏，对信贷风险的发生缺乏足够的控

制力。特别是纯信用型信贷业务，由于缺乏抵质押品与担保等风险缓释措施，在信贷风险发生以后，假设经营主体偿债能力较弱，那么后续的风险管理工作只能起到有限作用，难以避免损失的产生。

3. 审计追溯机制的不足

内部审计的审计追溯机制尚不完善。内部审计工作往往需要对问题业务进行责任认定，一些内部审计机构在进行责任认定时，往往将主要责任归因于经办人员，而忽视了业务导向、指标压力与不合理制度等内在动因。如果信贷风险是由制度缺陷或指标压力所致，那么将主要责任归于经办人员的做法存在不合理性，亦无法杜绝此类问题的产生。一些内部审计机构的审计机制中缺少对不合理制度的追溯和对经营层指标合理性的认定，这是审计追溯机制中待改善的典型问题之一。

4. 从业人员的业务水平问题

在从业人员素质层面，存在从业人员业务水平不一的问题。内部审计是一项考验风险认知能力和经验的工作，对于从业人员的业务水平有一定要求，需要对业务条线和风险管理都有比较深的认识，所以并不适合行业经验较少或者无经验的人员。当前一些中小机构仍会招聘无相关经验或经验匮乏人员从事内部审计工作，由于经验不足，可能会影响内部审计工作成效。在审计评价层面，经验匮乏人员往往缺乏对业务条线整体的理解，难以从宏观层面合理判断，也很难对业务进行正确的评价。在审计实施层面，经验匮乏人员往往对风险有畏惧心理，不能清晰分辨可控风险与不可控风险，对待公司业务过于保守与谨慎，从而影响公司业务的开展效率。因此该问题是影响内部审计工作质量的一个重要因素。

5. 审计的管理导向问题

在内部审计的管理方面，一些机构存在目标导向不合理的问题。内部审计部门的管理导向与目标导向会对审计工作本身产生较大影响。如果内部审计部门把审计发现的问题数量作为重要的考核指标，那么在审计发现的问题不足以满足指标的情况下，内部审计人员会在管理导向或考核压力下采取更加严格的审核标准，尽可能多地寻找业务中的微瑕，吹毛求疵，以完成审计指标。这种严格审核的方式会给业务部门造成压力，影响业务的开展效率，而产出的审计成果也会包含诸多无效内容。

10.4.2　公司信贷业务审计实施层面的不足

1. 审计覆盖范围的不足

与其他审计类似，传统的信贷业务审计实施分为审前分析、审计抽样、档案调阅、现场审查与访谈、问题确认和审计报告等环节。在内部审计工作中，待查的业务信息往往数量庞大，在审计资源有限的情况下，在审前分析和审计抽样环节，往往无法实现业务的全部覆盖。惯常做法是按照一定比例进行审计抽样，因此大量业务是游离于审计监督之外的。虽然富有经验的内部审计人员根据既有经验可以提高抽样对风险业务的覆盖比例，但筛查遗漏的情况依然普遍存在。此外，抽样对于内部审计人员的风险经验要求较高，经验不足的内部审计人员可能会在抽样中产生更多的风险遗漏。

2. 审计成果独立客观性的不足

在最终的审计报告环节，由于信贷业务是金融机构重要的利润途径，金融机构重视程度高，被审计部门出于自身利益往往会通过各种方式向内部审计部门施加压力，企图影响最终的审计结论，以达到减轻处罚的目的。虽然内部审计部门相对独立，但在平时的业务监管中不可避免地与经营部门以及其他分支机构产生各种联系，需要处理好与它们的关系。因此，在审计报告环节，内部审计部门也会愿意牺牲一部分审计成果来维持与经营部门以及其他分支机构的关系。基于此，审计结果的真实性与内部审计工作的独立性会在一定程度上被影响。

3. 信息掌握的不足

在审计手段方面，作为以事后监控为主要手段的风险管理部门，具体的审计实施主要依赖调阅案卷，结合网上搜集公开信息和访谈业务人员的方式获得信息。信息源主要由二手数据与各式报告组成，如何验证这些既有信息的准确性是内部审计工作中的难点之一。在准确性验证上，往往需要内部审计人员结合自身经验来判断。虽然在审计实施中，内部审计人员发现资料信息存在造假嫌疑的情况下可以要求赴现场调研以核实情况，但由于审计资源与项目时间等限制的存在，决定了这种现场调研的方式不能作为常规手段使用。因此，在信贷业务审计中会存在信息掌握不够翔实的可能性与风险。在后置型监控的情形下，仅使用传统内部审计手段，在业务流程结束后通过案卷调查的方式实施审查难以获知授信公司的全部真实运营情况，更容易出现上述风险，这会削弱审计对于信贷风险的掌控能力。

10.5 公司信贷业务审计改进方向

由于公司信贷业务的重要性和业务复杂性，更需要在内部审计工作中对其存在的问题进行修正，以充分发挥审计的风险防控作用。具体而言，可以从优化流程设计、提升审计人员业务水平等方面着手，针对问题有的放矢地进行改进提升。

1. 提升审计独立性

我国的公司治理尚处于提升发展阶段，审计独立性的问题在现阶段难以彻底解决。由于管理层与经营层存在错综复杂的利益关系，审计独立性会受到管理层与经营层对于业绩需求的影响。在公司治理和审计独立性方面，上市公司由于存在外部监管和监督机制，以及管理权与经营权分离、内部制衡等因素，其公司治理水平往往要好于非上市公司，所以通过上市引入监管机制可以提升公司治理水平，进而改善审计独立性问题。非上市公司整体的审计独立性与公司治理水平的提高尚需要时间。

2. 优化审计流程设计

信贷业务审计的后置监督问题可以通过审计前置、延伸审计触角的方式来解决。例如针对大型信贷项目、涉及高风险行业或企业的信贷项目，内部审计部门可在调查阶段就积极介入，与业务前台部门一道赴拟授信公司考察，访谈拟授信公司人员，了解其生产、销售、产业链等的具体情况来获取更多第一手信息，辅助对风险的判断。如内部审计人员认为可能存在重大风险，可会同业务部门与风险管理部门共同评估来合理规避风险。在上述公司信贷项目的贷后管理环节，内部审计部门也可参与其中，追溯企业经营变化的情况。或可在某些环节结合云计算与大数据技术通过远程的方式参与其中，以降低对于人力资源的占用，提高审计的覆盖广度。

在内部审计的监管空白方面，应完善内部监管体系与制度，将影响经营的一切因素纳入监管体系中，提高监管的完善性，实现对于整体运营的评估和实时修正。例如，在业绩指标设置的合理性等传统审计未覆盖领域，应把业绩压力评估与指标设置评估等内容列入审计范畴，形成审计规章，以更好地对业务整体运营实施监督校正。

3. 提升内部审计人员业务水平

在提升从业人员职业素质方面，管理层和内部审计部门层面应提升对人员职业素质的重视程度。内部审计人员职业素质提高，内部审计才能更好地发挥第三道风险防线的作用，将其升级为无法逾越的高墙。负责对公信贷业务的内部审计人员应更多地从富有一线经验的对公信贷业务人员或风控人员，而非从行业经验匮乏人员中招募。通过合理的审计技能培训，将他们培养为有宏观意识、善于从局部思考整体的审计中坚力量。在内部审计队伍的培养方面也应重视队伍的稳定性，给予内部审计人员合理的薪酬与晋升机会，以留住人才，避免核心人才流失对内部审计业务的开展造成不利影响。

4. 改善审计管理方式

在内部审计的管理与考核导向方面，需要注意审计目标的设置问题，不能仅以最终确认的审计发现作为衡量审计成果、考核内部审计人员的唯一标准，或是将是否发现重大问题作为衡量审计成果大小的标准。不合理的考核标准会产生扭曲的审计成果，造成无中生有、小问题上升为大问题的情况。在设置考核标准时，应充分考虑审计指标可能给内部审计工作带来的影响。在管理与考核时，要全面考虑内部审计人员在信贷风险管理中起到的发现与预防作用，对内部控制的完善所产生的促进作用，来综合评价内部审计人员的贡献。杜绝将发现问题作为唯一标准的不合理情况，合理设置评价与衡量标准。

5. 提升审计覆盖范围

为提高内部审计工作的覆盖广度和抽样的有效性，除了要招募更富有经验的人士加入审计团队以外，还要紧密结合大数据与人工智能技术。如前面章节所提及的，大数据手段具有覆盖面广、数据处理快、数据获取途径多元化等特点，是内部审计工作数据获取与筛查的有效补充。人工智能技术具有高效便捷的特点，其中机器学习方向又有自主学习规律的优势，可以对获取的数据开展及时筛查并对业务风险情况进行判断。大数据与人工智能的结合可以帮助信贷业务审计工作大大提高工作效率，提高审计筛查的覆盖广度与有效性，提升审计抽样的精确性。对于在现场审计中无法实现覆盖的部分可通过智能手段进行扫描与判断，有效规避传统内部审计手段盲区，这是弥补审计筛查覆盖广度不足的一个可探索途径。

6. 改变审计理念，减少干预

被审计部门干预审计结果的问题，需要在总部的管理层面引起重视，正视内部审计与公司良性发展之间的关系，摒弃短期利益思维，通过自上而下的内部约束来解决。

7. 多渠道获取审计信息

内部审计作为后置型监管，天然存在第一手信息获取不足的缺点，除了上述提到的需要延伸审计触手、在重要业务开始阶段就介入调查以外，还可以结合大数据与人工智能手段，运用数据爬虫技术和智能算法分析等方法，从工商信息网站、法律诉讼网站、招聘网站等网络途径尽可能多地获取拟授信公司或授信公司的交易数据、运营情况等相关信息，来和公司提供的信息进行核对，以进一步判断公司的真实运营情况，更加精准地为公司画像，摆脱信贷档案和经办人员访谈等传统内部审计信息获取手段对于信息掌握的制约。

10.6　公司信贷业务审计示例

本部分从审计理论出发，结合实践，选取商业银行内部审计项目中另一种常见的公司信贷业务审计作为示例，从授信管理和信贷业务流程的角度来描述一个标准的公司信贷业务审计项目的审计内容、业务风险及审计分析方法。

10.6.1　授信政策与合规

（1）审计授信业务的外部监管契合度　内部审计人员可以关注商业银行产品类型、行业、区域、公司规模类型等维度的分布情况，以及与监管导向的契合度。内部审计人员通过执行审计程序，确保授信业务符合国家金融监督管理总局、中国人民银行等监管机构关于对公信贷的各项规章及规范性文件的要求。具体可以进行以下操作：

首先，获取对公信贷产品管理制度、战略、业务指引等文件，分析其与监管导向是否契合；其次，收集对公信贷产品的数据，从产品类型、行业、区域、公司规模类型等维度开展分析并绘图，以审视授信业务是否偏离监管导向，是否存在授信流入不足的情况，是否存在过多授信流入限制性行业或高风险行业、高风险区域的情况等。

（2）审计授信业务的内部政策匹配度　内部审计人员可以关注商业银行产品类型、行业、区域、公司规模类型等维度的分布情况与公司信贷政策的匹配情况。具体可以进行以下操作：

首先，收集公司信贷战略、政策管理制度、业务指引等规范性文件，掌握整体对公信贷业务导向；其次，收集对公信贷产品数据，从产品类型、行业、区域、公司规模类型等维度开展分析并绘图，以审视业务开展情况与公司信贷政策导向是否契合，总体上是否符合信贷政策对于行业、区域、风险程度的导向；最后，确认授信业务是否符合公司内部对公信贷政策制度、业务指引等规范性、引导性文件关于对公信贷的规定。

（3）审计授信业务的绩效考核契合度　内部审计人员可以关注商业银行产品类型、行业、区域、公司规模类型等维度与各信贷事业部自身定位及行内考核指标的契合度。具体可以进行以下操作：

首先，收集事业部对公信贷产品类型、行业分布、区域分布、公司规模、风险状况等数据情况，进行分析并绘图；其次，收集行内对于事业部的考核指标以及自我定位信息，将指标、定位与实际业务开展情况进行对比，分析差异度，并访谈业务负责人，了解偏离原因；再次，从业绩压力与内在动力的源头层面系统分析契合度偏离原因；最后，分析评价业务开展情况是否基本符合事业部自身定位以及行内考核指标导向，是否产生较大偏离。

（4）审计授信业务的风险收益情况 内部审计人员可以关注商业银行产品类型、行业、区域、公司规模类型等维度的公司风险收益情况。具体可以进行如下操作：

首先，收集公司信贷产品类型、行业、区域、公司规模类型等维度的风险程度、收益情况数据信息并绘制成图；其次，关注不同维度的高风险与低收益的情况，结合宏观经济状况、行业情况、区域风险等层面分析原因；最后，分析与评价是否存在某一维度分类风险异常高企或收益异常低下的情况。

（5）审计信用贷款的公司信贷政策遵循情况 首先，可以审核信用贷款借款人是否属于限制性行业等限制进入的情况；其次，审核信用贷款借款人的基本情况，包括行业情况、产业链情况、资产规模、营运能力、盈利能力、偿债能力等，核验其是否符合信用贷款准入要求。

10.6.2 授信调查

（1）审计证照章程等基本资料情况 内部审计人员应当关注证照章程等基本资料是否齐全，并追溯至实质控制人，调查其背景。具体可以进行如下操作：

首先，核查工商税务等证照以及公司章程、董事会决议等项是否齐全；其次，检查实际控制人教育、工作履历等基本信息，如存在诉讼、负面新闻等风险信息，可通过搜集网络资料、查询个人征信、访谈业务人员与行业人士的方式开展深入调查；最后，审查对公授信管理办法中要求的各项基本资料是否齐全且符合要求，实际控制人是否信用记录良好、无负面信息、道德风险低。

（2）审计征信情况、财务数据和对外担保情况 内部审计人员可以主要关注是否取得征信查询授权书，有无重大不良信用记录，征信报告反映的信贷金额与授信调查报告、财务报表反映的是否一致，对外提供担保情况是否超出客户的承受能力（超过净资产）并且未在调查报告中披露。具体措施包括但不限于：

第一，核查征信查询授权书，确认其是否已提前签署并且签署程序合规；第二，查询征信系统，核查是否存在不良与逾期的情况；第三，核查授信调查报告与财务报表中的授信金额是否与征信报告显示的一致；第四，核查授信客户对外担保情况，余额是否超出其净资产，以及是否在授信调查报告中披露；第五，审查征信中的不良与严重逾期的情况，授信调查报告、财务报表中的信贷数据与征信报告是否一致，对外担保是否不超过净资产且在承受能力范围内。

（3）审计负面信息的披露情况 审计人员可以关注公司司法、税务、行政等方面的负面信息是否如实披露。具体可以进行如下操作：

首先，查询授信客户司法、税务、行政等方面的负面信息；其次，核对授信调查报告中是否提及这些负面信息，并分析与评估这些负面信息可能对公司运营造成的影响；最后，审查负面信息是否已在授信申请过程中完全及时披露。

（4）审计信用评级的遵循情况　内部审计人员可以关注是否达到公司内部信用评级的最低等级要求。具体可以进行如下操作：

首先，核查授信客户内部信用评级各维度评分是否合理且适当；其次，核查授信客户内部信用评级是否符合或高于最低授信要求；最后，确认授信客户内部信用评级不低于最低授信要求。

（5）审计"两高一剩"等限制行业、限制地区授信情况　首先，获取"两高一剩"等限制行业或地区名单；其次，核查授信客户工商登记营业范围、所述行业及主营业务方向等信息；最后判断其是否属于"两高一剩"等限制行业或地区。

（6）审计项目贷款的资质证书情况　内部审计人员可以关注授信公司是否具备行业所需资质证书，项目贷款是否具备政府批文。具体可以进行如下操作：

首先，获取不同行业对于授信业务要求的资质证书清单；其次，调阅项目资料，核查是否具备营业所需资质证书；最后，调阅项目资料，核查项目贷款是否具备国家认可的有效政府批文。

（7）审计项目贷款的借款人行业、产品、上下游调查情况　内部审计人员可以关注是否有借款人行业、产品、上下游的调查分析，以及项目贷款是否有项目合规性、可行性、效益性分析。具体可以进行如下操作：

首先，获取授信调查报告，核查授信调查报告是否涵盖授信客户行业、产品、上下游情况的详细分析，并通过网络调查、访谈等方法分析报告内容是否符合实际情况；其次，核查项目贷款授信调查报告与风险报告中的合规性、可行性、效益型分析部分，检查是否缺少上述分析部分，以及从监管规定、市场情况等维度判断分析是否合理；最后，审慎判断调查报告中的上述内容是否流于形式、是否属于复制粘贴内容、是否模糊不清晰、是否有效揭示了真实情况。

（8）审计财务报表的真实性和完整性　内部审计人员可以关注财务报表是否真实完整（最近三年的审计报告及最近一个月的财务报表），审计报告是否存在保留意见。具体可以进行如下操作：

首先，从信贷档案中抽取真实有效的财务报表资料；其次，核查财务报表是否涵盖完整，最近三年的审计报告及最近一个月的财务报表均已提供且为经盖章的正式报告，审计意见是否为无保留意见；最后，不简单依赖会计师事务所，特别是中小型会计师事务所出具的审计报告，若通过调查发现财务数据与审计报告不符的，应予以审慎考虑。

（9）审计借款人偿债能力、营运能力、盈利能力、现金流量　内部审计人员应关注商业银行是否调查借款人偿债能力、营运能力、盈利能力、现金流量等，以及是否存在明显不符合逻辑或数据有明显差错的情况。具体可以进行如下操作：

首先，核查授信调查报告与风险报告中的偿债能力、营运能力、盈利能力、现金流量等分析部分；其次，通过业务分析、数值计算、交叉比对、趋势分析、平衡分析等方式核查上述部分的分析是否合理，是否存在疏漏错误或异常情况。

（10）审计流动资金贷款用途的真实性、合规性　内部审计人员应重点关注授信公司的流动资金贷款是用于满足自身生产经营过程中的正常短期资金需求，还是用于自身的投机活动；是否用于固定资产项目或其他长期投资项目，进行短贷长投；是否提供真实、完整的贸易背景资料，包括但不限于购销合同、银行流水、发票、入库单和发货单。具体可以进行如下操作：

首先，获取流动资金贷款的全套信贷档案资料，通过非现场数据分析调取资金流向数据；其次，采用核查公司内部数据、核查公司外部数据、现场核查等多种方式追踪流动资金贷款发放后的资金流向，确认资金是被用于支付货款等正常资金需求，流向股市等从事投机活动，还是流向长期投资项目（短贷长投）；再次，如果流动资金贷款用于置换贷款，则还需按照原始用途开展审核，是否已提供用途相关证明单据；最后，核查贸易背景资料，如购销合同、银行流水、发票、入库单、发货单、运单等的完整性和准确性，以确认贸易背景是否真实。

（11）审计固定贷款用途的真实性、合规性　内部审计人员应重点关注授信公司的固定资产贷款或项目贷款所投项目是否合规，是否用于项目资本金，是否用于支付土地款，置换贷款是否已追溯原用途进行审核，是否已提供施工合同、装修合同、发票等用途资料，是否设定了还款计划并执行。具体可以进行如下操作：

首先，获取固定资产贷款的全套信贷档案资料，通过非现场数据分析调取资金流向数据；其次，核查固定资产贷款是否已取得相关许可，不属于监管限制范畴，核查资金是否用于支付项目资本金与土地款；再次，确认置换贷款已按照原始用途开展审核，已提供用途相关证明单据，核查各项合同、发票等用途资料是否齐全；最后，了解项目进度，获取各期的进度材料，核查是否按照项目还款计划进行还款，是否利用后期信贷资金偿还先期贷款本息。

（12）审计第一还款来源及其分析　内部审计人员应关注授信公司的第一还款来源，以及针对第一还款来源的分析是否到位。具体可以进行如下操作：

首先，核查授信调查报告等是否涵盖第一还款来源分析，分析是否到位；其次，核查固定资产贷款还款计划的完整性与合理性。

（13）审计名单管控情况　内部审计人员应关注是否有评估公司白名单，评估公司估值是否明显偏离市场价格。具体可以进行如下操作：

首先，核查授信管理方面是否拥有评估公司白名单；其次，核查授信中第三方评估公司对于抵质押品的估值是否明显高于或低于当地市场价格。

（14）审计授信调查程序、报告情况　内部审计人员应关注商业银行是否未按照规定程序进行授信调查，是否未进行授信重要信息调查或评估失实，是否按照他人授意提交虚假调查报告。具体可以进行如下操作：

首先，核查授信调查阶段是否已对借款人履行了双人调查并留存了拍照签字等调查痕迹；其次，根据授信调查指引和尽职规范，核实双人调查是否覆盖了现场调查风险点；再次，核查是否按照授信管理办法开展了授信调查并留存了调查证据；最后，将搜集到的公司信息和数据与授信调查信息做对比，评估是否存在调查与现实不符的情况。如存在上述情况，结合经办人员、负责人、风险管理部门访谈核查原因。

（15）审计调查报告的信息有效性　内部审计人员应关注授信调查报告是否存在虚假记载、误导性陈述，或对明显存在的问题、风险隐患有遗漏、隐瞒不报，导致审查审批失误的情况。具体可以进行如下操作：

首先，核查授信调查报告中的陈述内容与结论；其次，与搜集到的公司信息与数据进行对比和验证，检视是否存在由于明显的问题、遗漏或误导性陈述与结论导致影响审批等环节的情况。

10.6.3　授信方案设计

（1）审计流动资金需求测算情况　内部审计人员应关注商业银行流动资金需求测算是否准确，能否覆盖借款人融资金额，以便防范客户过度融资、合理控制授信额度。具体可以进行如下操作：

首先，基于贸易、维持公司运营等需求重新测算资金需求；其次，将测算所得与授信方案、审批方案中的金额做比较，核查是否存在较大的偏离；最后，确认流动资金需求测算是否基本准确，是否可以涵盖借款人的合理资金需求，且不超过实际营运需求。

（2）审计现金流预测情况　内部审计人员应关注商业银行固定资产贷款、项目贷款是否做过现金流预测，是否能覆盖银行本息。具体可以进行如下操作：

首先，核查授信方案中的现金流预测；其次，审查现金流预测是否合理，是否符合项目与借款人的实际经营情况，且能覆盖本息。

（3）审计贷款规模和期限的合理性 内部审计人员应关注商业银行贷款规模和期限是否合理，是否与借款人实际经营需求和还款能力相匹配；贷款利率是否经过有权人审批；增信措施是否到位。具体可以进行如下操作：

第一，审查授信方案中贷款规模是否匹配借款人的真实需求，是否超过了正常营运所需；第二，根据财务数据计算借款人实际还款能力，审查授信方案中贷款规模是否超过借款人还款能力，检查贷款利率是否超过有权人审批权限；第三，审查辅助增信措施，如抵质押、担保等是否落实到位，是否履行了抵质押手续或归属转移，是否取得了有效担保文件；第四，分析和评价贷款规模与期限设置是否合理，是否与借款人实际经营需求和还款能力匹配；第五，审查贷款利率是否合理，是否未超有权人审批上限，增信措施是否有效且已落实到位。

（4）审计贷后管理条件的合理性 内部审计人员应关注商业银行是否设计了贷后管理条件，其要求和措施是否合理，是否针对客户风险，是否具有实操性。具体可以进行如下操作：

首先，审查授信方案的贷后管理条件部分，分析提出的要求是否谨慎合理，是否具备可操作性；其次，审查贷后管理要求是否笼统模糊，是否针对该客户、该业务的特征风险设置了针对性的措施；最后，整体分析所提出的贷后管理措施是否可以有效控制潜在风险。

（5）审计担保设计情况 内部审计人员应关注商业银行是否设计合法、有效的抵质押措施或经过恰当准入的融资性担保公司担保。具体可以进行以下操作：

首先，审查授信方案是否设计了合法有效的抵质押措施或经过恰当准入的融资性担保公司担保；其次，结合借款人情况与业务、风险部门意见分析判断在授信过程中是否需要推进上述增信措施，如需要则应追补。

（6）审计资料完整性 内部审计人员应关注商业银行信贷业务常规基本资料是否齐全，如借款人的证照、章程、股东会决议、财务报表、资质证书、工商查册。主要审查与分析信贷业务基本资料的完整性，以核查贷款审查环节的把控是否严格。

10.6.4 授信审批

（1）审计尽职审查情况 内部审计人员可以关注商业银行是否按照信贷政策、管理制度、操作流程等进行尽职审查并出具客观的书面意见。具体可以进行以下操作：

首先，审核贷款审查流程是否按照相关制度与操作流程等开展，各式存档资料是否齐全；其次，核查尽职审查和审批报告，分析书面意见是否客观合理，是否反映了借款人的真实状况，所提出的审查审批结论、风险控制措施是否有效；最后，分析与评价贷款审查审批流程是否严格按照管理制度、操作流程等进行操作，尽职调查是否完整谨慎，是否出具了客观的书面意见。

（2）审计审批授权情况 内部审计人员可以关注商业银行是否对审批人进行合理的书面授权，是否拟定审批权限表；审批人是否在授权范围内进行审批，是否将超权限业务向上一级有权人报批。具体可以进行以下操作：

首先，获取授权管理制度、授权书、授权表，评价授权体系的内部控制是否到位；其次，核查授信管理方面是否拟定恰当的审批权限并通过有效的方式传达至有权人；再次，核查信息系统内的有权人是否符合授权文件的规定；最后，核查是否存在未按审批流程或超权限进行审批的情况，如核查超授权业务是否向上一级有权人报批。

（3）审计贷审会[○]审批情况 内部审计人员可以关注商业银行审贷会组织构成、工作程序是否合规，是否有完整的书面审批记录。具体可以进行以下操作：

首先，根据内部审批管理办法核查贷审会的组织构成是否合理；其次，根据内部审批管理办法与流程规定判断审核工作程序是否合规，核查贷审会是否留有完整的书面审批记录和详细的会议纪要；再次，评价贷审会是否存在盲目崇拜和迷信个人权威现象，导致多人决策机制流于形式；最后，评价贷审会委员是否符合独立性回避要求。

（4）审计审查审批的缺陷 内部审计人员可以关注商业银行是否无视调查、审查程序中存在的明显问题或缺陷而批准授信。具体可以进行以下操作：

首先，核查贷审会是否无视调查中存在的明显问题或缺陷（如借款人出现经营困难、提供虚假信息、抵质押品不足等）而批准授信；其次，审查对于风险审查报告指出或审批委员提出的明显问题或缺陷，贷审会有无充分进行论证分析并提出合理的结论。

（5）审计担保证人的保证能力 内部审计人员可以关注信贷业务担保证人是否为不具备保证资格的国家机关、学校、幼儿园、医院、法人，担保时是否获得内部有权机构审批；如保证人为自然人的，是否具有中华人民共和国国籍，是否具有完全民事行为能力。具体可以进行以下操作：

首先，获取担保管理制度，审查制度中是否明确合格保证人的范围，审查对合格保证人的规定是否详细明确；其次，核查保证人资格情况，属于国家机关、学校、幼儿园、医院、法人担保的，核查其是否获得内部有权机构审批；再次，保证人属于企业法人分支机构和职能部门的，核查其是否取得法人书面授权；最后，保证人如为自然人，核实国籍，以及是否具有完全民事能力。

○ 贷审会，贷款审查委员会的简称。

10.6.5 授信执行

（1）审计放款条件的落实情况　内部审计人员应关注商业银行是否严格落实贷审会或审批人提出的放款条件。具体可以进行以下操作：

首先，了解授信审批和放款审批的职责分工与界限。部分企业的授信审批结论不完整，留有部分未落实的条件。在不同的信贷业务流程机制下，这些未落实的条件到底由授信审批部门审查还是由放款审核部门审查，职责划分不明确。其次，在所有的授信审批流程完成后，逐项核查放款是否落实贷审会或审批人提出的放款条件。

（2）审计贷款先决条件的落实情况　内部审计人员应关注放款前商业银行放款审核部门是否逐条审核贷款先决条件的落实情况，保证贷款用途、金额、期限、利率、担保符合批复要求。具体可以进行以下操作：

首先，核查放款审核部门的履职情况，是否逐条审核了落实情况；其次，对于不符合放款条件的，是否及时提出了意见并退回或特批，确认是否及时对不符合规定的贷款资料提出意见并退回或者走特例程序。

（3）审计借款人征信和司法信息的核查情况　内部审计人员应关注放款前商业银行是否再次核查借款人的征信和司法信息。具体可以进行以下操作：

首先，获取放款阶段的信贷征信核查和司法核查资料，审查放款前是否再次核查借款人的征信和司法信息；其次，不同企业对此风险控制措施的要求可能不同，但一般来说，对于授信审批后超过 3 个月再放款的，建议再次核查借款人的征信和司法信息。

（4）审计合同设计、填写和签约情况　内部审计人员应关注商业银行合同模板要素是否齐全，条款设置是否合理；已签署的合同填写是否正确、完整，是否双人面签。具体可以进行以下操作：

首先，通过法律合规部门、放款审核部门和业务部门了解合同模板制定与执行的基本情况，确认合同模板要素是否齐全、设定是否合理；其次，抽取部分合同，审查合同内容是否填写完整、要素是否准确，审查是否履行了双人面签。

（5）审计合同双人面签情况　内部审计人员应核查商业银行重要合同、文件是否双人都已经面签，核对过原件，并在复印件上双人签署"与原件核对相符"的意见。

（6）审计抵质押手续办理情况　内部审计人员应关注商业银行是否严格落实抵质押手续，妥善保管相关权证，是否落实必要的抵质押品保险手续。具体可以进行以下操作：

首先，检查信贷档案资料中的抵质押手续证明材料，核查抵质押手续是否落实，审查是否存在先办理业务、后落实抵质押手续的情况；其次，调阅权证管理制度并了解相关规定，通过非现场审计数据分析、调阅权证进出数据，进行全面分析和专项分析，寻找可疑线索；再次，核查权证保管的物理环境、权证日常管理的内部控制是否到位，抽取部分实物凭证进行审查，确认相关权证是否妥善保管；最后，核查抵质押品保险手续是否落实。

（7）审计受托支付执行　内部审计人员应关注商业银行是否严格执行受托支付，严防贷款资金挪用，如严禁贷款被划至证券、信托、期货经纪公司或被挪用于股权性投资等，严格控制贷款资金他行同名账户划转，对已划转他行同名账户的资金要了解并跟踪其使用情况。具体可以进行以下操作：

首先，核查账户划转情况，确认是否执行受托支付；其次，确认贷款资金有无被划转至证券、信托、期货经纪公司或被挪用于股权性投资等情况；再次，确认有无他行同名账户划转的情况，如有，需联络借款人提供资金划转记录，以便跟踪使用情况；最后，如非受托支付，则即便划转至他行同名账户，也应用于日常经营等正常用途。

（8）审计借据和资金支付　内部审计人员应关注贷款借据是否存在，贷款资金是否按约定全额及时转入贷款合同指定账户。内部审计人员可以获取贷款档案，核查贷款借据是否存在，确认借据填写是否完整、准确；核查贷款资金转移情况，是否全额按时转入合同指定账户，审查是否存在贷款资金滞留账户的情况。

（9）审计放款审核缺陷　内部审计人员应关注商业银行放款前是否存在审查失误或严重疏忽，导致授信合同文件无效或存在重大缺陷的情况。内部审计人员可以抽取部分信贷业务合同，审查合同的有效性，确认放款前是否存在审查失误或疏忽，导致合同文件无效或存在重大缺陷。

（10）审计贷款用途证明资料的有效性　内部审计人员可以关注商业银行贷款用途证明材料是否完整，时间、金额、付款方式是否存在矛盾。重点是在确认贷款用途合规的前提下，获取授信审批结论和要求，核查贷款用途证明材料是否完整，时间、金额、付款方式是否存在矛盾。

10.6.6　贷后管理

（1）审计放款后资金流向情况　内部审计人员可以关注商业银行是否根据不同借款人和贷款用途确定借款人的资金使用监控方案，并在贷后管理过程中跟进；检查贷款资金是否违规流入房地产市场、股票市场、政府债券市场、地方政府等。具体可以进行以下操作：

先核查是否根据借款人和贷款用途情况确定其资金使用监控方案，并在贷后管理过程中跟进；然后，通过资金划转记录核查信贷资金流向情况，检查是否违规流入房地产市场、股票市场、政府债券市场、地方政府等。

（2）审计贷后贷款用途证明材料的补足情况 内部审计人员可以关注商业银行是否及时补足贷款发放后才提供的用途凭证，例如发票等。内部审计人员需了解在一些特殊情况下，发票需要在信贷资金发放后才能补足，并首先利用非现场审计开展数据分析，筛选出先放款后补足资料的业务，然后抽取信贷档案，核查贷后阶段是否及时提供完整、准确的用途证明材料，并及时归入信贷档案统一保管。

（3）审计贷款资金回流 内部审计人员可以关注商业银行是否监控贷款资金的回流情况，是否监控流于形式，导致存在贷款资金回流。首先，需要综合应用信息系统监测、贷款资金流水分析、市场信息分析、客户回访、贷后检查等多种手段和方法核查贷款资金回流的情况；然后，核查贷后工作是否监控贷款资金回流情况，是否存在相关记录，是否流于形式、重形式而不重实质。

（4）审计贷款管理条件的落实情况 内部审计人员可以关注商业银行是否严格落实贷款方案中设定的贷后管理条件。内部审计人员可以先获取并检查贷后档案，逐项核查贷后是否严格落实授信方案中的贷后管理条件，然后确认贷后检查报告是否充分描述了贷后管理条件的落实情况，确认相关证明材料齐全有效。

（5）审计贷后走访和资料分析情况 内部审计人员可以关注商业银行是否定期或不定期走访客户，收集其财务报表等资料，查询其征信报告信息。内部审计人员可以先查阅贷后档案，通过调查报告、资金流向核查报告、风险预警报告等核查是否定期或不定期走访客户；然后，将多个时期的贷后报告进行横向和纵向分析，评价贷后检查是否流于形式。

（6）审计风险预警信息报告情况 内部审计人员可以关注商业银行是否对发现的重大问题、风险隐患隐瞒不报，或对存在的风险预警信号未及时揭示并上报（借款人涉及诉讼、经营异常或结算量下降、法人跑路等）。具体可以进行以下操作：

首先，查阅贷后档案，核查商业银行是否对在贷后管理中发现的重大问题、风险隐患隐瞒不报，或对存在的风险预警信号未及时揭示并上报；其次，通过非现场审计和现场审计结合内外部信息筛选出部分重点客户和高风险客户，与贷后报告所记载的风险信息进行比对，评价贷后检查的有效性。

（7）审计贷后资金用途监控情况 内部审计人员可以关注商业银行是否存在未按规定进行贷款用途监控，或者明知（或有明显迹象显示知晓）授信用途违法违规，仍然批准（或配合、默许、放任）支用，或不报告、不落实处理措施的情形。具体可以进行以下操作：

　　首先查阅贷后档案，核查商业银行是否按规定进行贷款用途监控，确认有无出现贷款用途违规仍然配合放款的情况；其次，通过非现场数据核查、现场资金流向核查等手段，筛查资金流向异常的业务，进一步获取相关证据；最后，询问业务部门人员，了解和验证资金流向情况，分析导致资金流向不合规的原因。

　　（8）审计账户管控情况　内部审计人员可以关注商业银行是否未按封闭管理要求对账户实行管控，导致账户资金被挪用。授信批复中要求进行封闭管理的，核查贷款与账户信息记录，商业银行是否对账户实行了有效管控，是否有资金被挪用的情况。

　　（9）审计资产分类　内部审计人员可以关注商业银行是否未严格执行资产分类制度，调整风险分类以掩盖业务真实情况的情形。内部审计人员可以先根据借款人与信贷业务的真实情况，核查商业银行是否严格执行了资产分类制度，风险分类是否符合真实情况，结合访谈了解是否存在调整风险分类以掩盖业务真实情况的情形；然后，重点审查特殊情况，例如商业银行是否对流动资金贷款借新还旧后的风险分类进行了及时、准确的调整。

Chapter 11 第 11 章

信息安全和隐私保护审计

本章主要介绍企业运作过程中信息系统安全管理的重难点、所面临的挑战以及改进方案。在组织机构的内部审计数字化转型过程中，也可参照本章内容，帮助管理层尽早识别安全风险，防患于未然。

11.1 信息安全概述

信息安全学科并不是紧随信息科技的步伐而诞生和发展的。信息安全学科是随着信息科技发展到一定程度，逐渐引起从业者的注意而产生的一门相对独立的学科。由于该学科涉及的概念与信息科技学科的概念有很大区别，并且其知识面较广、涉及领域繁多，因此本节先简单介绍一些信息安全常用术语，以便读者更好地理解本章内容。

1. 信息安全专业术语

信息安全，是指保护信息系统及其数据不受有意或无意的破坏、更改、泄密，确保信息数据的完整、可用、机密等属性，保证信息服务不中断的一种信息技术学科。

信息安全风险，是指在信息系统建设和运行维护的过程中，其基础设施及数据资产由于其原生的软硬件缺陷、系统集成兼容性不足、人为或操作失误及自然环境影响等因素，以及信息安全体系建设中潜在的薄弱环节，而引发的不同等级的信息科技风险事件，或导致受到法律处罚、声誉受损等负面影响。

信息安全风险评估，它是信息安全管理过程中的关键活动，是信息系统问题和解决办法之间的桥梁，是衡量信息安全风险的手段之一。信息安全风险评估流程一般包括识别、分析、评价与处置四个环节，沟通协商和过程文档化贯穿整个评估流程。

信息安全管理体系（ISMS），是指通过分析业务特点得到其信息安全脆弱性，继而有针对性地进行管控的一种管理架构理论，依靠建立、实施、操作、监视、审查等主要流程，搭建和完善企业的信息安全管理机制。

代码扫描，是指在软件开发或系统变更过程中，在编译前使用专业扫描工具进行代码审查，检测代码中是否存在语法语义错误、逻辑设计错误、恶意或病毒代码等安全漏洞，并提供可行的解决方案。

漏洞扫描，它基于具有较高公信力的软件漏洞数据库（一般由软件原厂商、国家机关或行业协会发布），通过扫描、测试、验证等手段，对计算机系统进行安全脆弱性检测，检查其是否存在功能失误或代码缺陷。

渗透测试，是指测试人员在企业的内外网利用各种手段对网络进行测试，检查其是否存在漏洞。根据结果编写测试报告并提交给网络所有者，用以改善系统中存在的安全隐患或问题。

入侵检测（防御）系统，是指用于监测网络或网络设备以发现并防止入侵行为的网络安全工具（软硬件），实时对违反安全策略的访问行为进行监控。若发现系统存在被攻击的迹象，则根据预先制定的安全机制进行事件处置，例如及时中断、调整或隔离网络、关闭整个系统、向管理员告警等。

安全开发，最初由微软公司提出，是一种管理安全软件开发过程的方法论。它根据其指导理论帮助开发人员编写更安全的代码或软件。它能有效解决遵从安全合规要求和降低开发成本之间的平衡问题。

安全运维，是指在信息系统运行维护过程中，对操作系统、应用系统或中间件版本的漏洞、访问控制管理缺陷、内外部攻击风险等安全问题进行监控发现、分析阻断及解决处置的一系列工作任务。它也指安全设备和系统，比如路由器、交换机、防火墙、安全网关、漏洞扫描病毒防护工具、入侵检测（防御）系统与安全响应平台等的运维。

等级保护，是指信息安全技术中的网络安全等级保护要求，是保障我国各行各业信息安全的一项基本制度，是由国家权威机构通过制定的统一的行业标准，对不同系统进行等级划分并提出防护管理的要求。

托管安全服务，是指企业将自身的业务系统安全运维工作委派给外部聘请的专业服务提供商，企业自身只负责相关工作任务的安排和管理。

2. 信息安全审计流程

信息安全审计的流程大致可分为五个阶段。在审计准备工作完成后，一般会开一个项目启动会议，这是信息安全审计的第一个里程碑。接下来是信息安全风险评估、问题清单沟通确认、风险处置决策确认、审计结果汇报与结项。信息安全审计流程如图 11-1 所示。

审计准备	信息安全风险评估	问题清单沟通确认	风险处置决策确认	审计结果汇报与结项
• 了解内部审计章程 • 确定ISMS审计目标 • 制订初步ISMS审计计划 • 确定ISMS审计范围	• 识别信息资产，确定关键资产清单 • 以信息资产安全为核心开展风险识别，主要识别系统缺陷、漏洞、潜在问题 • 分析威胁来源及其影响	• 识别现有安全控制措施 • 基于风险分析与安全控制措施结果形成高、中、低风险问题清单 • 与利益相关者沟通并确认问题清单	• 高级管理层确定风险应对决策 • 风险处置决策及残余风险评估 • 确定ISMS风险评估报告	• 结合风险评估报告撰写审计报告 • ISMS审计结果汇报及审计发起人验收结项

图 11-1　信息安全审计流程

11.2　信息安全管理的发展

近年来，各行各业的信息科技与业务融合程度越来越高，企业离不开信息科技，而信息科技是日常业务运营的重要基础平台，如基本的办公场所、办公设施、水电、空调一样，已经成为不可或缺的一部分。在有的企业，信息科技发展成熟，甚至可以帮助其实现业务战略目标，是其在服务客户及业务管理方面的一项基本能力。但是，信息科技是一把"双刃剑"，带来效益和竞争优势的同时也伴随着信息科技相关的风险——信息安全风险。信息安全管理的发展历史大致可以分为以下三个阶段。

1. 技术导向模式阶段

1990 年至 2000 年，逐渐形成了以技术为关注点的信息安全风险管理模式。它以技术控制为主要手段，以资产保护为根本目的，同时兼顾管理控制。代表性管理框架为 BS 7799 及 ISO/IEC 17799。自信息科技诞生以来，一直到 20 世纪 90 年代末，大部分企业的技术安全管理方式侧重于技术的安全管理。"兵来将挡，水来土掩"是该时期主要的应对模式，"木桶效应"也是那时候每个安全管理人员提及信息安全时想到的第一个名词。

该时期的主流思想是：信息科技部门是企业的支撑部门，是为业务服务的。信息安全风险管理理念并未得到重视，企业管理者关注的是技术使用及其效果，其资产安全和保护的意识较为淡薄，安全技术仅被作为一种补救措施，流程控制也是出现问题后才补充的。这一时期企业采用的是一种孤岛式的安全管理，各子领域各自为战，如主要关注病毒查杀与防护、网络蠕虫防护、操作系统脆弱性补丁等微观层面的信息安全风险。

2. 控制导向模式阶段

2000 年至 2009 年，控制导向的信息安全风险管理模式以治理等高层控制为关注重点，以控制导向为主要手段，以达到流程控制的目的。代表性管理框架为 COBIT 及 ISO 27000 系列。2002 年出现了系统化的信息技术内部控制体系，美国国家标准与技术研究院（NIST）在其文献 SP 800-30 中首次提出"信息系统风险"的概念。此"系统"并不单指狭义层面的操作系统或应用系统，而是还涵盖与信息系统有关的组织架构、人员、基础设施等的广义的信息系统生态。控制导向理论的出现标志着信息技术安全风险管理流程和方法逐步走向成熟，它结合了安全技术和审计两种管理手段。

在该理论的指导下，企业可以从整体业务流程的角度对信息科技安全风险进行有效管控。相对于旧模式（技术导向），新模式有能力专注于更加宏观和范围更广的信息安全风险，主要关注风险的处置与流程控制的改进。同时期，诞生了全面的信息安全管理体系的概念，"纵深防御"开始在安全圈流行。代表性的管理框架除了 SP 800 外，还有后来更加著名和应用更广的 COBIT 框架，以及基于 ISO/IEC 17799 制定的 ISO 27000 系列标准。

3. 风险导向模式阶段

2010 年至今，风险导向的信息安全风险管理模式强调与企业战略、业务目标的高度一致性，以风险导向分析为主要手段，以容忍度为衡量信息安全风险的标准。代表性管理框架是 ISACA 的 Risk IT。该框架于 2009 年发布，是最早的具备全面意义的信息安全风险管理框架。这一阶段逐步发展成以风险为导向的信息安全风险管理。自此，风险导向的信息安全管理模式成为主流。信息安全风险作为企业操作风险中的一种被纳入全面风险管理中，成为整个企业治理框架中的重要组成部分（在部分企业，信息安全风险被单独作为一类风险，与操作风险并列，但同样在企业全面风险的管理范围内）。

借助全面风险管理框架，信息科技风险管理不仅采用主动的安全风险管理策略，还与企业战略和业务目标高度融合，是一种兼具综合性和技术性的安全风险管理办法。此时的关注点在于如何合理并有效地将科技风险与安全控制有机结合。

总的来说，因技术发展而出现的风险威胁与风险应对模式，两者不断博弈和演变，信息安全风险管理的模式才得以发展成熟。后者作为一项应对手段，其发展轨迹始终稍慢于风险所带来的威胁。在新技术蓬勃发展的当下及未来，以风险为导向的信息科技风险管理体系将成为行业主流。

11.3 信息安全审计的重点工作

1991 年，美国 RSA 举办了首届信息安全大会（RSA Conference），至今已成功召开三十多届。信息安全大会是安全技术的风向标，对世界各国各行业的信息安全建设起着重要作用。信息安全大会每年都会总结当前信息安全的重点工作，这些内容也成为信息安全审计的重点对象。下面选取其中部分内容进行阐述。

1. 强化数据合规和隐私保护

据《中国个人金融信息保护执法白皮书（2020）》不完全统计，截至 2020 年底，中国人民银行总行及各地分支行开出的行政处罚罚单里，涉及"个人金融信息"的共181 张，金额合计超过 1.8 亿元人民币。

近年来，随着全球互联网信息安全形势愈发严峻，相关法律法规逐渐完善，金融行业中的数据合规与客户隐私信息保护成为头等大事，监管机构执法力度不断加大，一般以专项开展、事件导向、触发合规为目的开展。例如：2017 年—2018 年，共约2317 家公司接受调查，约 1200 起案件被起诉，近 2.4 万个网站 /App 被关闭；2019年—2021 年初，开展了 App 合规性专项调查，超过 5998 款不合规 App 被下架；2017年—2020 年，监管部门共公布了 27 起违反信息安全等级保护要求的案件。

2. 防范反勒索病毒

一款名为 WannaCry 的勒索病毒在 2017 年 5 月 12 日 20 时开始肆虐全球。世界各国的商业机构及政府组织的信息系统基础设施服务都深受其害，金融、交通、能源、医疗等行业无一幸免。自 WannaCry 事件后，勒索病毒就此起彼伏，直到 2020 年集体暴发。其特点包括：高度复杂，针对特定产业和企业量身定制；勒索手段越来越多样化，甚至支持多种组合；黑客要求的赎金越来越多，通常以比特币等电子加密货币作为赎金交付方式，以便逃避追踪。

IBM Security 发布的《2021 年 X-Force 威胁情报指数》报告披露，勒索软件是2020 年最常见的攻击方法，市场份额达 23% 左右。随着全球各行业远程办公的普及和线上业务使用率的不断提高，便利的新场景同样带来了大量新型的网络攻击和威胁。此时企业的信息系统漏洞开始暴露，并且越来越多地出现在公众视野中，企业数据泄露事件不断被报道。在企业开放远程办公系统及业务系统后，网络犯罪可通过自动化工具在短时间内对网站进行漏洞扫描和渗透，方式比以往更高效、更隐蔽。对于企业来说，需要面对的风险有：网站的业务数据不可用，被勒索高昂赎金、受到经济和名誉上的双重损失。

3. 防范基于新技术的网络安全攻击

人工智能，特别是机器学习技术逐渐被用于网络攻击，攻击者正在研究企业的网络安全团队是如何使用机器学习技术进行安全防御的，以据此研究结果开发和部署新的 ATP 攻击。攻击者利用人工智能的数据挖掘和分析能力，使其攻击方式变得更为智能和高效。具有拟人化和精密化特点的人工智能能够快速寻找防御系统或系统环境中存在的漏洞。例如，以往只能通过测试员或黑客的手工渗透测试方式才能突破企业网络的防御，而现在借助人工智能技术可以在极短的时间内轻松完成。攻击者正在不断寻找欺骗图像识别系统（机器学习的一种应用）的方法，他们通过了解系统的机器学习引擎如何工作，找出有效地欺骗它并打破数学模型的方法。同样，类似的技术也用于欺骗网络安全设备或系统中的机器学习模型，从而绕过安全防护达到入侵的目的。

此外，深度伪造内容也可以通过人工智能技术实现。攻击者通过收集和处理大量用户数据，试图全面了解受害者（用户画像），以便更有效地实施深度伪造攻击或欺诈。新型的"跟踪软件"（一种间谍软件）可以跟踪受害者的智能手机数据，以描绘受害者的活动情况，而这可被攻击者用于伪造视频、录音或书面通知。

4. 关注和控制业务安全风险

自 2020 年以来，各行业在不断加快业务线上化进程。新型的网络营销活动，如视频直播带货、线上限量秒杀、百亿补贴活动、购物平台消费券发放等不断涌现，业务绩效随之攀升，但同时业务欺诈事件也越来越多。电信欺诈、薅羊毛、虚假账号和流量、恶意刷单刷量等行为在各行业不断滋生。据公开媒体报道，某商业银行开放在网上申请信用卡业务的当天一个小时内就收到了近三万份的办卡申请，但经调查发现其中四分之三的申请是虚假的，是由自动化工具发起的。电商、金融及游戏等行业深受其害。据统计，全球电商流量中欺诈流量占比高达 21.7%，其中 15.2% 流向了铁路、航空等出行行业。

API（应用程序接口）数据安全风险也因业务应用交互频繁而增加。据行业机构调查，当前 API 技术应用广泛，平均每个企业会使用约 400 种 API，约七成的企业因业务需要，会向公众和商业伙伴开放其管理的 API。在零售和金融行业的业务流量中，API 流量占九成左右。企业开放 API 是为了完善技术体系和服务商业生态，但同时也给恶意攻击者打开了方便之门。例如，在金融行业，通过开放 API，全面赋能于业务服务渠道和服务能力，新开发的自动化工具和 API 调用越来越频繁，数据泄露风险和商业欺诈也愈演愈烈。专业咨询机构 Gartner 预测，未来导致企业 Web 应用数据泄露事件发生的最常见方式会是 API 攻击。

5. 供应链攻击安全管理

2020 年初的 SolarWinds 事件再次提醒人们，网络安全风险无处不在。美国著名的软件供应商 SolarWinds 旗下的基础设施管理平台 Orion 被黑客入侵后，其中的某个文件被篡改并植入了后门代码，披着合法数字签名外衣的恶意代码隐藏在等待更新的软件组件中，导致约两万个客户因版本更新而受到影响。感染该木马病毒的客户包括 425 家美国财富 500 强企业、美国十大电信公司、NASA、美国前五名会计师事务所、全球数百所大学等。

根据 CrowdStrike 的调查，全球 1300 家受访企业中有 90% 没有为供应链攻击做好准备。2019 年，一家英国知名公司因供应链攻击而被罚款 2.4 亿美元，创下了纪录。攻击者是代号为 Magecart 的威胁组织，其他大公司也遭受了类似的攻击。与勒索软件、企业钓鱼邮件攻击、社会工程学攻击、流氓代码等相关的供应链攻击活动将会更加猖獗，给企业带来更大损失。

6. 5G 安全问题管控

2019 年底中国国内三大运营商公布各自的 5G 商业套餐，第五代移动通信技术正式开始投入应用。2020 年开始，普及速度逐渐加快。同年，新冠病毒开始肆虐全球，新的生活模式——"宅家"应运而生。在此大背景下，移动设备（手机、平板电脑等）的用户规模及其流量呈爆发式增长，移动端的消费市场以前所未有的速度扩大。为了迎合业务方式的转变，大量企业软件开发的焦点从个人电脑端转向移动设备端。据报道，大部分的移动应用为了快速上线与敏捷迭代，不得不降低安全系数甚至根本不考虑安全。据统计，只有不到 40% 的移动应用完全集成了安全功能。

移动应用遭受的网络威胁正在迅速增加，网络犯罪分子正在利用云端控制软件取代旧式的群控工具。云端控制软件的性能更加稳定，控制量更大，隐蔽性更强。除了传统的网络攻击方式，如数据库注入攻击、网站漏洞扫描、Web 跨站脚本攻击、App 客户端逆向工程等，还出现了针对移动应用的 API 滥用、非法第三方 App 请求、撞库、中间人攻击、批量注册与刷单、通过爬虫或外挂程序"薅羊毛"等新型的业务安全威胁。企业平台不仅运营受到严重影响，经济损失惨重，商业声誉也受到负面影响。此外，从技术层面看，5G 将要面对更多非传统的安全挑战，例如核心网技术的稳定性与高可用问题、低时延与安全的平衡问题、用户位置隐私保护问题、伪基站问题、大连接业务与网络切片技术问题等。

11.4　信息安全风险管理存在的问题

为了应对日益突出的信息安全风险，越来越多的机构开始重视信息安全风险管理。在信息科技治理、企业风险管理、项目实施、内部控制和内部审计等领域，行业内的领先机构已经开始对信息安全风险管理进行探索。当前国内多数机构已经将信息安全风险管理作为高级管理层的一项重要工作，建立了覆盖全面信息安全风险领域的管理框架，组建了独立的管理部门并建立了相关机制，有些机构还设立了首席信息官。但是，我们必须意识到这些探索无论是在深度上还是在广度上都存在局限性，与有效的风险管理要求尚存在明显差距。

1. 缺少信息安全风险管理理论和框架

信息安全风险防范的重要性日益凸显，国内部分机构已在其内部初步建立了信息科技开发和运维体系，且陆续完成 ITIL、CMMI 等国际认证。但是很少有机构能够基于以风险管理改善业务绩效的信念进行主动的信息安全风险管理工作，将风险偏好与风险容忍度的设定、风险识别、风险评估、风险监测、风险计量等环节充分融合。造成这种现状的原因是多方面的，但缺乏与机构业务密切结合的风险管理理论和框架无疑是主要原因。虽然国际上有众多关于信息安全风险管理和操作风险管理的理论，但没有哪一种理论能够直接被国内机构用来构建信息安全风险管理体系。

2. 欠缺信息安全风险管理工具和手段

在应对信息安全风险的过程中，很多国内机构缺乏对先进管理工具和手段的了解与应用。常用的工具和手段如下：

- ❏ 信息安全管理风险指标监测工具：主要用于实现信息安全风险指标的线上采集、自动计量、动态监测、分级预警、视图展现等功能，帮助风险管理人员及时跟踪安全风险状况及变化趋势。
- ❏ 信息安全检查平台：主要用于实现信息安全检查的线上化、规范化管理，通过任务流形式，使风险检查可记录、可查询、可跟踪，使检查结果可多维度、全方位展现。
- ❏ 信息安全风险控制自评估工具：用于固化风险数据库，通过标准化的风险评估方法，量化风险值，确定风险等级，展示整体风险管理状况。
- ❏ 其他管理手段或工具：风险事件管理（收集和分析）、考核评价、情报管理、风险诊断工具（漏洞扫描与渗透测试平台、安全基线扫描工具等）。

3. 信息安全风险管理制度与机制有待完善

国内机构信息安全风险管理流程和制度有较多有待完善之处，不少机构尚未建立起对应的信息安全风险管理制度和流程，部分机构虽然已经制定了信息安全风险管理制度和流程，但其完整性亦存在不足。在机构信息安全风险管理制度的搭建方面，应遵循自上而下、分层次分领域、总体策略包含管理细节等的建设原则，首先制定企业在信息安全方面的总体策略，如信息安全决策委员会等高级管理层的总体策略，再细化信息安全管理等细节制度。

在信息安全风险方面缺乏有效的管理机制，例如缺少负责信息安全风险管理的专职人员，科技风险汇报路线和决策机制不明确，等等。少数机构即使已经建立针对信息安全风险管理的专门组织机构，也由于受到职能、人员、资源投入及管理意识等方面的限制，缺乏清晰的岗位角色、有效的汇报和沟通机制，结果信息安全风险管理形同虚设，它们参与机构战略和决策制定的程度明显不足。按照 ISO 27001 的框架，信息安全管理制度大致可以分为五大类，其框架如图 11-2 所示。

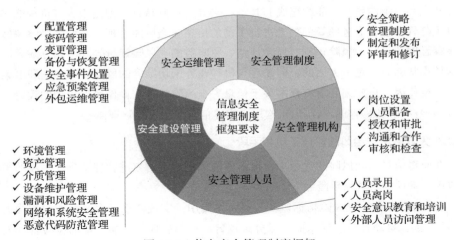

图 11-2　信息安全管理制度框架

应对上述信息安全风险管理的不足和挑战正是许多机构对信息安全风险进行管理的出发点。在实践中，国内大部分商业机构的确有进一步强化机构风险管理的强烈愿望，包括加大对风险管理建设的投入，加强机构风险管理分析与战略规划的结合，同时发展并完善风险的治理、监测与报告。

11.5　信息安全风险管理改进方案

信息安全的基本属性包括可用性、完整性和保密性，重要行业还需要考虑自主可控性与可审查性。安全问题需要关注安全技术、安全管理和安全合规三大方面。信息安全问题不只是技术问题，还应该包括以下内容。

1. 建立信息安全风险管理体系

完善的管理体系包括人员及组织架构、安全策略及规章制度、行业标准及操作流程等。处理问题的方法论包含"是什么""为什么""怎么做"三要素。当问题出现时，首先要弄清楚问题的本质是什么，为什么会出现这个问题，然后才是思考怎么做才能解决问题。而指导整个问题处理过程的方法论就是信息安全管理体系。按照行业规范及企业预先制定的安全策略和操作流程一步步地处理问题，所以对企业而言，完善而适用性强的信息安全风险管理体系是有效解决问题的基础。

2. 明确信息安全风险管理要素

大多数企业走进了一个容易忽视的误区：过于依赖安全技术而轻视其他方面。例如，一旦有了安全需求，马上找供应商提供各种解决方案，待解决方案上线后就认为可以高枕无忧、万事大吉了。但其实再完美的安全技术方案也不能提供全面的信息安全保护。毕竟任何解决方案都是人做出来的，并不能十全十美，总会出现漏洞或问题，只是发现问题的时间迟或早而已。基于信息安全风险在全面风险中的定位，通过对各个信息安全风险管理框架理论的分析论证，在全面风险管理的框架下，信息安全风险管理需要明确如下基本要素：

1）信息安全风险管理是全面风险管理的一个重要组成部分，其风险策略与偏好、管理体系和管理流程应该与企业现有的全面风险管理框架进行有机融合，最大化地利用现有的全面风险管理机制、管理流程和工具手段。

2）在各种管理框架中，应该重点突出信息安全风险的特殊性和重要性。针对信息安全风险建立独立的风险识别与评估、控制与应对、监控与报告体系。设计突出信息安全风险特性的治理机制，尤其是汇报路径、方式方法、组织架构等方面。

3. 制定信息安全风险管理框架

根据国际上主流的信息安全风险管理理论体系的分析研究可以得出，针对信息安全风险可采用如下管理框架。

（1）设置风险偏好和容忍度　企业的信息安全风险策略，如风险偏好和容忍度，在信息安全风险管理框架理论中居于主导地位。从风险管理定义出发，信息安全风险的管理目标是确保企业业务或战略目标能够往预期的方向发展，不能超过某个固定的偏差值，既要保证安全性又要保障业务发展。而在信息安全风险管理体系中，常使用风险偏好和容忍度来明确风险管理要达成的目标与效果。所以由企业的发展战略和业务策略等高阶因素决定这类目标的设置是比较合理的。并且，风险偏好与容忍度是明确管理层对风险管理预期目标的一种形式。

（2）建立信息安全风险管理流程　在任何通用的信息安全风险管理方法论中，信息安全风险管理一般包括风险的现状识别、评估分析、应对处置、控制管理、报告沟通、跟踪督导等环节。对于这些基本环节，各类信息安全风险管理框架均采用基本一致的分类方式。例如，在 ISACA 发布的 Risk IT 框架中，风险评估的三个基本方面是风险概况、分析风险和损失数据收集，反映了认识风险和分析风险的一般流程。风险应对的三个主要方面是风险管理、事件应对和风险报告，反映的是对风险采取行动的一般流程。而在 NIST 的 SP 800 框架中，资产的梳理与识别、威胁的发现和分析、脆弱性的量化和评估、控制措施的有效性评估等步骤同样反映了信息安全风险管理的一般流程。

通过信息安全风险的管理流程，企业管理层可以快速识别机构内部的各种与信息安全领域相关的风险状况。采用适用的方式方法对信息安全风险水平进行评估，结合企业信息安全风险策略确定风险的应对方式并设置控制措施。针对剩余风险的评估结果进行风险优先级排序和损失值计量。随后将评级及计量结果与监控发现相结合，及时对信息安全风险管理活动和结果开展内外部协作和沟通报告。整个流程通过不断循环优化和持续改善，在企业内部逐渐形成信息安全风险管理的良性发展和动态循环。

（3）完善信息安全风险管理机制　信息安全风险管理体系正常运行的基本保障之一是其风险管理机制。如 Risk IT 框架中定义的关键风险管理决策 RACI 的划分，ISO/IEC 27005 及 NIST SP 800 针对风险管理的组织架构和重要风险管理岗位的职责等，都属于风险管理机制。良好的风险管理机制是建立完备的信息安全风险管理框架的前提条件，能保证信息安全管理的良好运行。风险管理机制包括信息安全管理组织架构、信息安全管理的相关制度、岗位职责定义和工作任务流程、沟通与汇报路径、风险偏好与风险文化、人员绩效考核、安全风险意识教育与技能培训等方面。

以 NIST 的信息安全风险管理体系为例，其框架结构组成包括制订风险管理计划（Frame）、执行风险评估（Assess）、实施风险响应（Respond）和持续风险监测（Monitor），风险管理的每个环节在实施过程中相互依赖，互为反馈，一个环节的输出是另一个环节的输入。NIST 的信息安全风险管理框架如图 11-3 所示。

在建设信息安全风险管理体系的初级阶段，大多数企业对信息安全风险管理的认识往往还停留在信息系统的技术层面上，如软硬件的漏洞扫描、数据加密手段、用户身份认证、资源访问控制等信息安全技术，却忽视了对企业各项业务流程环节的整体考虑，而很多时候问题出在流程缺陷或人员误操作等非技术方面。企业的信息系统最终都是为了实现对各项业务的支持，因此，组织机构在执行信息安全风险管理的过程中还应考虑业务层面的风险因素，从而对业务信息的产生、处理、存储、使用、流转等全生命周期的各个环节更加熟悉，为业务稳定高效运行保驾护航，使得信息安全风险管理发挥出应有的作用。

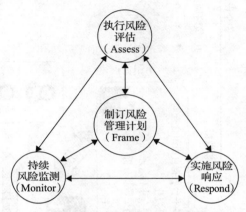

图 11-3　NIST 的信息安全风险管理框架

（4）信息安全风险管理实例　在此通过一个信息安全技术实施项目的经验说明其管理框架的实用性。近几年国家层面，无论是政府还是各部委组织，对网络安全的重视程度加深。从 2017 年发布的《中华人民共和国网络安全法》（下称《网络安全法》）到 2019 年的"等保 2.0"和《互联网个人信息安全保护指南》，再到后来的《网络安全审查办法》《中华人民共和国密码法》《中华人民共和国数据安全法》《中华人民共和国个人信息保护法》《关键信息基础设施安全保护条例》等，无不对企业加强网络安全建设提出了要求和法律约束。

根据《网络安全法》定义的范围，几乎每个企业都应关注并遵守其中的相关法律规定。其中明确了安全义务包含：必须保障网络安全、稳定运行，维护网络数据的完整性、保密性、可用性，及时处置系统漏洞、计算机病毒、网络攻击、网络侵入等安全风险。2020 年，网络安全形势愈发严峻，各种攻击手段和安全威胁层出不穷，频繁出现的安全事件对企业造成重大资产损失和负面声誉影响，非常不利于企业的安全、持续、稳健发展。

在当今严峻的信息安全形势下，金融机构外部有各式各样的网络威胁及法律法规要求，内部有风险管控的迫切需求，建立和完善信息安全风险管理体系刻不容缓。综上所述，针对网络信息安全风险最佳的技术解决方案是建设现代化的安全运营中心（Security Operation Center，SOC），或称安全态势感知平台。SOC 是把企业内外部威胁和各种漏洞集中到一个平台，进行统一监控和响应的管理中心，是基于各类系统日志、网络流量进行实时检测、分析与处置的复杂系统，是专业人员、管理流程和安全技术互相结合的有机体，是信息安全风险解决方案的技术体现。安全运营中心工作流程如图 11-4 所示。

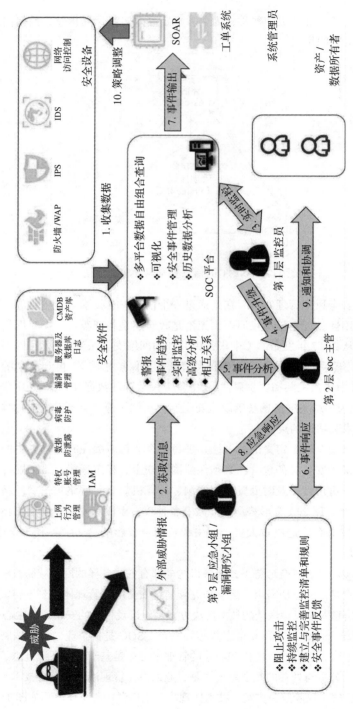

图 11-4　安全运营中心的工作流程

由此引申，当前企业面临的安全运营难题有：如何建立现代化的安全运营中心体系？如何实现高效、可执行的安全运营模式？对此，我们认为可以采取如下措施解决这些难题：

1）选择合适的安全运营模型。根据企业的整体风险偏好选择适合的安全运营模式。在安全运营中心的计划阶段，需要考虑采用哪种管理体系结构。例如，对于中小型金融机构，根据其实际情况，建议采用混合型安全运营中心：由部分专业人员和基础设施组成，并由其他内部业务部门和（或）外部服务供应商的团队成员进行扩充。一个或多个专业人员负责 SOC 运营，并根据需要让兼职团队成员和第三方参与。如果机构无法 7×24h 全天候进行运营，可以借助供应商弥补由此产生的差距，从而形成混合 SOC 模式。这些供应商可能包括 MSSP（托管安全服务方案）供应商、MDR（托管检测和响应）服务供应商和共同托管 SIEM（信息安全和事件管理）服务供应商，它们是特殊的安全咨询供应商或系统集成商（SI）。

该模式可以降低 7×24h 的运营成本，因此非常适合中小型企业，尤其是与第三方开展广泛合作的企业。此外，它允许组织在内部开发系统功能的同时保持稳定的安全操作。在这段时间内，任何资源缺口都将得到及时填补，现有的安全资源可以将重点转移到其他活动上，例如对风险事件进行更深入的调查。通常，采用此模型的原因是企业缺乏技能和专业知识、总体预算约束或 7×24h 全天候安全操作的成本巨大。

需要注意的是，如果安全运营预算受到限制，则应优先考虑保持内部高业务价值和关键安全功能。例如，资源应优先投放到 IT 安全基础架构设计、集成风险管理（IRM）和安全设备管理等领域。其他领域（如安全事件监控、检测和事件响应等）可充分借助外部力量（MSS 供应商），它们还可以在业务高峰期和节假日，或设施故障和停机期间为企业应对突发或异常事件提供帮助。混合型的安全运营中心在企业具备自身专业团队的同时，借助外部安全服务供应商的力量进行扩充，既能避免过高的安全运营中心建设和运营成本，又能在更短的时间内建立和提供安全运营能力。

2）搭建合理的组织架构。在信息保障技术框架（IATF）中，安全专业人员是安全运营体系的核心。在安全运营中心的人员架构问题上，机构安全运营中心设立日常运营小组（一线）、应急响应小组（二线）和安全专家（三线），采用以机构为核心（管理），第三方安全服务供应商支持（技术和服务）的模式。覆盖网络安全、应用系统安全和终端安全三大领域，并配置合理的人员组织架构，以实现全方位的安全事件监控处置。安全专业人员也必须选择具备专业安全技能、超高安全意识及强大安全服务能力的人才。安全运营中心的人员组织架构如图 11-5 所示。

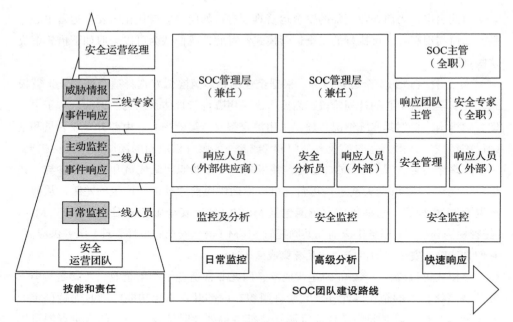

图 11-5　安全运营中心的人员组织架构

3）运营流程自动化。根据相关的研究数据，困扰大多数企业的安全运营难题在于大量警报及由此引起的下游复杂问题。在这种情况下，安全运营中心几乎不可能实现有效事件响应。Gartner 对新兴技术安全编排、自动化与响应（Security Orchestration, Automation and Response，SOAR）的定义是：聚合各种信息来源作为输入，并利用工作流来引导各种安全流程与规范，以机器人自动化技术协助安全运营的解决方案。这些流程和规范是可以通过集成其他技术被编排的，并能自动化执行以达到预期结果，例如事件分析管理、事件响应处置、威胁情报搜集、合规性风险管理和攻击猎捕反击。机构安全运营中心的建设目标是建立一个智能化的协作安全运营系统，以高效的实战化安全运营为目标，为团队赋能，实现人与组织、流程、技术及工具的整合。

要实现高效、可行的安全运营，合理的运营流程及制度规范必不可少。在信息技术专业的概念里，信息科技服务管理是以服务和流程为中心的管理理论，其核心要素就是服务质量和工作流程，制度的核心也是流程。企业的信息安全运营制度可参考网络安全相关法律法规并结合企业自身实际来制定，包括安全事件处理流程、事件定级、事件上报标准、日常操作等，目标是确保人员和平台在运营过程中是有效且高效的。但仅有一份制度流程是不够的，还需要以此为基础，根据流程的事件定义扩展对应的应急预案作为补充，其目的是快速、有序地解决网络安全事件，流程的完整性和可行性决定着安全运营中心的服务质量。

4.融入业界先进技术

设置安全运营中心的目的是防控信息安全风险，保护企业的信息资产。在搭建安全运营中心的过程中，需要优先解决技术的应用问题。根据企业的信息系统特点，选择实用性和易用性较强的技术作为解决方案。

技术作为安全运营的基石，决定了上层建筑的高度和坚实程度。企业当前引进国际前沿安全厂商的安全运营平台技术，以信息安全和事件管理（SIEM）为基础，以网络安全管理（NSM）为辅，综合事件与流量管理，在同一个平台实现统一化本地部署。它能够将众多的安全设备、安全技术集中管理，对大量日志和流量进行快速分析，以提供安全状态监控和安全事件快速定位。然而，这样的安全运营技术仍然是不足的。安全运营的关键在于将事件搜集、事件管理和运营流程有效结合，体现完整的具备高效性、精确性和自动化的安全运营平台技术。因此，企业可以引进大量第三方情报作为参考，强化安全运营平台与安全设备联动能力。

信息安全建设是一个不断提升"工具赋能"的建设过程。在安全产品的建设中，安全管理和运营能力的建设迫在眉睫。除利用安全工具构建基础安全架构之外，还需要加强安全工具的日常运营，提升自动化响应运维和安全设备协同能力，形成一个"分析—检测—处置—预防"的闭环。

11.6　信息安全和隐私保护审计示例

信息系统审计的范围可以按照系统需求、设计、开发、实施、运行、下线等区分。如果内部审计人员不足，则可以每年从这些审计范围中选取一两个范围进行审计。在人力资源充足的情况下，也可以每年按照不同的审计重点开展工作。同时，遵循各行业的监管合规要求，例如金融行业要求银行每三年进行一次全面的信息安全风险审计。企业信息安全内部审计工作以三年为一个周期，前两年可重点审计自身关注的领域，在第三年应覆盖监管要求的范围。

安全运维是信息安全审计的重点领域。自从《网络安全法》《数据安全法》《个人信息保护法》等法律法规相继出台后，信息安全保护领域就有了最高的行动纲领，其中"等保2.0"是上述法规的实施性指导文件。如果仅从审计的事后防控角度看，在这几类工作中最能凸显信息安全审计效果的是对信息系统运行维护阶段的专项审查。

在信息系统的全生命周期中，开发、设计、实施等前期阶段的可审查性不强。系统是否足够安全可以直接从它的运行维护效果看出。例如对信息系统建设的前置阶段进行审计，若发现的问题是设计缺陷或实施不到位导致的，这种整改的难度是最大的，因为一旦确认就要对信息系统重新设计、重新实施，整改的成本也很高。从信息安全审计的角度来看，这种审计的投入产出比较低。

信息系统的安全运维审计是成本最低、效率最高的信息安全审计。例如审查安全检测能否起到作用，监控平台能否高效发现威胁，安全事件是否得到及时处理等，对于这些问题都可以在信息系统运行维护阶段找到答案。本节选取信息系统操作安全、开发测试与维护、信息安全事件管理和隐私数据安全四大主题，来展示信息安全和隐私保护领域的内部审计。

11.6.1　信息系统操作安全

（1）审计信息处理的基础设施和系统变更、组织架构与业务流程的信息安全风险　内部审计人员可以采取如下步骤进行内部审计：首先，审查分析紧急变更的识别和记录、变更的计划和测试；其次，分析评价系统变更的潜在影响，包括信息安全影响等；再次，审查分析对变更计划的正式批准程序，对已被满足的信息安全要求进行验证；然后，分析所有变更细节是否均向相关人员传达；最后，审查分析变更的回退程序及从变更不成功、突发事件中止和恢复的流程与职责定义，以及紧急变更的处理流程。

（2）审计对资源的及时调整、实时监控及容量规划以满足系统性能要求　内部审计人员可以根据业务应用系统的临界状态和容量识别要求进行内部审计工作。具体来说，可以审查分析数据废弃后是否及时删除（释放磁盘空间），应用系统、操作系统、数据库系统或测试环境的下线，数据库队列或应用逻辑是否定期优化，非关键业务带宽的拒绝或限制措施（如视频流、大文件需求），关键任务系统的文档化容量管理计划分析等。

（3）审计未授权访问或变更对生产环境产生影响的风险，以及对开发测试环境和生产环境进行隔离　内部审计人员可以关注企业为防止误操作，是否尽早区别生产环境与开发测试环境，并进行严格管理，同时建立对生产环境和开发测试环境的隔离性控制。

内部审计人员可以审查分析：是否清晰定义软件代码开发完成后转移到生产环境的预定流程，并形成制度文档；代码开发和准生产环境测试是否在不同的系统运行，且在不同的域或目录内，条件允许的情况下尽量做到物理隔离；操作系统和应用程序的变更是否在生产环境上线前进行充分测试；测试活动是否在生产环境中完成，如果是则应进行整改，特殊情况除外；是否在生产环境安装或访问代码编译器、编辑器以及其他开发工具或软件调试工具，如果是则应进行整改；是否在生产环境和开发测试环境中使用不同的操作指引类文件，系统菜单和标识消息是否大小合适、字迹清晰，以便减少出错风险。

（4）审计用户安全意识，通过预防、监测、响应和恢复等控制措施应对恶意软件风险　内部审计人员可以关注企业是否具有恶意代码检测、代码修复、信息安全意识、系统权限设计、访问控制与程序变更管理能力；是否具有安全文化塑造、安全意识培育能力；是否具有安全预防、安全监测、事件响应和恢复管控的能力。

具体来说，内部审计人员可以审查分析：企业是否制定禁止使用未授权或盗版软件的规章制度；是否具有预防和监测未授权软件使用的控制措施（如终端设备管理员权限管理、软件安装权限管理、应用软件白名单）；是否具有预防和检测已知的或存在可疑恶意代码的网络访问的控制措施（如特殊软件工具集、网站黑名单）；是否建立对来自外部网络或移动存储介质的文件和软件的风险防范策略，该策略应明确指出针对这种风险的控制措施；是否定期评审重要应用系统中的软件组件和数据，以减少其被利用的可能。

（5）审计备份策略正确性问题　内部审计人员可以关注企业是否按照预定流程备份数据信息、应用软件和系统镜像，并定期测试、验证其有效性。根据组织机构对信息科技的期望建立实用的备份策略，对数据信息、应用软件和操作系统备份的要求进行清晰定义。在组织资源充足的情况下，应规划足够的备份信息科技基础设施，以确保在灾难发生或介质失效后能够尽快恢复所有基本信息和软件。

内部审计人员在执行备份策略的内部审计时可以重点审查分析：备份文件复制记录是否做到精准和完整，是否建立操作指引清晰的文档化恢复流程；是否根据业务需求设定备份程度和频率（如完全备份、差异备份或增量备份），并满足信息安全要求和业务连续性等相关规定；是否在不同城市或同一城市建立备份中心（各行业要求不同，如关键信息基础机构要做到"两地三中心"），以避免因发生灾难导致主备机房同时遭受损害，导致数据丢失的情况；备份中心是否建立与主中心标准相同的物理环境和安全等级。

（6）审计事件日志的记录，以及保存和定期评估问题　在进行事件日志记录的审计时，内部审计人员可以审查分析：用户账号或账户；用户或系统活动的名称；事件发生的时间和关键细节，例如用户登录和登出；在系统支持的情况下，设备访问者身份或访问位置，以及访问设备的系统标识；对系统尝试访问的成功、失败或被拒绝的记录；成功的和被拒绝的对数据以及其他资源的尝试访问记录；系统配置的改变记录；例外情况和特权使用记录。

（7）审计日志信息和日志设施的安全保护水平，以防止未经授权的访问或恶意篡改 内部审计人员可以关注企业是否设计和执行日志信息的安全控制，防止日志数据信息被未经授权地更改，避免日志设施的不当操作风险。审计人员可以审查分析：已记录的消息类型是否被更改；日志文件是否被恶意删除或人为编辑；存储日志文件的介质容量是否超过阈值，导致未能记录事件的故障或历史记录事件被覆写；某些特殊用途的日志是否被存档备份，以满足日志保留策略的要求，或发生重大安全事件时用于调查取证。

（8）审计特权用户的操作记录管理 系统用户操作活动和系统管理员应被详细记录，企业应对日志文件进行安全保护和定期检查。系统特权用户或账号所有者在其权限范围内也许有更改信息系统设备日志文件的权限，因此需对此类权限的使用进行严格监控和定期审查。

（9）审计系统时钟同步问题 内部审计人员可以关注企业是否确保同一安全域或组织机构内的所有相关信息处理系统的时钟使用同一个时钟来源。企业应根据组织内部或外部要求建立制度文件，规定系统时间的同步方式、显示形式和精确性。这些要求的来源可能是企业内部合规、外部监管机构、法律、合同要求或行业标准。综上所述，内部审计人员应关注企业对组织机构内部使用的系统时钟标准是否进行定义和定期检查，以及审查分析系统时钟的更改或标准变化是否记录在案。

（10）审计非授权软件安装或未遵循预定安装流程风险 内部审计人员可以关注企业是否对操作系统上的软件安装情况进行监控，降低非授权软件安装或未遵循预定安装流程而引起的系统崩溃风险。

严格控制操作系统上的软件变更流程，企业应做到：一是只能由经过培训合格的系统管理员对应用软件、程序库或组件进行更新操作，并且只有在获得适当的管理授权后才能执行；二是编译程序和开发代码不能存放在操作系统中，某些已被批准的执行代码除外；三是在应用软件或操作系统更新组件安装之前必须经过充分的测试和试运行，该测试需包括用户友好性、对其他系统无影响、安全性、稳定性和可靠性；四是条件允许的情况下，应先在单独的系统上执行上述操作再推广到其他系统，并确保所有相关的源代码库已更新，生产环境尽量保持一致；五是应使用统一配置的控制组件以保持所有执行软件和系统文档的一致性。内部审计人员可根据企业对以上事件的完成度评价企业该项风险。

（11）审计信息系统技术的脆弱性风险 内部审计人员可以关注企业是否建立信

息系统技术脆弱性信息定期搜集机制，并评价这些脆弱性的风险程度及其对应的管控措施。

内部审计人员应理解，进行有效的技术脆弱性管理的前提是具备完整和及时更新的资产清单。进行技术脆弱性管理时需要的特定信息有软件名称、版本号、厂商、当前在哪些系统上部署以及企业内负责管理该软件的技术人员。应采取及时、合适的行动方案以完成对技术脆弱性潜在威胁的识别和评估。

内部审计人员可以审查分析：企业机构是否清晰定义技术脆弱性管理岗位职责并设置专职或兼职的人员，职责包括负责脆弱性监视与情报搜集、脆弱性风险评估、补丁修复情况、资产使用记录等；在资产清单更新后，企业是否对整体技术脆弱性进行重新识别及开展其对信息系统可能产生的风险评估；企业是否制定针对具有技术脆弱性的变更管理时间表并按计划执行。

（12）审计用户安装软件的权限管理　内部审计人员应关注企业是否明确定义了用户可自行安装的软件类型，并严格执行管理策略，尽量采用最小特权原则。若有特殊情况，应记录特权用户的安装记录。具体内部审计工作包括：审查分析企业是否建立了软件白名单，定义被允许自行安装的软件类型（如对已安装软件的更新和安全类补丁），以及软件黑名单（如非办公软件或私人用途的软件、非正版或可能携带恶意代码的非法软件）。

（13）审计系统验证的有效性　审计人员应关注企业在验证系统有效性前是否制订了完整和谨慎的计划，并获得了审批，以避免发生影响业务运行的事件。在对运行中的系统进行验证时，内部审计人员应审查分析以下内容：

一是相关审计要求是否经过充分的沟通，与系统管理者和所有者确定对哪些系统与数据进行访问；二是是否协商确定技术验证的测试范围并严格控制；三是审计测试涉及的系统和数据访问权限是否只限于只读；四是非只读类型的访问活动是否只允许在已隔离的系统中进行文件复制，当审计活动结束后是否及时删除，若在审计规定的要求下，因特殊原因需要保留这些文件时，是否设置适当的保护措施。

11.6.2　信息系统开发测试与维护

（1）审计开发代码安全　内部审计人员在执行此部分内容审计时，应确保企业的代码信息安全要求包括以下要点：一是建立对代码的访问控制机制，以满足用户身份认证需求；二是适当设置访问控制规则和授权的过程，以便划分特权用户、测试人员和开发人员的访问权限，并确认代码平台的管理规定和要求，充分告知用户和操作员；三是建立代码资产的保护要求和规章制度，尤其针对代码资产的保密性、完整性和可用性；四是记录来自业务部门的涉及代码变更的要求。

（2）审计应用服务公网传输文件的信息安全　内部审计人员可以关注企业是否建立公共网络上的应用服务信息传输的保护机制，以避免遭受信息泄露、内容修改、欺诈及合同纠纷等威胁。

应用服务公网传输文件的信息安全要求包括：一是应建立网络传输系统的身份认证机制，对每个应用传输程序或访问的用户进行身份认证；二是对需要进行网络传输的内容（合同、法律文件等）进行适当的授权；三是确保信息传输用户已充分了解其对文件安全承担的责任和义务；四是建立数字签名机制，以确保满足数据完整性和保密性要求，以及数据发送方和接收方对重要数据的不可抵赖性要求，如涉及合同和投标文件的发送与接收过程。内部审计人员可根据以上要求对企业该项风险进行评价。

（3）审计应用服务公网传输数据的信息安全　内部审计人员可以关注企业是否建立应用服务网络传输中所涉及的信息保护机制，以避免数据泄露、非法的消息复制和重放、非法的消息篡改、路由链路错误、不完整传输等风险。

应用服务公网传输数据的信息安全要求包括：一是应使用电子数字签名，以保障传输数据的完整性；二是确保数据传输相关用户或应用程序的安全认证信息的有效性与可验证性；三是传输过程应确保数据机密，比如使用有效加密算法；四是确保涉及数据传输过程的相关方的隐私得到适当保护；五是确保涉及传输的各合作伙伴之间的路由链路是经过加密的；六是确保涉及传输的各合作伙伴之间的通信协议是经过加密的。内部审计人员可根据以上要求对企业该项风险进行评价。

（4）审计信息系统或软件开发管理制度的设计与执行　内部审计人员可以关注企业是否设计和执行信息系统或软件的开发管理控制，确保创建安全的服务、系统架构、应用软件和系统。

内部审计人员可以审查分析：企业是否具有安全的开发及测试环境；安全指导是否贯穿于整个软件开发的生命周期，包括安全的软件开发方法论、针对不同种类的程序设计语言的安全代码编写指南；是否清晰定义各设计阶段的安全管理要求；是否设立项目各里程碑中的安全要求和检查重点；是否建立安全代码资源库；是否建立版本安全控制机制；是否建立安全开发知识库并定期进行宣传；是否建立开发人员能力提升机制，提高其发现和解决代码脆弱性的能力。

（5）审计标准变更流程　内部审计人员可以关注企业是否创建标准的变更控制流程并形成规范化制度文档，是否严格遵循指引文件实施变更以确保应用和系统的完整性，指引性文件要覆盖从代码开发的早期阶段到后期的运行维护阶段。

内部审计人员可以审查分析：当引入新系统或现有系统进行重要变更时，是否按照文档化、规范化、充分测试和质量控制等实施严格的流程管理；是否进行严格的流程管理，如进行变更风险评估、变更业务影响分析、变更全过程所需的风险控制措施等；该过程是否不影响已有的风险和安全控制程序，变更操作员是否仅能访问其工作范围内的系统资源，变更执行前是否获得了正式审批并进行充分沟通；条件允许的情况下，是否集成变更控制程序以减少操作过程中的失误和对生产系统的影响；变更授权及审批是否被详细记录；变更需求是否由授权用户以书面形式提交；安全控制措施及程序完整性是否不受变更影响；是否尽量识别因变更而需要修改的所有软件配置、硬件配置、数据信息和数据库实体。

（6）审计操作系统平台发生变更后的控制　内部审计人员可以关注企业是否建立操作系统平台发生变更后的关键业务应用评估和测试机制，以减少变更对企业业务运行的影响及安全性风险。内部审计人员可以审查分析：应用的完整性和控制程序有效性；操作系统平台执行变更前是否及时通知组织内相关部门，以便在执行变更前进行合适的评审和在执行变更后进行用户验证测试；是否在执行变更后对业务连续性计划开展评估及其相应的变更。

（7）审计应用软件更新包的修改　内部审计人员可以关注企业是否严格控制应用软件更新包的修改。若在必须修改的情况下，企业需对修改后的程序进行严格的风险评审并谨慎执行变更流程。一般情况下，企业应尽量使用软件厂商提供的更新包而无须修改。在必须修改更新包时，内部审计人员应重点关注以下几点：企业是否重新评估更新包内置的控制措施的有效性和完整性；是否应获取原厂商的修改授权；当需要修改标准化程序时，是否尽量从原厂商获得变更文件；是否评估此类更新包修改后所带来的维护问题；是否评估实施后与其他软件的兼容性风险。

（8）审计系统安全架构　内部审计人员可以关注企业是否建立系统安全开发流程管理规范并形成制度文档，定期更新并用于指引组织的信息系统工程实施。企业应在设计所有的体系架构层次时融入安全元素，如业务架构层、数据架构层、应用架构层和基础设施架构层，以在早期阶段解决安全需求与可落地性的平衡问题。涉及新技术应用时，应分析其安全风险且对该类型技术开展常见的攻击模型评审。

（9）审计开发环境安全　内部审计人员可以关注企业是否创建具有适当保护措施的安全开发环境且覆盖开发全生命周期的系统集成工作。安全的开发环境包括涉及系统安全开发与集成的技术、流程和人员。企业应对单个系统的安全开发工作的相关风险进行评估并为具体的系统安全开发工作创建安全开发环境。内部审计人员可以审查分析：开发环境中存储、处理和传输的数据敏感性；企业是否遵循外包监管合规要求及组织内部的相关安全开发要求；是否实施已被组织验证过的能够支持系统开发的安全控制措施；是否考虑开发人员的个人工作信用，避免开发任务严重滞后；是否评估与系统开发有关联关系的外包风险；是否根据不同开发环境定义清晰的隔离需求；是否建立开发环境的访问控制机制并严格执行。

（10）审计系统开发外包活动的监督管理机制　若企业涉及系统开发外包或系统部分功能模块外包，内部审计人员可以审查分析：企业是否评估与外包内容有关的服务条款，如代码所有权、许可约定和知识产权；合同条款是否明确安全架构设计、安全代码开发和安全测试等安全需求的要求；是否明确交付物的质量要求、测试及验收标准；是否定义清晰的数据加密质量要求以满足数据安全要求；合同条款是否明确执行充足测试以避免在交付时存在恶意或无意携带的木马或植入后门。

（11）审计功能安全测试流程　内部审计人员可以关注企业是否在引入新系统或进行系统更新时，对其开发的全过程进行充分的验证和测试。内部审计人员可以审查分析：企业是否在条件允许的情况下，对测试活动、测试用例和预期结果开展详细的规划；组织内部的开发，是否由开发团队执行测试环境的初始化工作；无论是由组织内部还是外部团队负责开发，是否设立单独的团队负责验收测试工作，以确保获得预期的验收结果；是否根据系统重要性和类型设立不同的测试程度，以合理节约资源。

（12）审计系统验收测试工作　内部审计人员可以关注企业是否在系统创建、系统升级和版本更新时，确定标准的验收测试流程和相关验收条件。系统的标准验收测试流程应覆盖以下范围（这些也是日常审计的关注点）：是否遵循了安全系统开发流程并满足信息安全的测试要求；安全测试是否包括单个组件测试和集成测试；测试过程是否使用自动化工具进行辅助，如源代码分析评估工具或漏洞脆弱性扫描软件；是否对漏洞和脆弱性修复后的结果进行安全性验证；在接近真实的生产环境（预生产环境）中是否执行测试，以确保测试结果的可信赖性。

（13）审计测试用例数据的安全管理水平　内部审计人员可以关注企业是否建立测试用例数据的筛选条件、保护及控制的规范，确保测试的完整性和安全性。测试用例禁止包含客户隐私数据信息或其他性质的商业秘密信息，以避免合规风险或法律纠纷。若必须使用上述测试用例，应执行标准化的脱敏程序去除所有敏感细节和隐私内容。

当进行测试时，内部审计人员可以审查企业是否建立以下控制措施以保护运行中的数据：一是真实环境中的访问控制流程是否引入测试环境，尽量提高测试仿真度；二是从生产环境导出数据或信息用作测试用例前，是否获取相关的授权审批；三是在测试工作结束后，是否尽快从测试环境中清除所有从生产环境导出的测试用例和数据；四是所有从生产环境导出的测试用例或数据是否记录在特定文档中，形成审计日志。

11.6.3　信息安全事件管理

（1）审计安全事件管理职责和事件处理流程　内部审计人员可以关注企业是否建立清晰的安全事件管理职责和事件处理流程，以确保信息安全事件的响应速度、处置效果和流程效率得到控制。同时，还应关注该管理职责和事件处理流程是否形成标准文档并定期开展宣贯和培训。

内部审计人员可以审查分析：企业的安全事件的响应计划和应急响应预案；事件态势和事件跟踪、分析、检测和报告流程；事件管理的活动程序记录；司法证据的管理流程；安全威胁及脆弱性的评估流程和信息安全事态的判断程序；事件响应恢复、内外部人员协调、事件升级和沟通报告的流程。

（2）审计安全事态升级机制　企业内外部人员，如员工、第三方人员和外包商人员都应充分了解其尽可能快速报告信息安全事态的责任，并清楚知悉报告流程和联系方式（联系人、电话号码、邮箱地址等）。内部审计人员应理解和审查一般的信息安全事态报告是否包含以下要素：一是安全控制措施是否失效；二是预期是否可能发生违反信息安全机密性、完整性和可用性的事件；三是是否存在有意或无意的人为错误；四是是否开展不遵循安全策略或安全要求的活动。

（3）审计系统安全漏洞的报告机制　内部审计人员可以关注企业是否建立与系统安全和业务流程脆弱性相关的报告奖励机制，鼓励组织内部的信息系统管理员、所有员工和外包商在发现漏洞或威胁时第一时间向相关人员报告。

内部审计人员应理解为了防止信息安全事件发生，所有员工和外包商应尽快地将发现的漏洞或威胁报告给相关负责人。事件报告机制要尽量通俗易懂、便于记忆和简单可用。

（4）审计信息安全事态决策评估机制　内部审计人员可以关注企业是否建立信息安全事件的判断标准，以区别于一般信息科技事件，是否创建安全事件的事态等级、事件分类及对应的汇报与沟通协作方式，以便快速判断事件的严重程度和带来的影响。例如，企业的信息安全事件响应团队负责评估事态优先级和对应的解决方案，形成决策事项后汇报给管理层进行确认及授权，响应团队应详细记录其评估过程和决策结果，作为验证资料和参考文件。

（5）审计信息安全事件处理流程对事件的响应　信息安全事件发生后，应由企业内部指定的负责团队或人员、其他有关的员工或外包商等响应处理。

内部审计人员可以审查分析：企业在事件发生后是否第一时间收集有关证据；是否开展信息安全取证分析；如有必要，是否进行事态升级；与事件有关的所有响应处置活动是否详细记录，作为日后的分析依据；是否向企业内部和外部相关人员或组织传达信息安全事件情况以及其他相关细节；是否对安全事件进行分析，尽可能确定事件原因；是否解决引起安全事件的问题或寻找其他可替代的解决方案；成功处理事件后，是否详细记录响应过程并形成报告；是否向组织管理层汇报事件整体情况。

（6）审计信息安全事件事后管控机制　内部审计人员可以关注在信息安全事件响应结束后，企业是否组织相关人员进行事后评审，形成知识经验，作为日后的参考资料，用于减少未来类似事件发生的可能性和影响。

同时，内部审计人员还可以审查企业是否建立有效的信息安全事件监控机制，定期记录事件类型、事件数量和处理成本，以及事后评审成果是否作为识别重复事件发生的可能性的依据，并加入组织的知识库以便于开展信息安全意识教育培训。

（7）审计取证流程　内部审计人员可以关注企业是否建立取证分析流程，以便于信息安全事件的法理性鉴定，方便证据的收集和保存。

企业应通过标准的取证分析流程来处理自身在应对诉讼活动或处理内部惩罚工作中所需的相关证据。在审计取证流程时，内部审计人员应关注以下几点：一是企业是否妥善保存证据链；二是是否确保证据安全性；三是是否确保取证人员的人身安全；四是是否清晰定义参与取证的人员的工作任务和职责义务；五是是否确保取证人员拥有专业能力；六是取证过程是否被详细记录；七是取证结果的报告情况。

11.6.4　隐私数据安全

（1）审计数据采集　内部审计人员可以采用以下步骤审计数据采集环节的风险：检查数据库或信息系统，防止恶意代码在数据入库时注入；检查数据库中是否存在不符合规范或无效的事件，导致数据无效写入；检查企业的数据管理相关制度和流程，是否对数据分类分级或标记错误等做出规范定义，以防止数据分类判断错误或标记错误，导致数据受保护级别降低。

（2）审计数据传输　内部审计人员可以采用以下步骤审计数据传输环节的风险：审查数据传输的安全性控制设计，包括但不限于政策制度、流程管理、系统控制等；评估内外部通信网络的安全性，防止数据被非法窃取、监听与篡改。此外，内部审计人员还应加强对端到端的通信加密、权限控制以及对有权限员工和第三方运维服务人员的管控的审计。

（3）审计数据存储　内部审计人员可以采用以下步骤审计数据存储环节的风险：检查数据存储的基础设施，防止因系统自身故障、物理环境变化或自然灾害导致的数据破坏；检查系统及网络的安全配置，对数据库服务器、文件服务器、办公终端等存储系统进行病毒扫描和恶意工具检测，防止非法访问者对数据进行破坏与窃取；检测是否定期对数据库进行恶意代码检测，防止非法访问者窃取、篡改或破坏数据；审查是否依托第三方平台（如云计算与云存储）或数据中心等存储数据，以及对其是否有有效的约束手段与控制方式。

（4）审计数据共享　内部审计人员可以采用以下步骤审计数据共享环节的风险：首先，分析是否存在与第三方共享数据的情况，如果有，需要检查访问人员的权限控制是否有效；然后，检测数据内部共享和与第三方共享的流程是否存在不合理的地方（最少获取原则和最小权限原则）。

（5）审计数据处理　内部审计人员可以采用以下步骤审计数据处理环节的风险：首先，检查数据处理系统是否遭到恶意代码注入、SQL 注入等攻击，防止信息泄露；其次，检查数据处理系统是否实施数据访问控制、系统操作日志功能、审计日志跟踪等管控措施或安全功能；最后，检查是否对敏感元数据进行脱敏，防止数据泄露。

（6）审计数据销毁　内部审计人员可以采用以下步骤审计数据销毁环节的风险：首先，检查数据失效或关闭后，企业是否对遗留的敏感数据进行到期销毁；然后，检查企业是否对被销毁数据进行正确的处理（磁盘格式化、物理破坏、消磁、焚烧等）以确保数据不能被恢复。

企业数字化转型审计

我们知道国家、社会和企业层面均在进行轰轰烈烈的数字化转型。从已有的实践来看，各主体在制定数字化转型战略、实施数字化转型举措等方面沉淀了较多的方法，但是在评价数字化转型的效果方面还缺少统一的方法论基础。基于这样的背景，结合内部审计天然具备的"评价"职能，内部审计人员可以在数字化转型过程中发挥自己的特长，通过实施数字化转型审计为企业的发展贡献特殊的力量。本章主要讲述企业数字化转型审计的概念、发展和演变、重点工作、存在的问题及其改进方案、审计示例。

12.1 数字化转型审计概述

事实上，当前并没有一个关于数字化转型的标准定义及流程。如前所述，数字化转型就是利用数字技术来推动企业经营自上而下和自下而上的变革，它专注于通过开发新的数字技术或构思新的用途来创立和运营新的企业以及改造现有的企业。数字化已经成为一种新的社会、经济和技术力量，正在重塑传统的企业战略、商业模式、业务结构、运营流程和管理文化。

我们认为数字化转型有三个特点：一是战略、组织、人才、资金、业务、科技和文化是数字化转型的基本组成单元；二是高效、敏捷、创新、开放、智慧是数字化转型的关键特征；三是用户、员工、股东是三大利益共同体，并且更加强调从以往的

"实现股东价值"向"实现用户价值"和"提升员工价值"转变。只有充分理解上述三个方面的内容才能认清数字化转型的实质。

1. 数字化转型审计

数字化转型审计是基于内部审计的理论、方法和程序，使用内部审计工具对数字化转型的战略、执行和结果进行专项审计，以便评价数字化转型存在的风险、达成的效果，并提供独立的改善建议。根据内部审计的定义，数字化转型审计还可以从咨询业务的角度出发开展独立咨询项目。

2. 数字化转型的工作流程

当前的数字化转型未形成一个统一的标准化流程，企业可以根据监管要求、行业领先实践并结合自身情况合理地设计和实施自有的流程。从本书内部审计数字化转型的方法论来看，一种数字化转型的工作流程可以被总结为以下几个步骤：

1）基于愿景和使命制定数字化转型的战略，明确目标、策略、规划实施路径和关键举措。

2）基于数字化转型战略规划，执行业务架构转型。

3）基于业务架构开始三大架构转型或优化，包括应用架构、数据架构和技术架构。

4）架构转型完毕，根据实施路径选取特定领域开始具体模块的数字化转型，形成转型方案并落地执行。

5）对数字化转型的成果、效果、问题和风险进行评价与检视，反馈至前端战略和架构，再形成闭环进行循环。

12.2　数字化转型审计的发展和演变

数字化转型在国内的兴起和流行是最近几年的事情，远远晚于内部审计的发展和演变，严格意义上的数字化转型内部审计在全球来看还属于一个新生事物。随着数字化转型在社会和企业间的广泛与深入推进，出现了相关的数字化转型风险，再加上社会和企业对数字化转型的效果有着迫切的反馈需求，使得数字化转型审计成为内部审计部门本身进行数字化转型、助力企业数字化转型、管控数字化转型风险、评价数字化转型成果的一个有力方式。这样从市场来看，数字化转型审计是有需求的。

如果从更宽泛的概念和范围来看，考虑到数字化是在电子化和信息化的基础上，结合大数据、人工智能、区块链、物联网和云计算等新兴技术而发展起来的，以往对于信息化工作、传统信息科技和传统战略转型变革的审计可以称作数字化转型审计的1.0版本。

从信息化时代进入数字化时代之后,随着企业陆续开展和完成数字化转型工作,针对数字化转型专项战略规划、转型过程和转型成果的审计,可以称作数字化转型审计的2.0版本。当前内部审计机构可以从1.0版本向2.0版本过渡,选取合适的领域开始试点该类审计,以便在数字化浪潮中发挥更多的价值。

从数字化时代逐步进入智能化时代之后,在数字技术和前沿科技基础上发展起来的智能化变革及其应用将更多地出现在企业经营管理和日常操作活动之中,此时对于新兴数字技术、前沿科技及其智能化变革的审计,可以称作数字化转型审计的3.0版本。

12.3 数字化转型审计的重点工作

1. 数字化转型战略和架构审计

数字化转型的首要工作是制定转型战略和设计转型架构,转型战略和转型架构是执行转型工作的顶层指导方针和纲领。内部审计部门开展数字化转型审计,首先就要关注转型战略和转型架构的科学性,并且对衍生在战略和架构下的数字化转型方法论和实施路径进行分析与评价。

从宏观层面来说,数字化转型战略审计可以包括战略的科学合规审计、战略的管理流程审计、战略的执行过程审计和战略的实施效果审计;从微观层面来说,数字化转型战略审计可以包括战略分析的完整性和准确性、战略制定的科学性与战略执行的有效性等。

数字化转型架构审计既可以和战略审计一起进行,也可以作为相对独立的模块单独进行。数字化转型架构审计重点关注企业是否制定了科学的数字化转型架构,以及架构是否符合企业总体战略和数字化转型战略的要求。

2. 数字化转型执行过程审计

在确定了数字化转型的战略、架构及其相关的方法论和实施路径之后,紧接着进入数字化转型的具体执行阶段。针对此执行过程的审计可以从数字化组织、数字化人才、数字化运营、数字化风控、数字化文化和数字化报告等六个方面着手。

在数字化组织方面,重点关注领导组织和执行组织;在数字化人才方面,重点关注管理人才和操作人才,特别是掌握数字技术的人才;在数字化运营方面,重点关注转型路径中各项举措的落地；在数字化风控方面，重点关注转型的设计和执行过程中的战略风险和操作风险；在数字化文化方面，重点关注基于模式变革和技术应用的创新文化的塑造、宣贯和认同；在数字化报告方面，重点关注汇报的有效性和报告的自动化。

3. 数字化转型结果评价

一般来说，数字化转型的成果或结果如何是每一个企业管理层和一般员工均会重点关注的事项，毕竟不能取得预期结果的数字化转型是不符合转型初衷的。当前各企业正在研发相关方法对数字化转型的成果进行度量，其中有一种常见的方法是设计相关的度量指标，采集数据计算指标结果，将指标的实际值与预期值进行比对，进而评价数字化转型的结果处于什么水平。对于内部审计来说，由于其本身自带评价职能，且具有更加严谨科学的评价方法论，对评价数据的完整性和准确性要求极高，因此直接由内部审计部门对数字化转型结果进行评价符合企业的目标。

内部审计部门对数字化转型结果的评价包括两个方面：一是从设计层面对数字化转型的评价方案、评价流程、评价指标和评价操作进行设计有效性评价；二是从结果层面直接采集数据，通过定量的方式评价数字化转型的成果。

4. 数字化风险管理和安全管理审计

关于数字化风险的定义目前尚无确定的标准，不同企业不同部门对于数字化风险的理解也不尽相同。总体来看，数字化风险可以理解为数字战略规划、数字化转型、信息化建设、数字技术引进、大数据应用的过程中，应用信息技术和数字技术的全过程中所产生的风险。它可以归类为信息科技风险的一个子类，或者单独成为一类风险。一些较为领先的咨询公司已经成立了数字化风险管理团队，推出了数字化风险管理服务。

数字化风险管理可以是指基于大数据思维，利用数字技术，建设数字化的风险管理战略、方法、工具、系统和文化，开展风险全流程管理的过程。数字化风险管理在金融企业中属于较早探索、基础扎实、应用较多的领域，例如各种信用评估模型、大数据审批模型、客户信用风险自动预警平台、债券风险预警平台、自动机器风险分类、精准客户风险画像等都是数字化风险管理的典型代表。

德勤咨询发布的《2019 年全球数字化风险调查》报告指出，近年来企业将网络、数据隐私和监管合规认定为新兴风险涉及的三大领域，而数字化转型则加剧了这些风险的复杂性。数字化转型还可能带来数字化渠道对不同客户的欺诈风险、有关企业为适应数字化而产生的相伴风险、数字化工具的应用风险、变革延迟风险、企业文化和体系架构风险等。《2022 年全球数字化风险调研》报告指出，随着数字化转型的加快，道德规范问题已变得更加普遍，企业领导人和消费者对数字技术存在信任落差，消费者体验是企业面临的重要数字化风险。

数字化风险管理和安全管理审计，主要是通过识别已有的、潜在的风险问题和安全问题，通过已有的举措来度量剩余风险和剩余安全问题，再提出独立、客观的改善建议。

5. 数字化信息系统审计

有效的数字化信息系统作为推广和实现数字化各项举措的最核心工具，是数字化转型能否成功的关键要素之一。内部审计针对数字化信息系统的审计可以参考信息系统审计方法论，从数字化信息系统战略规划、系统开发、系统建设合规性和风险性、系统建设的成本效益等方面进行专项分析，评估信息系统与数字化整体战略的匹配度，评估对于应用数字技术、金融科技和新兴科技来变革现有管理与操作活动的有效性，评估数字化信息系统本身存在的信息科技问题和缺陷等。

12.4 数字化转型审计存在的问题

目前，我国部分企业在面临数字化转型审计时还存在以下问题。

1. 企业还未形成数字化转型审计思维

当前各企业总体层面的主要精力集中在数字化转型和建设，而在内部审计部门层面则一般都忙于各类业务、风险或信息科技的常规和专项审计。尽管对内部审计进行数字化转型、开展数字化内部审计已经成为内部审计领域的共识，也有部分企业提出对数字化转型进行效果评价，但是对于数字化转型审计则讨论较少，整个社会还未形成数字化转型审计思维。

2. 尚无数字化转型专项审计的标准

无论是以鉴证和确认业务为方向的内部审计活动，还是以咨询为着力点的内部审计服务，均需要在执行审计程序、识别问题和评价风险时有一个明确的审计标准来作为判定基准。例如：商业银行信息科技风险管理审计的审计标准包括《商业银行信息科技风险管理指引》《银行业金融机构全面风险管理指引》等；证券公司信息科技管理审计的审计标准包括《证券基金经营机构信息技术管理办法》《证券期货业信息系统审计规范》《证券期货业信息系统审计指南》等；保险公司的信息系统项目管理咨询服务的咨询标准一般是监管机构、政府部门或行业组织的规范文件，领先保险公司的实践，优秀的学术研究报告和论文等。然而，当前对于数字化转型审计还没有公认的通用审计标准。

3. 针对数字化转型审计的方法论尚未形成

在众多内部审计领域，业务专项审计、风险专项审计、流程转型审计、财务及费用专项审计、IT 专项审计、案件专项审计等已经形成了标准化和个性化的审计方法论，这些方法论包括审计的规划、方法、流程、规则、工具、报告、质量管控和跟踪等模块。而数字化转型审计尚属新兴审计类别，在上述相关方面还没有形成标准、科学的方法论。

4. 总体和局部层面的数字化风险管理不足

在当前实践中，企业普遍还未将数字化风险设为一类风险管理对象，许多企业还未意识到数字化风险的潜在负面影响，更不用说对数字化开展专业风险管理了。此处主要体现在两个方面：一是还没有对数字化转型和大数据应用本身的规划、研发、应用过程中的风险进行识别与管控；二是没有利用数字化工具来开展信息科技风险管理，这些数字化工具包括数字化的系统需求和设计、数据建模、数据指标、数据可视化、数字化项目管理和模糊评价等。

5. 数字化转型审计专项人才和技能缺失

数字化转型是一个新兴且融合战略、组织变革、人力资源、数据管理、风险管理和信息技术等在内的综合性工程，它包含的一级和多级知识领域均是非常专业的领域。对数字化转型开展审计工作要求内部审计人员不仅要掌握最新的审计理念、方法和工具，更需要掌握与数字化及数字化转型相关的专业领域知识。例如，对数字化转型战略规划开展内部审计需要专业战略和经营规划知识，对数据治理开展内部审计需要掌握整套的数据治理标准、方法、流程和技术。很明显，数字化转型审计的这些高要求决定了当前市场上能够胜任数字化转型审计的人才极度缺乏。

12.5　数字化转型审计改进方案

1. 形成数字化转型审计思维

培育内部审计的数字化转型审计思维，核心就是内部审计部门必须参与公司整体的数字转型工作，并且它自身必须开始进行数字化改造。

具体来说，企业可以将内部审计作为数字化转型各领域中的一个重要模块，投入相应的资源和能力，内部审计可以通过发挥研究、审计和咨询的角色作用来赋能企业总体的数字化转型。内部审计可以：为管理层提供全球范围内的数字化转型政策研究和趋势研究，出具专业的研究报告；调研行业内的先进数字化转型实践操作，独立客观地为企业数字化转型献言献策；与其他部门组建敏捷团队，融入具体的转型项目之中；发起针对特定领域的数字化转型审计，评价过程和结果风险。

内部审计部门自身的数字化改造可以按照企业的总体战略规划和实施路径进行，将自己作为核心模块之一融入企业整体战略。实施内部审计部门内的组织变革，成立敏捷内部审计团队，培育数字化内部审计人才，打造数字化内部审计工具，塑造数字化内部审计思维。

要想形成长期的数字化转型审计思维，还需要从文化上提出强有力的措施，塑造数字化转型的审计文化。董事会、监事会和高级管理层、内部审计部门领导和内部审计人员均需要为数字化转型审计文化注入持久的生命力。可以参考的举措有发布数字化转型审计政策，编写数字化转型审计操作规程，建立数字化转型审计敏捷小组，设定数字化转型审计专项考核机制，鼓励数字化转型审计方法论和工具创新，发起数字化转型审计研讨交流，撰写数字化转型审计研究论文等。

2. 从三个领域确定数字化转型专项审计的标准

选取一个合适的审计标准是内部审计人员执行审计项目、提出问题和评价风险的基础。审计标准一般可以是法律法规、国家政策指引、行业规范、领先实践，也可以是基于科学方法论、试验和实验、数据验证等得到的恰当的结果，还可以是公司已经审批通过的政策制度、战略规划和绩效目标。

首先，法律法规方面主要有信息安全、网络安全和数据保护相关的文件，如《网络安全法》《数据安全法》《个人信息保护法》；国家政策指引方面有《关于加快推进国有企业数字化转型工作的通知》、银保监会发布的《关于银行业保险业数字化转型的有关指导意见》等。行业规范方面主要有国家标准化管理委员会发布的应用标准文件和行业协会发布的一些规范文件。领先实践方面主要有行业内头部企业已经被验证有效的数字化转型实践，如商业银行体系可以将大型国有银行、领先股份制商业银行和领先城市商业银行的实践作为评价的依据之一，特别是在开展咨询业务时可以更多使用行业实践作为标准。

其次，科学的方法论是指利用科学研究、逻辑分析和企业管理中的成熟方法论，例如"论点—论证—论据"方法、归纳分析方法、头部企业研发的数字化转型方法论。试验和实验是指对各项数字化转型举措的有效性开展试验或实验，根据结果来判断相关的风险和成果。数据验证是指通过数据采集、数据分析、数据建模等步骤来分析数字化转型过程和结果的风险与绩效。

最后，政策制度是指企业内部为推动数字化转型工作落地所发布的公文制度、工作指引、核心会议纪要、管理层要求等。战略规划是企业内部已经被审核通过的公司整体战略规划、架构规划和数字化转型规划。绩效目标是指公司整体的绩效指标及其基准值，以及为数字化转型量身定做的绩效指标及其基准值。

3. 形成数字化转型审计方法论

除去内部审计自身的方法论外，当前市场上还未形成通用的、标准的数字化转型审计方法论。我们根据数字化转型的特点和要求，结合内部审计数字化转型总方法论框架，设计了如下数字化转型审计方法论，如图 12-1 所示，用于指导内部审计部门开展总体和专项审计项目。

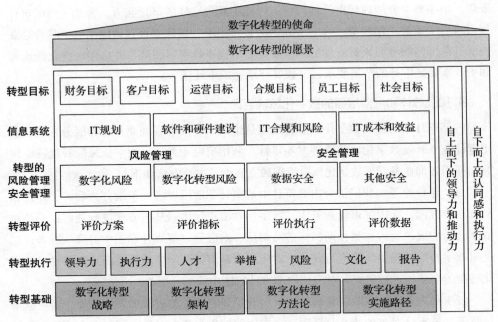

图 12-1　数字化转型审计方法论框架

数字化转型审计最开始基于数字化转型的六大目标来评价数字化转型的效果，例如财务目标是否实现，合规性是否存在问题等，通过将实际表现与预期值或者基准值进行比对来分析转型成效。

在目标管理下，从转型基础开始，逐步进入转型执行、转型评价、转型的风险管理和安全管理、信息系统建设共 5 个一级领域和 23 个二级领域。具体来说，内部审计部门可以从这 23 个领域细化审计点，然后按照标准方法执行审计程序，识别问题和风险，再提出改善建议。根据资源和能力，既可以选择将全部领域也可以选择将部分领域纳入审计范围，不过最好是制订一个分阶段的实施计划，在 3 年内完成一次全面审计。

除了这 5 个领域之外，内部审计人员还可以基于审计目标定制其他关联领域。事实上这 5 个领域已经包括足够多的审计事项，也基本上覆盖了数字化转型的关键领域。即使仅对其中的部分领域进行审计，内部审计人员也应当具备多项能力并投入许多资源。

企业在应用该方法论时应注意将其和内部审计准则与实务规范结合，以避免脱离审计基本要求来另行执行一些不规范的项目，进而影响审计结论的独立性和客观性。

从方法论框架来看，数字化转型审计所覆盖的领域从广度和深度上均有着较高的要求，中小型企业的内部审计部门极有可能不具备这样的审计能力。为此，内部审计部门可以借鉴数字化转型过程中所强调的敏捷组织、敏捷流程和敏捷工具，联合企业内部其他部门的专业人员或外部顾问来组建敏捷审计项目团队，并启用敏捷化的流程和工具来满足审计的严格要求，又快又好地完成审计任务。

4. 加强总体和局部层面的数字化风险管理

内部审计部门开展数字化风险管理应从审计、研究和咨询业务三种服务入手，利用审计业务开展数字化风险管理专项审计，利用研究业务进行数字化风险管理特定研究，利用咨询业务开展数字化风险管理独立咨询，主要方法如下：

（1）审计业务　我们认为内部审计中的审计职能可以进一步细分为确认、评价和监督三个方向。在内部审计业务中，数字化转型审计可以从三方面进行理解：一是对数字转型的效果是否达到预期目标进行确认，对应到内部审计职能中的确认服务；二是对数字转型的操作风险进行评价，对应到内部审计职能中的评价服务；三是对数字化转型的全流程进行监督，对应到内部审计职能中的监督服务。

（2）研究业务　在数字化转型审计中开展研究业务的过程如下：首先，要根据审计范围和被审计对象的特征，选取一个专项领域作为研究对象，例如在全面数字化转型审计中，选取数字化转型架构作为研究对象；其次，确定研究的类型，例如数字化转型专题研究、数字化转型架构设计研究、数字化转型案例研究等；然后，明确研究步骤，一般包括调查数字化转型架构的基本情况、了解学术界和企业界的已有成果、分析存在的问题、选取其中的一个或多个问题开展理论分析、实证分析或案例分析；最后，对研究进行充分的论证分析，得出结论，并提出改进和优化建议。

　　内部审计从事的该类研究业务的汇报对象主要是董事会和高级管理层，作为他们进行决策分析的参考资料。严格来说，审计人员应注意独立性要求，不能涉足影响其后续内部审计工作独立性的研究。但是如果企业存在补充控制措施可以管控内部审计人员的独立性风险，则可以适当延伸其研究业务的范围。

　　（3）咨询业务　开展咨询业务是内部审计人员的核心职能之一，也是内部审计人员融入业务和管理活动、提高审计价值的有效方式。由于当前数字化转型具有非标准化、非合规化的特点，在数字化转型审计项目中，内部审计人员规划和执行咨询活动是符合内部审计系列准则要求的。对于数字化转型审计中的咨询业务，建议先从合规性和风险性的角度出发，再拓展到局部领域的专项咨询。这是因为当前数字化风险和数字化转型风险还是一个较为新鲜的课题，相关的方法论和成果相比其他传统风险领域均较少，此时内部审计人员便可以有所作为，发挥自身优势，指导企业开展相关的风险管理工作。

　　为了降低内部审计人员的独立性风险和潜在的利益冲突，我们建议在上述咨询业务中，内部审计人员聚焦于顶层治理和管理，关注原则性、方向性的大问题，不要聚焦于非常细节的实施方案层面。或者通过内部审计部门的团队分工、跨机构跨领域的审计隔离等方式来降低独立性风险。

5. 补充数字化转型审计专项人才

　　内部审计需要事先明确数字化审计专项人才的基本要求和核心技能，并引入或培养这类人才。根据数字化转型架构、方法论框架和实践分析，我们认为在标准内部审计胜任能力的基础上，专项人才需要具备如下核心技能：

　　1）基础能力。内部审计人员在内部审计常规信息沟通能力基础上，还需具备基于数字思维、业务思维和技术思维的优秀的沟通能力，让自己成为一个懂数字、懂业务和懂技术的综合人才，并且工作耐心细致，富有强烈的责任心和使命感。

　　2）洞察力。对于内部审计工作而言，最重要的就是识别风险、定义问题和解决问题，提高企业的业务价值和管理价值，核心是要有很强的商业洞察力、风险洞察力和数字洞察力，能够以科学、严谨的方式洞悉内在的问题，理性和客观地评价被审计事项。

　　3）同理心。同理心是指内部审计人员站在董事会、管理层、被审计对象或者咨询用户的角度考虑数字化转型应该创造什么价值，如何创造价值，不让个人情感和主观判断干扰审计分析和出具结论工作。

　　4）创新力。数字化转型非常需要创新来推动产生新的思想、新的模式、新的方案，不管是业务创新、组织创新、技术创新还是人员的创新，都是内部审计推动数字化转型走出一条独具特色路线的推动力，对又快又好地实现企业变革有着很强的积极影响。

5）逻辑性。基于大数据和数字技术的数字化转型，天然带有更加精确、更加严谨的属性。严谨的逻辑思维、独立的个人思考是内部审计人员在数字化转型领域强化数据底层元素、拓展数据论证能力和实现独立客观审计目标的基石。

12.6　数字化转型审计示例

本节根据内部审计的方法论对企业数字化转型审计工作进行示例说明，此处的数字化转型包括企业整体层面的数字化转型和特定领域（如风险管理、营销管理、客户管理）的数字化转型。

12.6.1　数字化转型的基础

（1）审计数字化转型战略　内部审计人员可以关注企业是否制定了科学的数字化转型战略。首先，获取企业的短期和中长期战略规划、最近三年的年度经营计划，获取数字化转型战略规划文件；其次，开展审计时重点关注企业是否已经制定了合理的数字化转型战略，该战略与企业战略、年度经营计划是否匹配；最后，分析数字化转型战略是否经过充分的论证分析、有效性检验，是否经过了恰当的审核批准。

（2）审计数字化转型架构　内部审计人员可以关注企业是否制定了科学的数字化转型架构，该架构是否符合企业总体战略和数字化转型战略的要求。首先，获取企业的数字化架构，如业务架构规划、应用架构规划、数据架构规划和技术架构规划的相关材料，从战略到业务，再到应用、数据和技术层面，对架构开展分析；然后，获取数字化转型架构的相关材料，根据企业战略、数字化转型战略、业务架构、应用架构、数据架构和技术架构等对数字化转型架构进行分析，寻找潜在的问题和风险。

（3）审计数字化转型方案　内部审计人员可以关注企业是否明确了数字化转型方法论并按照方法论设计具体的转型方案。首先，获取数字化转型战略规划、实施计划和具体举措等文件，检查是否明确了数字化转型的方法论；然后，检查数字化战略、数字化关键举措、数字化实施路径等核心模块是不是基于数字化转型方法论所得出的，是否与方法论存在不一致。

（4）审计数字化转型实施路径　内部审计人员可以关注企业是否有效设计和执行了数字化转型实施路径，并明确了相关里程碑和预期效果。首先，获取数字化转型战略规划、实施计划和具体举措等文件，检查是否明确了数字化转型实施路径；其次，分析数字化转型路径的合理性和科学性，是否与企业整体战略路径不一致，是否能够支持各领域数字化转型的落地；再次，检查是否明确了数字化转型各阶段的里程碑，明确了里程碑的定义、关键特征、实现标准等核心要素；最后，检查是否明确了各阶段的实施目标、预期效果、评价指标等。

12.6.2　数字化转型过程执行

（1）审计数字化转型领导小组情况　内部审计人员可以关注企业是否建立了数字化转型的领导小组并合理运行。首先，获取数字化转型实施计划或方案，了解数字化转型实施领导组织和人员的情况；其次，询问转型工作相关人员，确认是否组建了合适的工作领导小组，是否明确了各成员的职责、分工、运行和考核等要求；最后，获取领导小组日常工作的相关材料，如工作指引、会议记录、统计数据等，评价领导小组工作的有效性。

（2）审计数字化转型领域执行小组情况　内部审计人员可以关注企业是否设立了数字化转型各领域的执行小组并合理运行。首先，获取数字化转型实施计划或方案，了解数字化转型实施执行组织和人员的情况；其次，询问转型工作相关人员，确认是否按照转型领域组建了恰当的执行小组，是否明确了各成员的职责、分工、运行和考核等要求；最后，获取执行小组日常工作的相关材料，如工作指引、会议记录、统计数据等，评价执行小组工作的有效性。

（3）审计数字化转型人才队伍　内部审计人员可以关注企业是否组建了一支优秀的人才队伍来支持数字化转型。根据数字化转型方法论中对数字化人才的要求，对现有数字化人才体系进行评价，具体关注以下几点内容：

首先，在自上而下的领导力层面，是否具有合格的领导人才，以推动数字化战略的有效落地；其次，从自下而上的执行力层面，是否具有优秀的专业人才，以驱动各项数字化转型举措的有效执行；再次，从横向合作和支持方面，评价部门之间、分/子公司之间在数字化协同上是否目标一致、团结合作；最后，在纵向管理和操作方面，评价上下级部门或机构间在数字化运营方面是否能够做到科学管理和决策高效执行。

（4）审计数字化转型路径执行情况　内部审计人员可以关注企业是否按照数字化转型路径有效执行了各项具体举措。首先，获取数字化转型规划实施路径及每一个路径的关键举措，获取数字化转型实施过程中的成果文件、数据或其他有关资料；其次，检查是否按照路径执行了各项具体举措；最后，分析各阶段各领域的数字化成果是否符合各阶段的预期目标。

（5）审计数字化转型风险控制情况　内部审计人员可以关注企业是否识别了数字

化转型各领域的风险并制定了控制措施。首先，询问转型工作相关人员，了解数字化转型工作日常风险管理情况，确认是否及时、准确地识别了相关的风险并提出了有效的控制措施；其次，获取已识别的风险清单和控制措施，评价风险识别及其控制的设计是否能够覆盖关键的数字化转型风险；最后，与实际的数字化转型过程中出现的和潜在的风险进行比较分析与归纳分析，确认数字化风险和数字化转型风险是否被恰当地识别与控制。

（6）审计数字化文化　内部审计人员可以关注企业是否塑造了数字引领和数字创新的新型文化。普华永道思略特开展的一项针对 2200 多名高管和经理的变革管理计划调查显示，如果公司的变革转型与企业文化相适应，则员工进行可持续变革的可能性会增加两倍以上。数字化文化的形成和传承是数字化"落地生根"到"枝繁叶茂"，再到"硕果累累"和"生命循环"的根本要素之一。内部审计关注数字化文化时可以从以下几方面入手：

首先，审查是否制定和实施了数字化文化的策略，其中核心策略是数字化创新策略；其次，审查是否成立了数字化组织或敏捷团队来塑造支持数字化转型的敏捷文化，数字化组织如创新中心、科技中心、数字实验室、技术研究院等，敏捷团队如敏捷小组、敏捷部门、敏捷部落或敏捷企业等；再次，审查是否充分利用数据分析和数字技术来开展转型与创新工作；然后，审查是否针对数字化转型设计了激励机制、鼓励创新、鼓励信息技术的研发和应用；最后，审查是否建立和维护了数字化的行为准则，并利用数字化的工具宣贯创新行为准则，进而巩固数字化转型成果。

（7）审计数字化转型汇报情况　内部审计人员可以关注企业是否对数字化转型工作进行了有效的汇报。首先，获取数字化转型工作方案，检查是否明确了对各阶段各情景下的工作汇报要求，是否明确了汇报的核心内容；其次，获取汇报材料，判断是否按照汇报的规定执行了有效的汇报，包括核心汇报内容的完整性和准确性；最后，了解和评价汇报的自动化水平，数字化改造的一个方向是将汇报的生成方式由传统人工编写转变为系统自动生成的新模式。

12.6.3　数字化转型结果评价

（1）审计数字化转型评价方案　内部审计人员可以关注企业是否制定并执行了有效的数字化转型评价方案。首先，检查是否制定了数字化转型评价方案，方案是否已经提交管理层审批，并适时对方案进行更新调整；其次，与行业实践和监管法规进行比对，检查数字化转型评价方案的内容是否完整、准确，是否能有效指导评价工作。

（2）审计数字化转型评价指标　内部审计人员可以关注企业是否制定并执行了科学的数字化转型评价指标。首先，检查数字化转型评价指标是否覆盖了财务绩效、客户管理、内部运营、业务和系统合规、员工服务和满意度、风险控制、社会责任等维度；其次，检查数字化转型评价指标是否包括定性指标和定量指标，定性指标是否清晰、明确、无歧义、可理解，定量指标是否准确、客观、可落地等；再次，检查数字化转型评价指标的数量是否恰当，是否能够匹配转型目标，是否能够覆盖转型全过程的主要绩效和风险；最后，检查各领域数字化转型指标是否被准确地应用于评价数字化转型各项工作的过程和结果。

（3）审计数字化转型评价数据的准确性　内部审计人员可以抽样选取多个阶段的评价指标数据，采用重新计算、数据核实、交叉比对等方式核实指标计算结果的准确性。

（4）开展数字化转型评价　首先，内部审计人员可以在监管指引、行业实践的基础上，根据已有评价方案和评价指标数据，对数字化转型工作的有效性进行评价，识别存在的问题和风险；然后，内部审计人员还可以自行设计评价指标，从审计和咨询的角度对数字化转型工作开展专项评价。

12.6.4　数字化风险与安全

（1）审计数字化风险　内部审计人员可以关注企业是否存在未被合理管控的数字化风险。首先，从内部审计的角度识别出企业整体和局部面临的数字化风险；然后，对识别出的数字化风险开展专项审计分析，评估数字化剩余风险，提出有力的改善措施。

（2）审计数字化安全　内部审计人员可以关注企业是否存在未被合理管控的数字化安全问题。首先，从内部审计的角度识别出企业整体和局部面临的数字化安全问题，安全问题包括但不限于物理安全、网络安全、数据安全、设备安全、人员安全和操作安全；然后，对识别出的数字化安全问题开展专项审计分析，寻找安全问题的来源、影响因素，提出有力的改善措施。

12.6.5　数字化信息系统

（1）审计数字化信息系统的规划　内部审计人员可以关注企业是否制定了数字化信息系统的建设规划。内部审计人员必须认识到数字化信息系统是落地数字化转型各项工作的最终载体，是实现数字化的核心支撑，需要获取数字化转型规划文件和信息系统规划文件，并确认企业是否根据转型战略、方案和实施路径，制定了与其相匹配的信息系统建设规划。

（2）审计数字化信息系统建设情况　内部审计人员可以关注企业是否建立了有效的数字化信息系统。首先，按照数字化信息系统建设规划，分析各数字化转型领域信息系统建设的必要性、可行性，确认是否针对核心领域建立了数字技术的信息系统；其次，抽取部分关键的信息系统，检查其功能和非功能需求是否符合数字化转型目标和业务目标，功能是否得到有效开发；最后，抽取部分关键的信息系统，检查其从需求提出到系统投产的时效数据，评价信息系统建设效率是否能够支持数字化转型工作的有效推进。

（3）审计数字化信息系统建设的合规性和风险性　内部审计人员可以关注数字化信息系统和基础设施硬件建设的合规性和风险性是否存在问题。首先，按照信息系统生命周期流程和软件开发项目管理流程，对数字化信息系统建设的合规性开展专项分析，评价是否存在合规性问题和剩余风险；然后，按照信息科技固定资产管理制度和 IT 资产管理方法论，对数字化转型相关的 IT 基础设施开展专项分析，评价其是否存在风险。

（4）审计数字化信息系统建设的成本和效益　内部审计人员可以关注数字化信息系统建设的成本管控和效益达成情况。首先，获取数字化信息系统建设的资金预算、实际资金成本、预期效益估计值、实际实现的效益值；然后，进行比较分析，评价成本管控是否恰当、预期效益是否得到实现。

第 13 章 *Chapter 13*

内部审计咨询业务

内部审计的传统确认、监督和评价活动已经不能满足新时期企业管理对内部审计的定位要求，因此无论国际内部审计师协会还是企业的内部审计部门都纷纷提出了内部审计从事咨询业务的转型。内部审计天然具备的独立性、客观性和专业性特点，使得其很适合开展咨询业务。在采取合理的控制措施确保内部审计的独立性后，内部审计人员可以大胆地开展咨询业务，为企业的发展建言献策，更好地实现从以风险为导向的审计向以战略为导向的审计转型。本章主要介绍咨询和内部审计咨询概述、内部审计咨询业务存在的问题及其改进方案、具体内部审计咨询业务的开展方法和实践等内容。

13.1 咨询和内部审计咨询概述

咨询是一个比较宽泛的概念，在不同行业、不同场景下的定义和分类有着一定的差异。常见的一种咨询类型是企业咨询，其一般是指由专家顾问人员基于合理的约定向客户提供各种类型的服务，帮助客户识别并解决问题，达到双方的价值实现的行为。不同类型咨询的差别在于咨询的对象、内容、方法论、工具、所要达到的目的、交付物的形式等。

咨询行业一般横向会按照不同的行业类型划分不同的服务条线，纵向会按照具体咨询的内容划分不同的顾问团队，例如有一种典型的行业划分是零售和消费品行业，能源、资源行业，工业制造行业，金融服务业，政府及公共服务业，生命科学与医学行业，科技、电信和传媒行业等。不同的学派和企业对于咨询服务的类型划分各不相同，如下是一种较为典型的划分方式。总结来看，常见的企业咨询服务分类如图 13-1 所示。

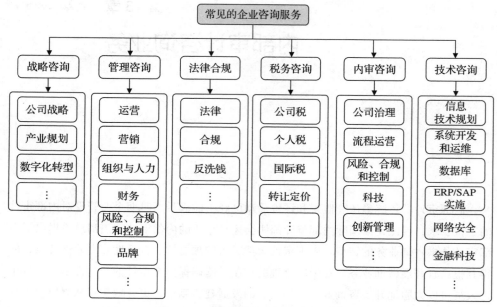

图 13-1　常见的企业咨询服务分类

此处，我们重点讨论内部审计咨询（内审咨询）。《国际内部审计专业实务框架》《内部审计准则》《商业银行内部审计指引》等都强调了内部审计的咨询职能。例如根据《第 1101 号——内部审计基本准则》的定义，内部审计是一种独立、客观的确认和咨询活动，它通过运用系统、规范的方法，审查和评价组织的业务活动、内部控制和风险管理的适当性和有效性，以促进组织完善治理、增加价值和实现目标。因此我们得出：不管从监管层面、行业规范、企业实践还是从内部审计自身的发展需要来看，内部审计从事咨询服务都是具有合规性、必要性、适应性的。

1）合规性。首先，内部审计准则和指引已经明确了内部审计包含咨询职能；其次，内部审计的灵魂与精神是独立性和客观性，而咨询服务同样也要求保持独立性和客观性，内部审计不能开展任何损害独立性和客观性的咨询活动。

2）必要性。现代内部审计已经从早期的查错、反舞弊、确保合规向风险、战略、绩效和价值管理转移，而咨询服务是进行风险管理、战略管理、绩效管理和价值提升的重要方式，同时对于内部审计自身来说亦能提高专业能力，进而反过来助推确认服务的改进。

3）适应性。企业管理和内部审计的理念在不断发展变化，企业内部和外部均面临着重大和激烈的竞争环境，内部审计必须不断改进自身的工作成效来适应这种复杂且快速变化的环境。

13.2　内部审计咨询业务存在的问题

内部审计从事咨询业务时应如何确保独立性？虽然内部审计的定义、准则还有实务规范里肯定了内部审计人员可以从事咨询服务，但是提供这种服务的前提是不影响自身的独立性和客观性。在现有的审计理论体系下，如果内部审计人员参与了企业管理的设计和具体的运营活动，再对这种设计和运营开展审计则可能会损坏内部审计的独立性。例如，如果内部审计部门参与编制了企业的经营规划、风险管理框架、业务管理制度，则在审计项目中需要对这些内容进行鉴证或确认时，内部审计的独立性很难得到保证。

咨询服务具有一定的设计、顾问、指导、提供解决方案等特征，因此如何处理内部审计和咨询服务的这种独立性冲突显得十分重要。但是咨询服务本身也要求具有很高的独立性，这使得两者之间的关系更加难以界定。

为了在开展咨询服务时确保独立性，内部审计可以从以下方面着手：

1）组织结构上。如前所述，可以进行内部审计组织架构改革，在内部设立独立于确认服务的咨询顾问团队，他们主要为内部审计建设提供咨询服务，一般不参与具体的确认项目。

2）宣导教育上。对从事咨询服务和确认服务的内部审计人员均需持续加强独立性的教育、培训和测试，让其深刻领会并遵循独立性的要求。

3）项目组上。首先在编制审计方案、确定审计小组时，一定要做独立性排查，对曾经参与或关联过被审计对象的内部审计人员，应直接从审计项目组排除，甚至可以让内部审计人员签署独立性声明。

4）项目类型上。一般不通过传统的审计鉴证项目开展咨询服务，初期可以从一些特定前沿和热点领域的调查研究项目、特定领域的监理项目、与业务机构或其他职能部门共同开展的分析和优化项目开始，中后期可以初步拓展到具体的企业管理领域。

5）服务对象上。可以通过优先向董事会及其委员会、高级管理层提供咨询服务开始试点。

6）系统控制上。通过内部审计系统记录各内部审计人员、审计顾问过往参与项目的情况，并以数字化的形式展示，清晰简洁地表明其可以开展哪些项目，不可以开展哪些项目。

13.3　内部审计咨询业务问题改进方案

内部审计如何选择恰当的领域开展咨询服务？如前所述，内部审计选择恰当的领域开展咨询服务包括四个维度：一是咨询服务的具体对象，二是咨询服务的具体内容，三是咨询服务的提供人员，四是咨询服务的开展方式。

1）咨询服务的具体对象。内部审计可以遵循自上而下或自下而上的架构，既可以为董事会和高级管理层提供咨询服务，也可以为具体的分支机构操作提供咨询服务，但是初期我们建议首选为董事会和高级管理层提供咨询服务。

2）咨询服务的具体内容。我们仍强调内部审计人员不要轻易参与企业管理的设计和执行活动，不轻易参与编制具体的企业管理方案和系统建设方案，而应多提供与企业管理相关的调查分析、理论研究、实务研究、领先实践介绍、合规解答，也可以与业务部门、职能部门共同组建项目组，以提供合理的指导、监督和建议。例如针对数字化转型，内部审计可以调查分析行业的数字化转型现状、存在的问题、提出改进建议，为企业自身的数字化转型提供思路和参考。

3）咨询服务的提供人员。一是独立的审计专家和审计顾问，二是具有特定领域专长的内部审计人员。如果内部审计人员参与了某对象的咨询活动，则未来三年内他不能参与该对象的确认相关的活动。

4）咨询服务的开展方式。可以以多种形式开展，例如专业调研、专题研讨、专项会议，也可以是发布研究报告、发布咨询建议书、发布风险提示、发布行业实践案例，还可以是在特定的确认项目中就局部事项进行咨询，出具管理建议。

此外，内部审计人员从事咨询服务存在方法和工具上的巨大挑战，咨询服务要求内部审计人员是特定领域的专才并具有深厚的知识技能积累，还会运用专业的工具。因此内部审计人员成功完成一个咨询项目，可以从以下方面进行改进：

1）专业知识技能上。需要努力提升自身的专业技能，使自己成为一个或多个特定领域（如信贷业务、资金投资、资产管理、投行保荐、数字化建设、数据挖掘、网络安全、区块链、产品管理、科技创新、金融创新、绩效考核、法律合规、信息系统开发）的专才。

2）方法和工具上。首先，要掌握咨询项目的基本方法论，如现状调研、差距分析（基于合规、数据分析和领先实践）、蓝图规划、实施方案、专项报告；其次，还需掌握战略管理、运营管理、风险管理、组织和人才管理、信息技术管理的基本方法论和工具；最后，还要掌握文献检索、信息采集、数据分析、财务分析和文档处理等技能。

3）信息交流沟通上。一方面，要提升自己的内部信息沟通能力，与高级管理层、职能部门和业务部门保持良好的合作关系；另一方面，要积极地进行外部沟通，与同业机构、第三方中介等进行咨询服务研讨、交流和合作。

13.4　内部审计咨询业务开展方法

内部审计开展咨询业务，首先需要扫除影响内部审计人员独立性的主观和客观因素，其次要建立咨询业务开展的规范和方法体系，再次要引进和培育内部审计咨询人才，最后要通过恰当的方式对咨询业务进行评价以肯定其带来的价值和发现存在的问题。

在独立性的限制下，内部审计在没有补偿性控制的前提下，一般不能直接开展针对具体政策制度和实施方案的设计活动。但是如前所述，基于内部审计的定义、职能、用户需求和数字化时代审计价值提升等，内部审计可以并且需要开展咨询业务。由于独立性的限制，很多企业的内部审计部门不知道可以开展哪些咨询活动且不影响自身独立性；又由于审计资源和能力的限制，很多企业的内部审计部门缺乏足够的动力来开展咨询业务。本节将介绍咨询活动可以从哪些领域切入，以及如何在资源和能力有限的情况下开展咨询活动。

那么内部审计应该如何找到合适的咨询活动切入领域？原则上，只要能够确保内部审计人员独立客观地完成审计工作，任何领域都可以作为内部审计咨询的对象。由于实践中人性、能力、利益冲突和偶发因素等的影响，内部审计人员在对自己咨询过的事项开展审计时很难确保绝对的独立性，因此内部审计相关法规和准则均对独立性做出了严格的规定。由于咨询活动本身也需要保持独立客观，因此内部审计独立性的限制其实并不影响内部审计开展咨询活动，只是在选取咨询领域时要做一定的隔离，以及咨询的深度要做适当性管理，并增加对独立性侵害的补偿控制措施。经过梳理，我们认为在基于一定的环境下，内部审计可以从以下模块中选择一部分作为内部审计咨询活动的切入领域，具体如图 13-2 所示。

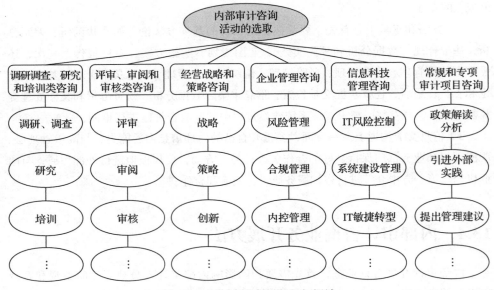

图 13-2 内部审计咨询业务领域

1. 调研调查、研究和培训类咨询

内部审计调研调查是指内部审计人员利用其掌握的方法、信息、工具和资源等，基于特定的调查目的对某一领域事项开展独立调查或调研活动，并出具专项报告。其中调研侧重于了解某一领域事项的情况，而调查侧重于在调研基础上发现一些有价值或有问题的内容。

内部审计研究是指基于内部审计独立客观的定位，对管理层安排的、用户部门需求的及内部审计人员自己选择的特定对象开展研究活动，并出具研究报告。本处研究可以划分为一般性研究和严肃性研究两种，前者对学术性、工程实践性、科学性和逻辑性等的要求可以降低，后者则必须强调研究的学术性、工程实践性、科学性和逻辑性等。

内部审计培训是指内部审计人员对管理层或其他部门、经营机构，甚至是外部企业等开展专项培训，考虑到内部审计人员的专业能力领域，该种培训一般以审计、战略、风险管理、内部控制、合规管理、流程管理、科技管理等为主。

2. 评审、审阅和审核类咨询

评审、审阅和审核是近义词，但是又各有不同的侧重点。内部审计开展的评审、审阅和审核活动，严格意义上并不属于通常所说的管理咨询业务，如在其中增加一些评审、审阅和审核后的管理建议，并且是那种较为详细、可落地的建议，则我们可以认为其带有一定的管理咨询性质。该类活动有两种实施思路：

1）近似专项审计的思路。在该情境下，内部审计基于独立客观的精神，对特性对象开展评审、审阅和审核，其目标、过程和结论的出具均符合内部审计准则和实务的要求，只是该类活动不是在一个特定的审计项目中开展的。例如在一个信息系统开发项目中，应开发部门需求对该系统建设过程中的验收合规性进行审阅，此时内部审计人员需谨慎对待并按照专业要求执行必要的程序，方能出具客观结论。

2）普通的工作思路。在该情境下，内部审计仅基于一般的评审、审阅和审核的工作要求，执行非正式的活动，出具专业客观的但并非官方或严肃的结论。例如企业在制定内部政策制度时，可以提交内部审计部门进行审阅，内部审计人员根据内外部政策法规、行业实践等，以文档批注等形式提出相关的意见或建议。

需要提醒的是，评审、审阅和审核类咨询是所有咨询活动中最接近标准审计的，因此其必然有一定的审计风险。企业内部审计部门在开展此类咨询时，应尽可能按照标准审计活动的要求来执行相关程序并出具结论。

3. 经营战略和策略咨询

经营战略咨询至少包括战略的设计、战略的执行和战略的评价等三种子活动。内部审计人员可从事的经营战略咨询包括：战略规划设计工作中的监督和管理工作，如PMO；参与不涉及审计本身的其他战略执行工作中的监督、管理或咨询工作；参与战略评价。

策略是在战略的基础上形成的具体领域的管理方法或执行要求，是一种偏向战术性的规定。内部审计人员在从事策略咨询工作时可重点关注策略拟定的科学性、合理性和可落地性，引进与介绍行业实践中的先进策略、策略执行过程中的风险和策略所带来的绩效等。

4. 企业管理咨询

企业管理咨询是一个非常宽泛的概念，主要咨询领域有组织管理、风险管理、运营管理、人力资源管理、销售管理、采购管理、合规管理、内控管理等。理论上，上述每一个领域均可以成为内部审计的咨询领域。本次我们选取其中的风险管理来描述内部审计可以选择哪些风险管理领域开展咨询活动。

由于内部审计的核心目的之一就是评价和改善企业的风险管理，因此企业风险管理咨询可以说是内部审计从事咨询活动的"大本营"或"根据地"。在对风险管理开展常规或专项审计的基础上，内部审计人员从事风险管理咨询时可以重点考虑如下方面：

1）不在审计（鉴证、确认及评价）活动范围内的风险管理活动的管理咨询。内部审计人员对于自身参与过设计和咨询的领域再开展审计会影响审计结论的客观性，进而可能损坏其独立性，但如果对上述审计和咨询活动错开，则影响独立性的因素将不复存在。企业风险管理的领域十分广泛，还有许多领域并未纳入审计范围，因此内部审计人员可以就这些领域直接开展咨询活动。

2）设定隔离措施的常规风险管理活动。内部审计的独立性会受到企业内部审计人员变化、审计时间长短等影响，经设置人员和期限隔离的风险管理活动可以成为内部审计的咨询对象。如果内部审计人员对某一风险管理领域开展过咨询活动，则可以采取更换内部审计人员、设置隔离期限（如三年）等措施后再对其执行审计活动。如果还担心咨询活动带来的独立性问题，还可以在此基础上增加质量控制措施，如对审计过程和结果进行独立复核。

3）提供管理建议的风险管理咨询。该种咨询活动中，内部审计不会直接参与具体政策制度和风险管理实施方案的设计，但是会从独立客观的角度提出对风险管理政策制度和实施方案的管理建议，目的是找到其中的问题点、风险点和价值点，最终实现企业、被审计对象和内部审计部门三者的共同价值。

5. 信息科技管理咨询

由于信息科技的美好前景及其在企业中的广泛应用，审计部门为信息科技审计赋予了更高的使命并配备了更多的资源，目前信息科技审计作为内部审计活动中一个相对独立的模块，变得越来越重要。

同理，在信息科技审计的基础上，内部审计部门开展信息科技管理咨询也应该成为一项新的工作内容。内部审计部门开展信息科技管理咨询主要可以包括如下几方面内容：

1）信息科技规划中的咨询。内部审计部门可以开展一些信息科技甚至是前沿技术的调研分析，参与信息科技的规划并提出风险管理的专业咨询意见，对信息科技规划落地执行过程中的问题和风险提供专业咨询，等等。

2）信息系统建设中的咨询。内部审计部门可以选取一些在自己专业能力胜任范围之内的系统建设项目，与"业务、需求和开发"团队协同合作，提供专业意见和建议。可选取的相关领域有信息系统开发的需求管理咨询、信息系统建设合规性咨询、项目建设 PMO 咨询、信息系统开发流程管控咨询等。

3）信息系统运维中的咨询。内部审计部门可以基于自身在风险管理、数据安全、应急管理等领域的优势，开展与信息系统运维相关的业务连续性风险咨询、信息安全和大数据保护的咨询、系统运维突发事件管理咨询。

4）信息科技风险管理咨询。该领域本身是信息科技审计的一个重要对象，但是考虑到实践中许多企业（特别是中小型企业）的信息科技风险管理水平较低，缺乏相关风险管理人才，内部审计可以通过调查调研、评审评估、专业培训或管理建议等形式输出自身的信息科技风险管理知识技能。

6. 常规和专项审计项目咨询

常规审计和专项审计是内部审计的核心领域，是体现审计价值的基础工作，占据着内部审计人员最多的工作量权重。在这些项目中，内部审计同样可以开展咨询活动，发挥咨询价值。

（1）引入外部先进实践　许多企业的常规和专项审计的审计标准一般都是国家的政策法规、企业内部政策制度。如此一来，其审计很容易变成"合规导向"审计。如果在此基础上，内部审计人员能够引入外部优秀实践作为审计标准，无疑将使得其识别的问题和提出的改善建议更加符合行业上的最佳做法，对于被审计对象来说往往更具吸引力。

（2）提出科学的管理建议　实践中，部分企业的常规和专项审计仅提出问题，并在审计报告的结尾处提出宏观的、方向性的改善建议，只有部分企业会针对内部审计人员提出的审计问题给出改善建议。对此，我们建议根据审计项目的性质和审计用户的期望，差异化地提出管理建议，且这些管理建议必须是科学的、具体的、可落地的。

13.5　内部审计咨询业务示例

根据上一节所描述的内部审计咨询活动的切入领域，本节我们选取一些实践案例来进一步描述行业实践中部分企业具体是如何开展内部审计咨询业务的。

13.5.1　调查、研究和培训类咨询

1. 现金贷业务市场调查

某企业内部审计部门在开展零售信贷业务审计之后，恰逢银保监会发布《关于加强商业银行互联网贷款业务管理　提升金融服务质效的通知》（银保监规〔2022〕14 号），当时市场上关于现金贷业务、P2P 业务的整改和破产新闻数量激增。在这个背景之下，为了协助企业评估未来互联网贷款的发展情况，了解市场上相关业务的现状，内部审计部门主动执行了对市场上现金贷业务的调查。

该调查以贷款经营企业基本情况、授信五要素及其关键分解要素、相关产品在市场上的表现或地位等维度为核心，对近 20 家企业的现金贷业务进行了调研，并出具了调研报告。

2. 企业 RPA 引进市场调查

在数字化、智能化转型的过程中，某企业管理层一直没有确认引进 RPA 用于财务、运营等工作的计划，原因是他们对 RPA 的了解有限，不清楚 RPA 的应用情况、RPA 是否符合本企业的情况、RPA 能否取得预期的效果和引进 RPA 的成本等。

由于 RPA 应用于内部审计工作有一定的前景，再加上内部审计独立客观的咨询服务，因此该企业由内部审计部门主导发起了一次 RPA 引进的市场调查。内部审计部门联合财务等部门，邀请了相关 RPA 咨询和系统实施供应商的业务人员进行系统交流，通过网络信息检索和评估调查 RPA 的发展与应用情况，精选了部分 RPA 应用的示例用作案例介绍。内部审计部门最终编制了调研报告，供管理层进行决策分析。

3. 企业风险和内控管理培训

某企业内部审计部门基于自身所掌握的风险管理、内部控制知识技能，参加了由公司组织的风险管理专项培训活动。内部审计部门精选骨干人员，编写培训材料，设计培训考核试题，组织和实施现场培训。

通过该培训活动：一方面，内部审计部门向企业其他部门输出了专业知识技能，协助其解决风险管理和内部控制领域的问题；另一方面，宣传了内部审计的精神、理念、方法等，增进了与其他部门之间的信息沟通。

13.5.2 评审、审阅和审核类咨询

1. 企业内部政策制度设计的审核和评审

为了充分发挥内部审计在合规管理、风险管理和业务管理方面的专业能力，某企业在内部政策制度建设方面主要采取了以下措施：设立内部审计部门，充分听取内部审计部门的专业指导意见。内部审计部门也从传统的事后控制进入事前控制，在拟定政策制度的时候即基于自身职能定位发表专业评审意见，给出改善建议。

（1）事前进行政策制度审核　业务部门或管理部门在拟定政策制度初稿后，在提交风险委员会审核之前会发送至内部审计部门，征求内部审计人员的意见和建议。内部审计人员在坚持独立性和客观性原则的基础上，通过自身专业能力和经验对政策制度进行初步评审，给出评审意见和建议，并与业务部门或管理部门进行沟通。

（2）内部审计人员参与企业风险管理委员会　高级管理将内部审计部门的负责人

纳入企业风险管理委员会，所有公文政策制度必须经过风险管理委员会审议通过后方能发布生效。由此，内部审计部门可以通过风险管理委员会对政策制度存在的合规性风险给予提示与指导。

（3）提供政策制度体系建设建议　内部审计人员基于过往参与企业政策制度体系建设的背景：一方面进行市场调研，为企业介绍外部优秀的实践经验；另一方面将掌握的政策制度体系建设知识以日常沟通、专项培训和独立审计的方式传达给其他部门和机构。

2. 企业信息科技活动中的评审、审阅

（1）信息系统开发特定功能审阅　基于内部审计对特定信息系统的功能掌握程度，以独立客观的视角对系统开发投产上线前的特定模块功能进行评审和审阅，确保信息系统功能完善。此种咨询活动建议仅对特定功能而非全部功能开展审阅，且不出具专项的审计报告或审阅报告，审阅结果仅供业务部门或技术部门参考。

（2）信息安全和数据保护的审阅　根据内部审计在信息科技、网络安全和大数据保护等领域积累的专业知识技能，可以对网络的安全性、信息安全合规性、数据安全以及与信息科技相关的隐私保护机制开展审阅。此类活动的目的主要是补充企业欠缺的相关资源和能力，充分使用内部审计的特长，促进"审计 + 业务 + 科技"融合。

（3）新兴技术的引进和应用审阅　内部审计的信息技术专家团队可以选取移动计算、远程计算、云计算、边缘计算、社交媒体以及大数据、机器人、人工智能、区块链、虚拟现实等新兴或前沿技术开展引进和应用的审阅，为业务部门和技术部门提供第一、第二道防线之外的第三道防线风险管理和价值管理技术。

3. 其他领域的评审、审阅和审核咨询

其他常见的企业管理领域，如组织管理、风险管理、运营管理、人力资源管理、销售管理、采购管理、合规管理、内控管理等，以及本书所提出的"内部审计数字化转型方法论框架"中的各个领域，均可以成为内部审计评审、审阅和审核咨询的对象。

13.5.3　经营战略或策略咨询

越来越多的企业在进行战略规划和数字化转型时引入内部审计人员来开展独立的战略分析、项目评估和落地管控工作。假如某内部审计人员被选定作为企业管理策略咨询师，被要求基于人工智能技术为所在公司或单位的风险管理或业务提升提供帮助，对主营业务进行简要介绍，对业务痛点进行简要分析，对实施策略进行阐述。以下是他编写的咨询报告中的部分内容。

1. 业务概况

作为一家"传统＋互联网"方式的中小型新兴银行，我行的业务类型覆盖资产业务、负债业务、投资业务和中间业务，具体内容如下：

（1）公司业务　公司业务包括但不限于流动资金贷款、固定资产贷款、项目融资、保理[⊖]、产业链金融、委托贷款、票据承兑、票据贴现和转贴现、国际结算。涉及的流程主要有制度建设、客户准入、授信调查、审查审批、担保落实、放款审核、贷后检查、风险分类、资产保全等。

（2）零售业务　零售业务包括但不限于信用类消费贷款、不动产抵押快速贷款、担保类个人消费贷款、担保类个人经营性贷款、助贷机构合作类贷款、保险机构担保贷款、互联网平台合作贷款、房屋按揭贷款、中小银行联合贷款、互联网委托贷款。涉及的流程主要有制度建设、授信调查、审查审批、担保落实、放款支付审核、贷后检查、风险分类、催收保全、资产转让等。

上述业务的特点是：通过传统线下信贷业务稳住根基，通过互联网线上业务拓宽渠道，通过数字化转型紧跟潮流。

为了支持上述业务的发展，打造"数字银行"，我行组建了前、中、后台的组织架构和基于三道防线的风险管理体系。

- ❏ 业务前台集群：包含产业银行、普惠银行、科技产品相关机构。
- ❏ 智能中台集群：包含风险中台、数据中台、业务中台、渠道中台、管理中台。
- ❏ 高效后台集群：包含行政、人力、运营、安保、审计、监察等机构。

2. 发展策略

我行积极投身产业转型升级，立足服务产业并大力发展普惠金融业务；通过打造拳头产品，根据场景化产品的用户画像、风险定价模型打造全流程智能信贷产品；探索建立"产业＋互联网＋金融"商业模式，积极进行数字化转型和打造数字化业务平台；搭建智能营销体系，包括数字化客户触达、数字化推荐、数字化客户服务、数字化渠道管理和数字化营销分析等；建设数字风控合规体系，推动授信审批、内控合规和内部审计数字化建设；建设智慧运营银行，通过智慧网点、集中运营、远程运营、科技运维等轻型运营服务体系进行敏捷转型和敏捷操作；通过积极的组织与人才变革，引进和培育优秀人才，强化流程再造，激发组织活力。

⊖ 保理（Factoring）。根据银监会 2014 年第 5 号令《商业银行保理业务管理暂行办法》，保理业务是以债权人转让其应收账款为前提，集应收账款催收、管理、坏账担保及融资于一体的综合性金融服务。

3. 业务痛点

我行目前还存在以下业务痛点：

（1）信用风险管理的智能化水平较低　目前我行授信业务的风险管理基于人工调查审查、模型评级、贷后监控预警保全来进行。在人工调查审查方面，存在政策和操作规程不清晰不明确、操作人员专业能力不高、缺乏有效的辅助调查审查工具等问题。在模型评级方面，现有模型可以说是照搬了某国有银行的评级体系和工具，对于小型商业银行而言存在不适用之处，这种不适用不仅缘于它们面对客户情况的不同，还缘于大型国有银行和小型商业银行在公司治理、风险偏好、风险承受能力上的差异。在贷后方面，因缺乏智能的监控预警体系，不能及时发现客户存在的风险。

对于零售客户的风控，主要是基于征信数据的分析以及引入同盾等第三方数据，构建信用评分卡。

（2）员工行为管理的智能化水平较低　金融业是一个强监管和强合规行业，不管是监管部门还是银行内部，都有许多行为准则和行为规范。传统上，一般通过合规培训和宣导、员工入职调查、各种业务和管理审计、违规行为举报、员工行为监控等来进行控制，但是实际效果一般。我行十分重视员工行为管理，但是苦于没有更优质、更有效、更合规的方法和工具，在一些情况下甚至会使用一些过激的方式，造成员工的反感和反对，这些过激方式实际也未能取得预期效果。

（3）企业经营管理的数字化水平较低　虽然当前许多公司十分重视数字化转型，并投入了一定的资金、人力、技术来进行数字化研发和运营等，但是由于基础较差，例如许多信息系统在开发时缺乏规划、开发能力欠佳、有效资源投入不足、数字化意识薄弱等，普遍存在数据标准不统一、数据割裂、数据质量低等。同时，现有大数据平台存储的多为传统型数据，对于一些非结构化数据的采集和利用不足。由于一些历史原因，许多数据质量问题很难找到问题所在，非常难以纠正。

4. 咨询方案

在数字化转型的浪潮中，建议让基于大数据的人工智能在解决这些问题方面起到积极的作用。针对上述三项问题，若作为首席信息官，我们的观点如下：

（1）风控智能　在公司客户方面，应该在独立于国有银行评级模型的基础上，研发适用自身客户业务特性的模型。算法上除了标准的逻辑回归，还可以使用随机森林等开发比较模型。在零售客户方面，根据现有的基于第三方数据的申请评分卡，开发行为评分和催收评分模型。此外，一是可以实施信贷流程风控智能化，将大数据策略、风控指标、风控模型、风控工具嵌入信贷生命周期流程；二是根据贷前调查人员的调查报告、贷中审查人员的审查报告进行文本分析，找到文本记录与信用风险之间的关系。

（2）员工行为管理 一方面，由于员工的日报、周报和月报中积累了大量的文本数据，可以利用这些数据进行文本分析，构建员工分类模型；另一方面，挖掘员工保留在公司内的有效数据，例如定位、签到、考勤、举报、调查、业务情况等，另外经过员工授权采集了部分员工在第三方平台上的数据，在确保合法合规的前提下，对这些数据进行智能分析，构建员工行为监控模型，预判员工可能存在的道德风险和合规风险。

（3）数字化建设 首先，提高数据治理工作效果，对于建立数据标准、采集数据需求、提高数据质量等建立更加详细的规范和要求；其次，建立一个强大的数据中台部门，将数据从后台支持要素转变为直接生产力，提高运营效率；最后，在此基础上对数据进行分析利用，例如智能营销、智慧运营、智慧财务、智能合规、智能审计等。

13.5.4 企业风险管理咨询

1. 操作风险管理体系建设咨询

某成立不到五年的公司以"生存"为基本目标导向，重点围绕业务营销开展一揽子管理计划和操作活动。在该公司上下一致的努力下各项业务发展迅速，经营绩效良好。取得良好成绩的同时，该公司也遇到部分业务操作流程不够规范、员工潜在舞弊风险增加、信息系统建设效率较低和监管要求日趋严格等情况。

为了解决上述问题，降低经营风险，该公司决定由内控合规部门牵头开展公司整体和局部的操作风险体系建设。内控合规部门在完成内部工作分析后迅速拟定了分阶段工作计划，并开始推进体系建设，为项目筹备资源。该公司的规模并不大且员工人数不多，了解和掌握操作风险体系建设的人员极度缺乏，很快内控合规部门就面临人才不足的问题，此时通过聘请外部顾问参与体系建设不满足公司资金和时间上的要求。

所幸该公司的内部审计部门刚好有操作风险管理体系建设的专家，内控合规部门很快取得内部审计部门的支持，成立了两部门协同工作的体系建设项目小组，并且制定相关的职责和分工，调整了工作计划和方案，着手启动体系建设工作。

在该活动中，内部审计部门主要从如下方面开展咨询活动，发挥内部审计的价值：

（1）提供项目管理和培训支持 在项目初期，内部审计人员主要参与分阶段工作范围和实施计划的确定，协助内控合规部门确定第一阶段和第二阶段纳入建设的操作风险业务域与管理域；提供操作风险体系文件编写方法论培训，例如风险的识别方法、操作风险文件编写规范等；提供质量控制机制建议，例如时间和进度控制、文档评审控制。

（2）提供操作风险体系建设外部实践经验　内部审计人员向项目组介绍了外部领先甲方公司和乙方咨询公司在操作风险管理体系建设上的实践操作经验，提供了有参考意义的模板和工具。

（3）对拟定的操作风险文件进行审核　在分阶段实施的操作风险管理体系建设过程中，每当一阶段的操作风险管理文档编写完成，会按照职责分工由内部审计人员参与审核工作。在实操中，内部审计人员主要基于"非严肃审计"的思路，以批注的形式对文档进行合规性、风险性和先进性审核，提出专业意见和建议，但是不参与具体细节方案的设计。

2. 大数据统计建模咨询

某公司内部审计人员充分利用自身所掌握的大数据统计学习知识技能，对企业风险管理、合规管理和有关业务部门等开展了大数据统计建模咨询，核心落脚点是专项培训和日常建模信息沟通。通过该类咨询活动：一方面为企业数字化风险管理能力的提升做出了恰当贡献；另一方面大大增进了其他部门对于内部审计人员专业能力的认可和信赖，提高了内部审计的权威性，进而助推实现内部审计的价值。

13.5.5　信息科技和数字化管理咨询

1. 企业信息系统使用情况调研

信息系统建设完成后的使用率和使用效果是考查前期信息科技规划、信息系统需求分析、信息系统开发与测试工作有效性的重要指标，许多企业管理层也关注在投入大量人力、财力和时间后系统最终的使用情况。

某企业在进行了三年大规模的系统建设之后，相关管理层想了解系统的使用频次和应用绩效，需要对相关信息系统做一个调研。内部审计部门很快承担了该项工作任务，并着手开始了资料收集、人员沟通、使用调研和数据分析等工作，并最终出具了管理报告，提交给管理层进行决策分析。

2. 信息科技和 IT 系统需求管理咨询

某企业积极响应"业务 + 技术"深度融合的口号，决定启动 IT 需求管理专项变革，首先设置了 IT 需求管理部门，负责对软件需求和硬件需求进行集中管理。

在该项变革管理的推进过程中，内部审计部门作为独立客观的咨询顾问角色参与了众多有意义的活动，例如提供外部实践中的 IT 需求管理举措、协助评价需求管理新方案的有效性、协助评审需求管理的政策制度、协助开发需求管理的评价指标，在需求组织运行和人才培养上也提供了见解独到的意见和建议等。

3. 数字化转型咨询

某企业积极响应国家和监管部门的号召，设计、实施和深化整体数字化转型和专项领域数字化转型。在数字化转型过程中，邀请内部审计部门参与各项任务的执行。内部审计人员充分基于自身独立、客观的定位，跟进和督导任务的落地执行，协助设计开发效果评价指标并联合数字化主管部门开展评价活动。

13.5.6 常规审计项目中的咨询

1. 零售信贷业务审计中的咨询

某企业的零售信贷业务开展过程中突发了一笔累计金额超过 1 亿元的风险贷款，为有效保障经营安全，了解贷款业务合作情况，评价其准入、调查、审查审批及贷后管理的有效性等，内部审计人员主导执行了该风险资产的专项审计。审计重点包括：合作方准入情况；合作前调查的尽职性、审查审批的尽职性；对合作方的贷后检查和监控情况；与合作方开展业务的增信模式；审查该合作项下单笔借款业务的调查、审查审批、合同签约和贷后管理情况，其中审查审批部分涵盖风险决策引擎自动决策规则和人工审批规则。

在按照专项审计方法和程序完成标准审计工作后，内部审计人员基于自身零售信贷领域风险控制的专业经验，另外编制一份专项管理建议报告，提出了一些相关管理建议，期望借此提供咨询，改善业务的风险管理水平。

对于互联网金融企业进行与传统企业类似的尽职调查内容外，内部审计人员还可以重点关注如下事项：

（1）创始人及核心股东的背景 市面上总体有两大类互联网金融企业，一类是大企业和知名企业投资设立的；另一类是行业内个人合伙创业创立的，这部分人许多具有多次创业经历。该借款企业属于后者，可以调查创始人及关键合伙人的过往创业表现、在过往任职机构的任职表现。

（2）企业的业务流量或其他流量 互联网金融企业的业务流量，例如 App 的下载量和使用量，信贷申请量、拒绝量、逾期量、回收量，一定程度上是企业的生命线。在这里最重要的是调查企业动态流量数据，而不是某个时点的流量数据。对于该借款企业而言，可以调查其每个月的明细信贷投放的各种流量数据。

（3）企业的现金流分析和预测　许多互联网金融企业，特别是处于创业期的企业，其运营十分依赖于投资机构注资，一旦融不到足够多的资金即可能倒闭。因此可以对该类企业做现金流预测分析，并考虑一定的压力条件。

2. 流动性风险管理审计中的咨询

流动性风险管理是一项对专业要求极高并且具有一定技术难度的工作，其专业知识领域涵盖资产负债管理、财务管理和财务分析、资金管理、业务管理和数学统计学等方面。

某企业的内部审计部门鉴于自身所掌握的流动性风险管理知识技能，在监管合规要求下一边开展独立审计，一边提供独立咨询服务，并且在报告中记录了主要的咨询活动成果，将内部审计报告创造性地打造为一份融合"审计 + 咨询"的综合型报告。

具体来说，内部审计主要采用了三种方式提供咨询活动：一是针对关键审计模块，如风险管理报告、现金流预测分析、流动性风险限额管理等，提供了行业实践并借助行业领先实践提出管理建议；二是在审计报告中单独设置了一个"咨询建议"模块，从流动性风险管理指标、流动性风险压力测试等方面开展咨询活动，针对发现的管理问题介绍行业领先实践和提出改善建议；三是在审计报告的一级内容维度专设"审计建议"章节，从宏观流动性风险管理方面提供咨询建议。

3. 信息系统建设项目审计中的咨询

某企业计划通过信息系统建设项目专项审计，评价相关政策制度建设、执行合规性和应用效果等，借此强化信息科技系统风险控制和信息科技内部监督，促进岗位责任落实和保障经营安全。

在该项目中，内部审计部门为信息科技部门引进了其他行业在信息系统建设项目管理方面的优秀且全面的监管案例，覆盖需求分析、预算管理、立项管理、采购管理、招标管理、供应商管理、合同管理、测试验收和支付管理等领域，将其作为未来信息系统建设工作的外部参考指引。

此外，基于内外部优秀实践，内部审计人员将所发现的问题划分为问题缺陷和管理提升两大类型，并且有别于普通审计项目中的处理，此次内部审计人员提出了更加详细和可落地的管理措施。例如针对系统质量监控，明确提出了以下项目质量测度指标：

1）需求质量：需求分析文档错误数、需求文档退回率、需求立项率。

2）项目质量：项目工期误差、项目生产效率、各阶段工期占比、各类工作量占比等。

3）软件质量：系统投产运行三个月内的缺陷数、系统缺陷率、版本变更次数等。

4）文档质量：文档完整率、文档合格率等。

4. 其他企业内部活动中的咨询

某企业内部审计部门在企业组织的员工特定知识竞赛中充当智库角色，一方面参与拟订知识竞赛的试题，另一方面充当竞赛的评委。通过这两项活动，向其他部门或机构输出内部审计的专业知识，深度参与企业的内部活动，增进了内部审计部门与业务部门、管理部门之间的合作关系。

某机构内部审计部门通过归纳分析普遍性问题和典型性问题，将其作为下级机构的传阅和学习材料，起到风险提示等作用；构建业务部门和内部审计部门之间的交流磋商机制，营造良好的审计工作环境；将审计信息资料加工成"审计风险提示""审计建议书""审计公告"等咨询产品，提供给管理层和特定部门；尝试制定内部审计咨询业务管理办法和操作规程，探索开展咨询业务。

此外，还有一些企业在发生重大突发事件、紧急事件或特殊事项（如兼并公司、投资某些特殊项目、重大信息系统开发、自然灾害事件等）时，内部审计部门会以专家顾问或监理的角色参与处理上述事件，发挥咨询价值。